: **maırısch** verlag

Herausgegeben im Auftrag der Behörde für Kultur und Medien der Freien und Hansestadt Hamburg von Jürgen Abel & Antje Flemming

Redaktion: Nefeli Kavouras
Korrektorat: Nele Deutschmann
Gestaltung: Carolin Rauen | carolinrauen.com
Satz: Nefeli Kavouras
Illustrationen: Kathrin Klingner | www.betakatz.de
© *Wasserzeiten. Über das Schwimmen* von Kristine Bilkau. Arche Literatur Verlag 2023
© *Jetzt bleiben Fragmente* von Hasune El-Choly. Aphaia Verlag 2022
© *Vaters Stimme* von Tanja Schwarz. hanserblau 2023

Druck: Friedrich Pustet GmbH & Co. KG
Gedruckt in Deutschland
ISBN 978-3-948722-28-9

[mairisch 96]
1. Auflage, 2023
www.mairisch.de

Hamburger Jahrbuch
für Literatur 2023
#18

Jürgen Abel & Antje Flemming (Hg.)

Mit Illustrationen von Kathrin Klingner

ⲓ**mairisch** verlag

INHALT

7   Carsten Brosda Weiser lesen mit dem ZIEGEL

9   Jürgen Abel & Antje Flemming Vorwort

ENTLASTUNGSPAKET FÜR HARTE ZEITEN

15   Ayna Steigerwald du; du und du

16   Anselm Neft Ein Nachruf auf Fukuro Hayashi

28   Nefeli Kavouras Niemand lügt so schön

37   Sonja Roczek Möglichst nichts

45   Dietrich Machmer Extreme Wetteransichten

51   Nina Berndorfer Chemie

59   Helena Baumeister oh cupid

68   Christian Maintz Neujahrsmoritat

70   Sebastian Stuertz Was ich dir verschwiegen habe

WORAN WIR GLAUBEN

81   Julia Herrgesell FÜCHSE

89   Hasune El-Choly Die Deutung von Licht

94   Thomas Plaichinger Das Versprechen der Sprache

100   Katharina Alsen Stoßbiografien

104   Jara Seiler Blaues Bett dreht sich

115   Hatice Açıkgöz eine giftige schwangerschaft

123   Andreas Münzner Schule des Fliegens

131   Antonia Johanna Kühn Apropos Elbe

140   Johanna Sebauer **Schmetterlinge jagen**

153   Judith Sombray **Wie ein echter Mensch**

156   Sarah Knausenberger **Squirrel**

158   Roberta Schneider **Pop-Gedicht für M.**

ABTAUCHEN UND AUFTAUCHEN

161   Katrin Seddig **Gedanken zu Turnhallen**

172   Ina Bruchlos **Der Dürerhase**

182   Simone Buchholz **Das Wasser in mir**

190   C.K. Thelen **Herz bedienen**

199   Leonhard Hieronymi **Der heilige Glenn Burke**

207   Kristine Bilkau **Anfänge, Chlorwasser und Erinnerungen**

218   Andreas Moster **Als Vater**

SO EIN VATER WAR MEIN VATER

233   Herbert Hindringer **Morgen, oder: Wenn er eine Nacht überlebt**

246   Valeska Schraknepper **Kirschen und Schnee**

250   Sara Spilker **Die Verschiebung des Lichts**

262   Marie-Alice Schultz **Wellensittiche am Grenzübergang**

273   Verena Carl **Die Liebe ist ein Gang über Krokodile**

281   Tanja Schwarz **Vaters Stimme**

297   Cornelia Manikowsky **mein Vater ist gestorben**

AM RAND DER BEWOHNBAREN WELT

303   Ingvar Ambjørnsen **Rotes Totem**

323   Kaspar Peters **Ultima Thule**

334   Peter Frank **Mit den Dingen gingen die Worte**

342   Wiebke Bolduan **Warnebi**

351   Kilian Winkelmann **Pinto Nirvana**

361   Ocke Bandixen **Der Posten**

368   Claudia Schumacher **Verlobungstourismus**

372   Jan-Dirk Krohn **No Meds in May**

384   Nail Doğan **zerlyrikt.**

391   Jutta Vogt-Tegen **Die Pflanze**

399   Alexander Posch **An der Bekassinenau**

403   Bettina von Bülow **Die Disteln**

414   Mirko Bonné **Zu den Hamburgensien**

WEISER LESEN MIT DEM ZIEGEL

Liebe Leserinnen, liebe Leser,

wer gern und viel liest, kommt an Schildkröten nicht vorbei. Schon Achill musste einsehen, dass er die Schildkröte niemals einholen wird. Oder erinnern Sie sich an Kassiopeia in Michael Endes »Momo«. Sie kann die Zukunft für eine halbe Stunde voraussehen. Diese Fähigkeit wünschte man sich in unserer schnelllebigen Welt ab und zu. Dabei denkt man doch – ganz im Sinne Walter Benjamins – eigentlich eher an Langsamkeit und Bedächtigkeit bei diesen Tieren: »Um 1840 gehörte es vorübergehend zum guten Ton, Schildkröten in den Passagen spazieren zu führen. Der Flaneur liess sich gern sein Tempo von ihnen vorschreiben«, schreibt Benjamin in »Das Passagen-Werk«. In der Mythologie der Native Americans stehen die Panzertiere für Sicherheit, Heilung – und für Spiritualität und Weisheit natürlich.

Aber wussten Sie, dass die älteste Schildkröte der Welt 256 Jahre alt geworden ist? Sie hieß Adwaita, war ein Aldabra-Riesenschildkröten-Männchen und lebte von 1750 bis 2006, die meisten Jahre verbrachte sie in einem indischen Zoo. Gemeinhin werden Schildkröten nicht so alt, aber um die 100 Jahre können es bei einigen Arten schon sein. Der ZIEGEL, unser Hamburger Jahrbuch für Literatur, ist zwar erst 30 Jahre alt, aber in den zurückliegenden 17 Büchern versammelt sich hier wie nirgendwo sonst die geballte Weisheit der Hamburger Literatur. Nun halten Sie – in Hamburg oder anderswo – die druckfrische 18. Ausgabe unseres Literaturjahrbuchs in den

Händen. Die liebenswürdige Schildkröte auf dem Cover hat die Hamburger Zeichnerin und Illustratorin Kathrin Klingner geschaffen, von der Sie weitere Originalzeichnungen im Innenteil des Buches finden und deren hintersinnige Graphic Novel »Über Spanien lacht die Sonne« ich Ihnen sehr ans Herz legen möchte.

Im neuen ZIEGEL, »dem Pinken«, wie er jetzt schon genannt wird, versammeln sich 48 Autorinnen und Autoren aus unserer Stadt, geballte Literaturkompetenz made in Hamburg, von etabliert bis Nachwuchs. Ihre Themen sind vielfältig, und eher selten geht es den Schreibenden vordergründig um Krieg und Pandemie. Dennoch ist auch dieser ZIEGEL wieder ein Spiegel unserer gesellschaftlichen Realität.

Zum dritten Mal erscheint das Jahrbuch im Hamburger mairisch Verlag, der mit seinem engagierten und kreativen Team dieses Buch zu einem der schönsten und sehr geliebten Projekte unseres Literaturreferats macht. Mairisch bedeutet übrigens Unkraut und Schildkröten wiederum ... Aber lassen wir das.

Ich wünsche Ihnen, wo auch immer Sie unserem 18. ZIEGEL begegnen, eine anregende und bedächtige Lektüre, an deren Ende Sie ein klein wenig weiser sein mögen.

Dr. Carsten Brosda
Senator für Kultur und Medien

VORWORT

Woher kommen wir? Wer sind wir? Wohin gehen wir? Mit diesen Fragen nach der Herkunft, der Identität und der Zukunft hat der Maler Paul Gauguin sein berühmtestes Gemälde überschrieben. Es zeigt einen idyllischen Ort, an dem Menschen, Tiere und Pflanzen in Eintracht zusammenleben. In der Mitte des Bildes streckt sich ein junger Mann mit erhobenen Armen nach einer Paradiesfrucht, wie auf einer großen Bühne gruppiert der Maler um diesen Jüngling eine Lebensreise, sie reicht vom Säugling über eine blühende junge und eine reife Frau bis zur Greisin, und auch das Göttliche findet in Form einer Statue seinen Platz in dieser Gemeinschaft.

Doch so aktuell die Fragen sind, die Paul Gauguin aufwirft, vor allem heute und in Zeiten des Umbruchs, so sehr sie in vielen Beiträgen zu diesem ZIEGEL mitschwingen, so wenig gegenwärtig sind die entindividualisierten, vermeintlich ursprünglichen, symbolischen Menschen, die sein Bild bevölkern. Beglaubigt wird dieses Gemälde jedoch nicht nur durch sich selbst, sondern auch durch die Geschichte seiner Entstehung: Gauguin hat es Ende 1897 in nur vier Wochen in einer selbst gebauten Hütte auf Tahiti als künstlerisches Testament gemalt. Er unternahm dann einen Suizidversuch mit Arsen und litt wochenlang an den Folgen. Es ist genau diese Beglaubigung einer künstlerischen Arbeit durch das Tatsächliche, durch das Echte und Authentische, die uns inzwischen als fast schon selbstverständlicher Anspruch an eine Fiktion begleitet.

Das vielleicht maximal Symbolische, das wir heute akzeptieren, hat Kathrin Klingner zu diesem ZIEGEL beigesteuert.

Es sind eine Schildkröte und eine Handvoll Zeichnungen, die auf sehr feine Weise übersetzen, welche Sprengkraft das Lesen auch heute noch hat. Sie begleiten den ZIEGEL auf fünf Stationen, deren Beiträge Gauguins Urfragen so beiläufig aufwerfen wie mögliche Antworten, die natürlich immer in der Schwebe bleiben müssen, nie endgültig sein können. Genau das prädestiniert die Literatur so sehr dafür, sie unter den veränderten Vorzeichen der Gegenwart immer wieder neu aufzuwerfen: Woher kommen wir? Wer sind wir? Wohin gehen wir?

Zum Auftakt der rund 50 Beiträge zu diesem ZIEGEL haben wir ein »Entlastungspaket für harte Zeiten« geschnürt, in dem sich mit Dietrich Machmer die »Synchronhypnose« ebenso empfiehlt wie die »Normalitätssimulation« oder die »Abwesenheit in den Dingen«; Anselm Neft erzählt in seinem »Nachruf auf Fukuro Hayashi« von einer therapeutischen Einrichtung; Nefeli Kavouras von einer Lügen-Selbsthilfegruppe und Sonja Roczek in »Möglichst nichts« von einem sehr verbreiteten Trostspender, dem Alkohol. Mit ihrem wunderbaren Theatertext »FÜCHSE« eröffnet die junge Dramatikerin Julia Herrgesell das zentrale Themenkapitel »Woran wir glauben«. Da sitzt ein Fuchs in einer großen Schneekugel, er hat »klare Sicht« hinaus auf die »Ordnung der Dinge« in der Welt und auch auf all das, was »nicht für immer so sein« wird. Vom »Versprechen der Sprache« erzählt Thomas Plaichinger in einem sehr berührenden autobiografischen Text über eine frühe Begegnung mit der Hamburger Schriftstellerin Jutta Heinrich. Zwei starke autofiktionale Texte sind auch »Blaues Bett dreht sich« und »eine giftige schwangerschaft« der jungen Autorinnen Jara Seiler und Hatice Açıkgöz, während Johanna Sebauer in ihrer Erzählung

»Schmetterlinge jagen« von einer wundersamen Metamorphose erzählt. Die vollzieht sich auf ganz andere Weise bei den Turnhallen, mit denen Katrin Seddig das Kapitel »Abtauchen und Auftauchen« eröffnet. Es ist der Auftakt zu einem sehr sportlichen Kapitel, in dem bei Leonhard Hieronymi »Der heilige Glenn Burke« seinen Auftritt hat.

Einer der großen Höhepunkte des Bandes ist die Erzählung »Morgen, oder: Wenn er eine Nacht überlebt« von Herbert Hindringer, der mit einem grandiosen Familiendrama auch den Titel des Kapitels vorgegeben hat: »So ein Vater war mein Vater«. Zum Abschluss dieser Ausgabe geht es schließlich in einer Grand Tour an den »Rand der bewohnbaren Welt«: Ingvar Ambjørnsen erzählt in »Rotes Totem« von einem Sonderling, der schon im März durch die Wälder streift und froh ist, wenn ihm »nur die Menschen erspart bleiben«. Doch dann kommt er durch einen kleinen Fehltritt fast ums Leben und ist plötzlich auf Hilfe angewiesen. An einem entlegenen Ort auf Island spielt der großartig erzählte Romanauszug »Ultima Thule« von Kaspar Peters, während der Held von Ocke Bandixen ganz spontan auf einer Kreuzung mitten in Hamburg »Posten« bezieht und diesen nicht mehr verlässt. Ganz passend zu den bewegten Zeiten endet dieser ZIEGEL mit gleich mehreren Texten, in denen die vertraute Welt sang- und klanglos untergeht, ob im Gestrüpp einer Pflanze oder hinter einem gebrochenen Deich. Mirko Bonné schwimmt am Ende »mit Heringen und Hechten« durch Harvestehude und ruft zum Abschied: »Mein Hamburg, so long!«.

Damit endet die Kompilation eines Screenings von mehreren hundert Manuskripten, das uns für diesen ZIEGEL über einen

Zeitraum von zwei Jahren beschäftigt hat. Was nun vorliegt, ist unser Best-of und eine Einladung dazu, die Nase mit guter Literatur ein wenig in den Wind zu halten, den unsere Zeit gerade aufgebracht hat. Es ist eine steife Brise, die ganz neue »Wetteransichten« zeigt, aber auch die Erkenntnis, dass manches viel zu gleich geblieben ist und es keine Zukunft gibt, ohne dass wir einen Traum von ihr haben – und einander davon erzählen.

Eine anregende Lektüre und gute Unterhaltung wünschen
Jürgen Abel & Antje Flemming

ENTLAS-TUNGS-PAKET FÜR HARTE ZEITEN

Ayna Steigerwald

DU; DU UND DU

du; du und du. es ist neun uhr und kurz davor.
wir wünschen uns einen tag
meinen es so.
ist es heute, sich spiegelnder zustand.
eine kleine existenzkrise
beiläufig, am hemdkragen.

AYNA STEIGERWALD

geboren in Brüssel und aufgewachsen in München, lebt seit
2017 in Hamburg. Sie arbeitet als Autorin und Dramaturgin
in der Freien Szene, veranstaltet Lesungen und ist beteiligt an
Projekten wie den Foto-Text-Installationen *mo|men|tos*. Seit 2020
ist sie im Team des Kunst- und Diskursfestivals *fluctoplasma* in
Hamburg. Neben Texten in Zeitschriften veröffentlichte sie
2019 das Poetry-Chapbook *tagslichtdosen*. 2022 wurde sie für ihre
Gedichte mit dem Hamburger Literaturpreis ausgezeichnet.

Anselm Neft

EIN NACHRUF AUF FUKURO HAYASHI

Ankunft

Am Tag ihres ersten Besuchs trug Fukuro einen weiten, schwarzen Wollpullover, eine ebenfalls schwarze Jeans, abgetragene No-Name-Turnschuhe und über der Schulter eine dunkle Sporttasche. Ihre schwarzen, teils weißen Haare fielen strähnig bis über die Schultern. Ich dachte bei ihrem Anblick, dass ich mir eine reiche Künstlerin anders vorgestellt hatte, glamouröser, was aber natürlich nur etwas über meine Vorstellungen verrät. Bei der Begrüßung wirkte Fukuro sehr ruhig und distanziert auf mich. Ihre Augen betrachteten mich ohne Wärme durch die Gläser einer Nickelbrille. Sie lächelte nicht, gab mir nicht die Hand und ließ meine Versuche zum unverbindlichen Plaudern in ihrem Schweigen auflaufen. Ich fühlte mich in ihrer Gegenwart beklommen, so wie es mir immer geht, wenn ein Mensch auf mich sehr kontrolliert oder angespannt wirkt und ich mich beobachtet fühle. Schon vorher hatte ich in der Katzbach-Siedlung mit Menschen zu tun gehabt, die mir sehr ernst und verschlossen begegneten, in der Regel, weil ihr Innenleben sie so stark beanspruchte, dass sie sozialen Gepflogenheiten nicht gerecht werden konnten. Fukuro gegenüber fühlte ich mich jedoch nicht allein beklommen, sondern bemerkte bald, dass ich mich fürchtete. Ob vor Fukuro oder vor etwas, das Fukuro umgab und vor dem sie sich womöglich selbst fürchtete, konnte ich damals nicht sagen.

Ich wusste durch ein längeres Telefonat, das wir zuvor geführt hatten, dass Fukuro nach dem Tod ihrer 16-jährigen Tochter von New York City nach Berlin Grunewald umgezogen war, wo sie in den letzten sieben Monaten allein eine Villa bewohnt hatte. Sie hatte mir erzählt, dass sie 50 Jahre alt war und keine Medikamente nahm. Auf die Kabasi war sie durch Adam Rogalski aufmerksam geworden, der sie ihr per Mail auf Anraten ihrer Galeristin empfohlen habe.

Adam ist ebenfalls ein international angesehener Künstler, der nach einem Zusammenbruch bei einer Ausstellung in Berlin mehrere Monate bei uns verbracht hat. Wie Fukuro stammt er nicht aus den USA, verdankt seine Karriere aber zumindest teilweise der Galerie Lewis & Eisler in Manhattan. Bei diesem ersten Telefonat klang Fukuros Stimme flach und ausdruckslos. Sie sprach sowohl Deutsch als auch Englisch und wechselte während des Gesprächs mehrmals abrupt zwischen den beiden Sprachen. Ich erinnere mich noch daran, dass sie behauptete, zwar von Adam Rogalski die Empfehlung bekommen zu haben und von ihrer Galeristin Carol Lewis gedrängt werde, nicht ausschließlich Zeit allein zu verbringen, sie sich bei mir aber aufgrund »töchterlichen Rates« melde. Kurz darauf sagte sie, dass ihre Tochter im Wasser geblieben sei. Ich fragte, ob sie oft mit ihrer Tochter sprechen würde, und Fukuro entgegnete: »Sie wollen wissen, ob ich spinne?« Daraufhin sagte ich, noch ganz die Charité-Therapeutin: »Glauben Sie denn, dass Sie spinnen?« Fukuro erwiderte sinngemäß: »Seit ich ein Kind bin, bin ich von Verrückten umgeben. Da fängt jeder an zu spinnen. Mir macht das aber nichts. Kann ich die Katze mitnehmen?« Ich sagte Fukuro, dass sie die Katze mitnehmen könne. Dann fragte ich, warum sie denn zu uns in die Siedlung wolle, wenn es ihr doch scheinbar ganz gut gehe. Anstatt darauf zu antworten, erklärte Fukuro, dass sie Dinge wahrnehme, die andere nicht wahrnehmen könnten, das sei ja die Grundlage aller Kunst. Und dass sie sich in der Nachbarschaft in Grunewald nicht wohlfühle.

Nach dem Telefonat fühlte ich mich besorgt und besprach mich mit Gunda: War es klug, eine Bewohnerin bei uns aufzunehmen, die sich selbst offenbar nicht als psychisch krank, leidend oder behandlungsbedürftig betrachtete und weder pharmakologische noch sonstige Hilfe erbat? Gunda teilte meine Befürchtung, dass Fukuro durch diese Haltung andere Bewohner*innen verärgern und verstören und in ihrem Genesungsprozess hemmen könnte. Außerdem befürchteten wir, Fukuro könne sich selbst oder andere mit einem Verhalten gefährden, das wir eben nicht einschätzen konnten.

Als sie uns also zum ersten Mal besuchte, rechnete ich nicht damit, dass sie sich für ein Leben in der Katzbach-Siedlung interessieren würde und wir uns für sie als Bewohnerin. Die Führung durch einen Teil der Siedlung absolvierte sie ohne erkennbares Interesse. Die einzigen Fragen, die sie stellte, hatten mit ihrem Kater Hoso Maki zu tun, den sie aus der Villa mit in die Siedlung nehmen wollte. Er sei eine Halb-und-Halb-Katze, was ich mir übersetzte mit: »halb drinnen, halb draußen«.

Während der Führung stellte ich Fukuro einigen Bewohner*innen unserer Siedlung vor. Sie beantwortete ohne Gefühlsregung alle Fragen, die man an sie richtete, hatte selbst aber keine. Ich zeigte ihr auch den zweiten Stock der 19b, in dem sich die Wohnung befand, in die Fukuro bei Einigkeit in unserem Plenum einziehen sollte. Selina reagierte verhalten auf ihre mögliche künftige Mitbewohnerin, sagte aber, dass sie nichts gegen eine Katze habe, solange die nicht in ihr Bett komme.

Wir waren ein wenig überrascht, als Fukuro schließlich sagte, es gefalle ihr hier sehr gut und sie würde gerne eine Zeitlang bei uns wohnen, bis sie wisse, wie es weitergehe. In die USA wolle sie derzeit nicht zurück, dort stehe alles unter Wasser. Sie habe in der Villa monatelang an einem Kunstprojekt gearbeitet, es aber aufgegeben. Nun, wo sie gar nichts mache, sei es besser, nicht mehr allein mit dem Kater in Grunewald zu bleiben, wo die Menschen sie hinterrücks beobachten und ausspionieren würden.

Am nächsten Tag sprachen wir im Plenum darüber. Wie üblich waren nicht alle anwesend, und von den Anwesenden hatten nicht alle Gelegenheit gehabt, die mögliche neue Bewohnerin während ihrer Führung zumindest kurz zu treffen. Dennoch entschieden wir uns nach einer langen Debatte dafür, Fukuro auf Probe für drei Monate in der Kabasi wohnen zu lassen. In der 19b war noch genug Platz und Selina bot sich an, es mit der neuen Mitbewohnerin zu versuchen. Dem sollte allerdings eine gründliche Einführung in die Regeln unserer Gemeinschaft vorangehen. Wie üblich machten wir keinen Hintergrundcheck, auch wenn ich beispielsweise Adam oder die Galeristin Carol Lewis insgeheim gerne per Mail gefragt hätte, ob Fukuro Drogen nimmt, bereits Probleme mit dem Gesetz gehabt hat und in psychotischen Phasen dazu neigt, sich oder andere in Gefahr zu bringen.

Um es kurz zu machen: So zog Fukuro Hayashi also am 19. September 2029 zu uns in die Siedlung. Der Start verlief nicht glücklich, worüber Selina mehr sagen kann als ich.

Selina Kleinmann und Nasser al-Nabati haben mit Fukuro in einer Wohngemeinschaft (2. Etage, Haus 19b) zusammengelebt. Hier ist das erste von mehreren Gesprächen, die Nasser und Selina für diesen Nachruf geführt und aufgezeichnet haben und die ich zusammen mit den beiden transkribieren durfte:

Nasser: Erzähl mal, wie du Fukuro kennengelernt hast. Mit allen schmutzigen Details!

Selina: Ganz ruhig, Habübi! Also: Erst hatte ich die ganze Etage nur für mich. Über 100 Quadratmeter. Der Hammer! Dr. Morel war viel um mich herum, klar, damit ich mir nix antue und so. Aber ich hatte echt viel Raum für mich. Das kannte ich nicht, und ich fand es geil. Klar, manchmal auch etwas einsam, aber dann konnte ich ja in die Gemeinschaftsküche in der Nummer 7 gehen, mit jemandem aus der Siedlung sprechen oder es kam jemand vorbei und irgendwie Filmabend oder so. Mir war klar, dass ich jetzt nicht ewig die Etage nur für mich habe. Da waren ja noch Zimmer für andere. Und dann kam Fukuro und ich dachte: Ältere Frau schön und gut – Männer ging damals gar nicht –, aber die war dann echt speziell. Ich weiß nicht, wo ich da anfangen soll.

Nasser: Hygiene?

Selina: Es war ihr einfach scheißegal. Dann standen die dreckigen Teller da halt. Müll muss man nicht rausbringen, der läuft ja irgendwann von selbst die Treppe runter. Man muss sich auch nicht waschen. Wozu waschen, wenn doch eh alles wieder dreckig wird? Auf mich hat die erst gewirkt wie eine Obdachlose. Ich habe überhaupt nicht gecheckt, dass die Millionärin ist, mit Ausstellungen in New York, London, wasweißich. Total krass. Eine Japanerin mit so 'ner John-Lennon-Brille, schwarzem Schlabberpulli, der echt schon stank, langen schwarz-grauen Haaren, die locker die Hauptrolle in jedem Horrorfilm bekommen hätten, und auch die Fingernägel echt eklig. Ich habe gleich an Tag 1 zu Joy gesagt: Muss das sein? Und sie meinte: Schau bitte erst mal eine Woche.

Nasser: Was hast du da gedacht?

Selina: Soll ich ehrlich sein? Ich habe gedacht: Klar, das ist jetzt vor allem wegen dem Geld. Das war in der Kabasi damals immer Thema. Und wenn so eine Millionärin bei uns wohnt und sagt, ich zahle gleich mal 'ne Million in die Gemeinschaftskasse, dann wird ja alles gut. Nur dass ich in die Fresse kriege für das Business-Modell. Collateral-Damage.

Nasser: Hast du das Joy oder Gunda gesagt?

Selina: Typ, ich habe an Tag 3 zu Joy gesagt: Vergiss die Woche. Kann die bitte woanders wohnen? Sonst ziehe ich um. Das kann hier nicht Sinn der Sache sein. Ich habe natürlich versucht, wertschätzend zu kommunizieren. Also so: Tut mir leid. Ich bin da echt empfindlich. Dreck und so, das geht für mich nicht. Das triggert mich. Das ist wie ein Übergriff. Und ich kann verstehen, dass die Kabasi Geld braucht, aber ich möchte hier jetzt echt mal eine Grenze ziehen. Und Joy halt so typisch: Ja, verstehe ich. Klar, natürlich, da bin ich ganz bei dir. Aber ich glaube, dass hier ist eine Chance für dich. Du hast viel mehr Gestaltungsspielraum, als du denkst. Ich denke, das ist besser, als sofort wegzugehen, wenn jemand für einen schwierig ist. Ich habe Joy erklärt, dass es für mich total schwer ist, jemandem zu sagen, was mich stört. Dass ich entweder die Fresse halte, oder echt aggro bin.

Nasser: Und Joy so: Und genau deswegen ist das ja so eine wertvolle Übung für dich.

Selina: Jo. Und noch dazu: »Selina, du bist eine Kämpferin.

Und ich denke, gleich sagt die noch, ich soll in den Schmerz reinatmen, was ja eigentlich mein Satz beim Training ist. Und dann sagt Joy: Ich möchte, dass du Fukuros Patin wirst, dass du ihr hier alles zeigst, ihr die wertschätzende Kommunikation und unsere Absprachen beibringst. Dass du sie unterstützt und nach ihr siehst. Denn ich traue das gerade dir zu.

Okay, ja, lach ruhig, war ich geschmeichelt. Ich also zu Fukuro und sage der: Guck mal, da im Erdgeschoss, da haben wir eine Waschmaschine. Soll ich deine Sachen mal mitnehmen? Und die Dusche ist eine super Erfindung, hat die Menschheit echt weitergebracht, mach auch du mit. Ja, so einmal am Tag ist normal. Und die guckt mich nur an wie ein Auto, das noch nie von einer Waschanlage gehört hat, und fängt an, auf dem Tisch mit einem Kugelschreiber Figuren zu zeichnen. Jetzt hör auf zu lachen, Nasser, ich kann mich nicht konzentrieren. Okay, wo war ich? Ja, da bin ich zum ersten Mal ausgerastet. Ich voll am Brüllen: Alte, du tickst ja wohl nicht sauber! Das ist nicht allein dein Tisch! – Und dann bin ich zu Joy gerannt und die ist mit hochgekommen und hat sich mit uns hingesetzt und gesagt, sie macht jetzt erst einmal Tee.

Nasser: Mehr. Mehr. Ich sehe alles vor mir. Super!

Selina: Ja, man. Das kommt mir jetzt wieder hoch. Jetzt spüre ich das noch mal und denke: Krass, was sich seitdem alles entwickelt hat. Und gut, dass wir drangeblieben sind. Damals dachte ich: Okay, ich habe psychische Probleme, aber die ist ein psychiatrischer Fall. Das ist noch mal eine ganz andere Geschichte. Und Joy natürlich wieder: Lass uns versuchen, nicht in solchen Kategorien zu denken. Diagnosen sind auch nur sehr grobe Hilfsmittel und so weiter, und Fukuro hat jetzt verstanden, dass sie die Sachen nicht anmalt. Ihr Zimmer darf sie bemalen, den Rest nicht. – Und ich denke: Ja, superschön, wenn Fukuro das verstanden hat. Aber versteht sie auch, dass sie ihr Essen nicht schlürfen und so wahnsinnig schmatzen muss? Muss ich der das jetzt auch noch beibringen? Das habe ich nicht ausgehalten. Ich bin dann immer weggegangen. Das hat sie erst gar nicht geschnallt, glaube ich. Und dann hat sie auch immer so gestampft beim Gehen. Ich meine, die war 15, 20 Jahre älter als ich, aber richtig Gehen konnte sie noch nicht. Manche Menschen lernen das irgendwie nicht. Die trampeln in 'ner hellhörigen Altbauwohnung auf den Hacken rum, dass dir in deinem Zimmer die Kaffeetasse vibriert. Und wenn Fukuro nicht ihren Stampftanz abgezogen oder komisch geschnauft oder Essen lautstark eingespeichelt hat wie so 'ne Spinne, wenn man da mal ein Mikro dranhalten würde, dann hat sie in ihrem Zimmer oder im Wohnzimmer gesessen und stundenlang Gespräche mit der Geisterwelt oder was weiß ich geführt. Ende der zweiten Woche bin ich wieder zu Joy und habe ihr erklärt: Ich schaffe das nicht. Ich verstehe die Idee hinter solchen Wohngemeinschaften und meiner Patinnenrolle, und dass ich lernen soll, Grenzen zu setzen, aber hier hört der Spaß auf. Joy meinte wieder: Du musst ihr das sagen. Das ist ganz wichtig, dass du sagst, was du brauchst und was dich stört. Du bist hier die Mächtigere! – Und ich wieder: Ich kann das nicht, was du da von mir forderst. Ich sage entweder nichts oder ich werde mega aggressiv. – Und Joy fragt: Warum? Und ich bin kurz davor, auszurasten und sage: Weil es eine Scheißunverschämtheit ist, dass ich durch so ein gestörtes Verhalten gezwungen werde, Grenzen zu ziehen, die man bei normalen Menschen gar nicht ziehen müsste. – Joy hat mich nur angeguckt und ich konnte mir genau denken, was sie denkt: Ja, die Selina glaubt jetzt, es läge nur an Fukuro und mit *normalen* Menschen käme sie gut klar. Dabei fühlt sie sich immer wieder gestört: im Bus, im Supermarkt, in der Gemeinschaftsküche. Und sie kommt immer wieder in diesen Film, wo sie entweder alles in sich reinfrisst oder explodiert und so oder so ist Scheiße. – Und ich hatte echt schon voll die Hassfilme. Ich habe mir vorgestellt, wie ich dieser Japanfrau ins breite Gesicht kicke, bis sie lacht oder zumindest aufhört, vor sich hinzumurmeln. Oder wie ich ihr mit einer Eisenstange die Beine breche, damit sie mal ein paar Tage mit dem Stampfen aufhört. Da denkt man: Die Japaner, die sind höflich, zurückhaltend, sauber und denken immer zuerst an andere – und dann taucht da diese Hygiene-Schlampe auf, die vorher allein in einer riesigen Villa im Grunewald gewohnt hat, und da hat sie den ganzen Tag Leichenpuppen geknetet, um sie im Ofen zu brennen, und das ist dann Kunst, und die zieht ausgerechnet zu mir auf die Etage, wo ich echt bei Schmutz schlecht draufkomme.

Nasser: Wieso bist du denn nicht einfach woanders hingezogen? Da war doch sicher noch irgendwo ein freies Zimmer?

Selina: Ja, schon. Aber ich wollte dann irgendwie auch was über mich rausfinden. Und ich war ja ihre Patin und habe mich schon auch gekümmert. Und ehrlich gesagt hat mich der Terror mit ihr auch von Babasch abgelenkt, an den ich damals gedacht habe wie eine Bekloppte. Ich meine, ich hatte keine drei Monate vorher versucht, mich umzubringen. So richtig stabil war ich nicht. Ich habe Joy gefragt, ob sie will, dass ich wieder nach Hellersdorf ziehe oder mich umbringe oder was. Ich habe das auch im Plenum zum Thema gemacht. Ich habe angefangen, in der Nummer 7 zu schlafen. Oder bei Jule im Bauwagen. Gegessen habe ich ja sowieso nicht mehr in der

Wohnung, obwohl ich mich da vorher echt wohlgefühlt habe. Und ich habe Joy nicht verstanden. Ich kannte die als super unterstützend und locker. Und jetzt meinte sie immer wieder: Ich solle in der Wohnung bleiben, mir meinen Raum nehmen und Fukuro meine Bedürfnisse klarmachen. Alter, wie in so einem Psychoexperiment. Ich habe gefragt, wie zur Hölle ich das machen soll. Und Joy meinte: Versuch mal zu sortieren, was deine Anteile bei der Sache sind. Und stell dir vor, Fukuro wäre blind, sie könnte keinen Schmutz sehen. Und sie wäre ganz lange allein gewesen und wüsste nicht, wie man zusammenlebt, und braucht dabei Hilfe. Es hat ihr nie jemand gesagt, dass Schlürfen nerven kann und Stampfen und das Anmalen von Tischen. Ihr Verhalten ist nicht gegen dich gerichtet. Nimm es nicht persönlich. Nimm es wie eine Kämpferin einen Kampf.

Nasser: Schlau, die Joy. Man muss sie einfach lieben, oder?

Selina: Glaub mir, Habübi, ich hätte lieber zig echt brutale Kämpfe gekämpft. Aber nicht diesen Kampf. Ich habe die Auseinandersetzungen mit Fukuro immer wieder rausgezögert, hab mir aufgeschrieben, was ich ihr sagen will und überlegt, wie ich das mache, ohne wütend zu werden, bin aber schon beim Aufschreiben wütend geworden und habe gleichzeitig gemerkt, dass ich Angst habe.

Nasser: Wovor denn Angst?

Selina: Angst, dass sie mich nicht sieht, dass sie meine Grenzen weiterhin ignoriert, dass sie sagt: Stell dich nicht so an! Ich stampfe halt. – Ich habe mich bei dem Gedanken so angreifbar gefühlt. Richtig widerlich.

Nasser: Aber du bist in der 19b geblieben.

Selina: Ich habe dann mal draußen auf der Bank vorm Haus gesessen und Fukuro kommt so zu mir und hatte

Marmeladenbrote geschmiert. Sie hat mir das Tablett hingehalten und gefragt, ob ich eins will. Ich wollte eigentlich ablehnen, habe dann aber doch eins genommen und Fukuro hat sich neben mich gesetzt und ich habe gedacht, Scheiße, jetzt fängt die gleich wieder an zu schmatzen, und ich habe schon im Magen gespürt, was das alles in mir auslöst. Wir sitzen da also mit unseren Broten und zu mir kommt eine Wespe. Ich wedele die weg, sie kommt wieder, ich wedele stärker. Ich bin total genervt von der Wespe. Kann die sich nicht ein anderes Marmeladenbrot suchen? Ich habe schlimm Angst, dass ich ins Brot beiße und dann das Vieh im Mund habe. Fukuro sitzt ganz ruhig da und futtert. Klar, der ist wieder alles egal. Ich bin kurz davor aufzustehen, da legt Fukuro ihre Hand auf mein Knie und schaut mich mit einem Mal ruhig und lieb an. Sie bricht ein kleines Stück von ihrem Marmeladenbrot ab und legt es neben sich auf die Bank, und ein paar Sekunden später ist die Wespe bei dem Stück und lässt mich in Ruhe. Fukuro lächelt mich an und ich musste plötzlich weinen. Ich habe einfach so losgeheult. Fukuro ist in Ruhe sitzen geblieben und hat ihr Brot gegessen, aber plötzlich gefragt: Ich schmatze, oder? Stört dich das? Ich habe geweint und genickt. Und Fukuro hat gesagt: Ich bin nicht gut mit anderen. Ich sorge schlecht für sie. Meine Tochter hat sich umgebracht. Ich nehme keine Medikamente. Ich bin sehr weit rausgeschwommen. Da ist niemand mehr. Du bist auch nicht gut mit anderen, oder? Ich habe dann gesagt: Ich bin nicht gut mit mir selbst. Fukuro hat nachgedacht und gesagt: Das ist dasselbe, oder? Wir sind vermutlich keine Wespen. Und dann hat sie mir erklärt, dass sie nicht immer stampft, sondern nur, wenn sie die Stimme wegstampfen will, und dass es gerade keine gute Zeit ist. Aber ich soll ihr immer sagen, wenn mich was stört. Sie wolle das gerne lernen, weil sie glaubt, sie mag mich. Und als sie das gesagt hat, habe ich gespürt: Das sagt die nicht oft und sie meint das so und von da an, hat mich vieles kaum noch gestört.

ANSELM NEFT

geboren 1973 bei Bonn, lebt als Autor in Hamburg, wo er zusammen mit Nefeli Kavouras den Literaturpodcast *laxbrunch* betreibt. Zuletzt erschien von ihm der Roman *Späte Kinder* bei Rowohlt. Bei dem vorliegenden Text handelt es sich um einen Auszug aus dem gleichnamigen Romanmanuskript.

Nefeli Kavouras

NIEMAND LÜGT SO SCHÖN

Eigentlich war es Katis Schuld, dass ich Mariya kennenlernte. Etwa vor einem Jahr, aus einer Frühlingslaune heraus, beschloss ich, mich für Kati ändern zu wollen. Ich spürte Zuneigung und Neid, als ich sie beobachtete. Ich wollte auch so sein. So selbstverständlich die Nase in Frühlingsblumen halten. So selbstverständlich leben. Für Kati. Und für mich. Es lag also an Kati, dass ich der Selbsthilfegruppe beitrat und so Mariya kennenlernte.

Mariya und ich traten etwa zeitgleich der Lügen-Selbsthilfegruppe bei. Während ich in den ersten Sitzungen stumm blieb, erzählte Mariya eine absurde Lüge nach der anderen. Ihre liebste Lüge, und angeblich ihre erste, war die mit den Füchsen. Mariya sagte: »Füchse waren eigentlich meine Lieblingstiere. Aber auf dem Nachhauseweg irgendwann im Winter, ich muss sechs Jahre alt gewesen sein, sah ich zum ersten Mal einen richtigen, also einen echten Fuchs. Nichts und niemand hatte je so traurig ausgesehen wie dieser Fuchs. Nein, auch nicht meine Mutter.« Daraufhin hatte sie es geschafft, ihre Freunde davon zu überzeugen, dass Füchse einfach nicht existierten. Die Begegnung im Wald blieb ihr Geheimnis.

Mariya erzählte, wie sie es geschafft hatte, sich bei einem Konzert eines sehr berühmten Rockstars – sie wollte nicht sagen, um wen es sich handelte – durch mehrere Sicherheitsmänner durchzulügen und so in den Backstagebereich zu gelangen. Am Ende war sich sogar der Rockstar unsicher, ob er Mariya nicht wirklich *von früher* kannte.

Mariya behauptete auch mir gegenüber Dinge, von denen ich mir sicher war, dass sie erlogen sein mussten. Wie zum Beispiel, dass ein Cocktail in einer New Yorker Bar nach ihr benannt worden sei, *The Mariyan,* mit Majoran, Orangensaft und Rum.

Niemand log so schön wie Mariya.

Alles, was Mariya erzählte, war eine Geschichte – und ich wollte ihr alles glauben.

Anita beendete die Sitzung, als ich das erste Mal dort war, mit ihrem Slogan »Und vergesst nicht, Lügen haben kurze Beine und wir wollen ja mit schönen, langen Beinen durch die Welt stolzieren«, und Mariya und ich brachen beide in ein Lachen aus. Das war das erste Mal, dass wir einander direkt ansahen.

Ich kam zur Lügen-Selbsthilfegruppe, weil ich sehen wollte, wie andere Lügner klarkamen. Ich wollte mich bessern, für Kati. Ich wollte einerseits alles scheiße finden und zugleich das Lügen ablegen. Ich dachte insgeheim, ich würde nur ein einziges Mal hingehen, merken, dass es nicht klappt, und den Plan verwerfen. Aber ich kam wieder. Kati erzählte ich, ich würde töpfern, für die eigene Entspannung. Manchmal brachte ich ihr Vasen vom Flohmarkt mit. Sie lobte meine Fortschritte im Töpferhandwerk. Ich dachte dabei an Mariya und wie sie über diese Situation lachen würde. Ich dachte oft an Mariya und freute mich auf diese Dienstagabende unter Lügnern.

Wenn die Sitzungen vorüber waren und wir Lügner uns um den Kaffeetisch versammelten, Anita brachte oft selbst gebackene

Mandelkekse mit, wollte ich ewig bleiben. Mariya und ich, wir waren die Letzten, die gingen. Das war von Anfang an so. Ich glaube, unser erstes richtiges Gespräch führten wir, als ich sie zu ihrem Fahrrad brachte. Es war ein kurzer Weg. Ich fragte: »Mariya, meinst du, Lügner sind schlechtere Menschen?«, und schämte mich für diese bedeutungsschwere Frage, von der ich mir sicher war, sie würde sie nur scherzhaft beantworten. Aber sie blieb stehen, ich konnte ihr beim Nachdenken zusehen, und wie hübsch sie dabei war, wenn sie nicht nur lachte, sondern auch, wenn sie ernst war. Dann sagte sie: »Nein, ich glaube, Lügner wollen sogar mehr Frieden als diejenigen, die stets die Wahrheit sagen, aber dadurch verletzen.«

Wir *Kurzbeinigen*, wir waren keine schlechten Menschen. Trotzdem waren wir eine Gruppe von Hochstaplern und Fremdgängern. Wir waren Wichser, wir waren Arschlöcher, wir waren der letzte Dreck. Wir waren »Ich hab mich in dir geirrt« und »Kriegen wir das noch hin?« Wir hatten unsere Mütter enttäuscht, wir hatten keinen Frieden mit unseren toten Vätern geschlossen, wir hatten uns zu wenig entschuldigt, am allerwenigsten bei uns selbst. Wir hatten nie gelernt, uns wieder zu melden. Wir hatten neue Telefonnummern, wir hatten Nummern blockiert, wir hatten neue Leben angefangen. Wir waren eloquent, überzeugend, charmant, gewitzt. Wir waren schön und reich, wir hatten saubere Hände. Wir hatten Schlafprobleme und wussten nicht, warum.

Ich war fünf, als ich das erste Mal beim Lügen erwischt worden war. Meine Großmutter beugte sich über mich, sie kniff ihre eisblauen Augen zusammen, sie zeigte mit dem Finger auf mich. Sie sagte: »Wer lügt, der kommt nicht in den Himmel. Merk Dir das, Jonathan.«

Mir blieben Tage, Wochen, Monate mit der Angst vor einer Hölle. Mit dem Gefühl, unsauber zu sein.

Meine Großmutter lag im darauffolgenden Jahr im Sterben. Ich saß an diesen heißen Sommertagen an ihrem Bett. Einmal, als meine Mutter kurz das Zimmer verließ und mich mit meiner röchelnden Großmutter allein ließ, beugte ich mich über sie und fragte: »Und du? Hast du nie gelogen? Kommst du nun in den Himmel?«

Ich traute mich nicht, diese Geschichte während der Selbsthilfegruppe zu erzählen. Aber als ich anfing, mich auch außerhalb der Sitzungen mit Mariya zu treffen, nachmittags am Wasser, da erzählte ich ihr irgendwann davon. Sie zuckte mit den Schultern und sagte: »Alle Großmütter sind nun einmal Scheiße.«

Mir war, als müsste ich kein schlechtes Gewissen haben, dass ich so viel über Mariya nachdachte. Ich sagte mir, Mariya sei Teil meiner Therapie, meiner Heilung, mein Schlüssel zur Beziehung zu Kati. Und Kati sagte ich nichts. In Katis Wohnung war nun jedes Fensterbrett voll mit von mir nicht getöpferten Vasen. Wenn wir Freunde zu Besuch hatten und ich Bolognese für alle servierte, erzählte ich von meiner liebsten japanischen Töpfertechnik. Ich war endlich der entspannte, interessante, selbstsichere Freund, der ich immer für irgendjemanden sein wollte.

Mariya und ich saßen am Wasser. Es war Sommer und die Hitze lag auf unserer Brust. Libellen flogen um uns, als ich Mariya von der Seite anblickte und sie fragte, ob sie eigentlich einen Freund habe. Sie lachte, wie sie es eben tat, wenn sie etwas traurig stimmte. Sie antwortete einige Zeit lang nicht, dann fragte sie mich, ob ich denn eine Partnerin habe. Ich dachte an Kati, an den Geruch ihrer Haare. Mariya zog nur eine Augenbraue hoch. Mir machte es nichts, von ihr entlarvt zu werden. Nicht so, nicht bei ihrem Blick. Vor Mariya war ich kein Lügengespinst mehr. Beim Abschied standen wir vor ihrem Fahrrad und guckten einander an. Ich dachte an all die Musik, die ich mit Mariya gern hören würde. Ich dachte, dass bestimmt niemand so tanzen konnte wie sie. Ich dachte an die Liedzeile von *The National*: »Goodbyes always take us half an hour, can't we just go home?«

Ich lag neben Kati, auf Katis Bett, in Katis sympathisch-chaotischer Wohnung. Ich kam mehr zur Ruhe, wenn ich bei ihr schlief. Kati atmete gleichmäßig neben mir, an unseren Füßen lag eingerollt Kasimir. Wenn ich barfuß durch die Wohnung lief, klebten mir Katzenhaare und Katis Haare an den Füßen. Kati hielt wenig von Minimalismus, sie hatte stets eine neue Lieblingstasse. Sie neigte nicht zum Verheimlichen von Dingen. Sie erfreute sich an Linden. Kati lag neben mir, und ich fragte mich, wo Mariya gerade lag. Ob sie allein schlief, oder ob sie auch einen Menschen hatte, dem sie vertraute, sich aber nicht anvertraute. Ich stellte mir vor, wie Mariya eingerollt wie Kasimir in einem Bett schlief. Ich hoffte, sie hatte einen ruhigen Schlaf. Ich hoffte, sie hatte jemanden, der sie daran erinnerte, genug Wasser zu trinken.

Wir schauten zu Boden, als Tom von seinen Schulden erzählte. Davon, dass er dachte, er könnte sich kümmern. Er erzählte von nicht abgegebenen Steuererklärungen, von der ungeöffneten Post, von den warm blickenden Augen seiner Frau und davon, dass sie nie an ihm zweifeln würde. Tom sagte:

»Ich bin gestern Nacht aufs Fahrrad gestiegen, ohne Licht, einfach los. Ich nahm für einen Moment die Hände vom Lenker und fühlte mich unendlich, als ich bei Rot über die Ampel fuhr. Ich wollte für immer fahren, für immer noch schneller werden. Ich fuhr, bis ich nicht mehr konnte. Als ich im Nichts ankam und körperlich am Ende war, bedauerte ich, dass es in der Nacht kein einziges Auto gegeben hatte, das meinem Weg kreuzte.«

Aus dem Augenwinkel heraus sah ich, wie Mariya sich ihre Armbeuge blutig kratzte.

Lügner weinen nicht. Wir ließen einander den Freiraum, um die Emotionen rauslassen zu können. Deswegen saßen wir ja schließlich hier. Und trotzdem wurde nicht geweint.

Bruno stotterte.

Anja ist ein halbes Jahr lang ständig über ihre eigenen Füße gestolpert.

Mariya kratzte sich ihre Armbeugen auf.

Unsere Körper waren ehrlicher als wir selbst.

»Warum lügst du?«, fragte mich Mariya. Ich lachte nur. Sie warf Steine ins Wasser und wiederholte ihre Frage, mal lachend, mal ernst. Immer fordernd. »Warum lügst du? Jetzt sag doch mal«. Ich antwortete ihr ausweichend, mal ablenkend, mal genervt, mal humorvoll. Sie ließ nicht locker. Manchmal wurde meine Zunge trocken und die Worte waren kurz davor, aus mir herauszufallen. Aber dann sah ich Mariya und sah, wie schön sie war, und traute mich nicht mehr. Ich brachte sie an dem Abend nicht zu ihrem Fahrrad, ich wollte sie allein gehen lassen. Ich sah an ihrem Blick, dass sie wusste, wie trotzig ich mich fühlte. Und sie ging einfach. Es schien ihr nicht einmal schwerzufallen. Ich wollte ihr am liebsten hinterherrennen. Ich wollte sagen: »Mariya, ich lüge, weil ich ansonsten nichts bin. Alles, was ich bin, ist jemand, der morgens nicht aufstehen kann. Ich lüge, weil ich genug sein wollte für meinen Vater. Mariya, ich habe mein Schulzeugnis gefälscht, da war ich elf Jahre alt, und ich hab mich geschämt. Glaubst du mir? Was willst du von mir glauben? Wie willst du mich haben? Ich kann alles sein. Ich kann Koch werden, Rechtsanwalt, ich kann einen liebenden Vater spielen, Gitarren bauen, Anzüge schneidern. Alles kann erlernt werden. Niemand kann mir weismachen, dass ich durchs Lügen die Welt zu einem schlechteren Ort gemacht hätte. Schläfst du gut, Mariya? Oder quält dich nachts nicht auch der Gedanke, nicht genug zu sein?«

Kati stand mir gegenüber, als sie mir vom Kinderwunsch erzählte. Sie sagte, sie fühlte sich schon als Mutter. Da fehlte nur noch ein Kind. Sie sagte: »Und ich kann mir das mit dir vorstellen. Ich glaube, wir wären gute Eltern.« Und, weil ich wusste, was Kati von mir hören wollte und wie sie mich nun am liebsten hätte, umarmte ich sie. Ich nickte. Ich musste so etwas gesagt haben wie:»Ja, ich wäre gern mit dir Eltern« oder »Wir hätten ein wundervolles Kind«, ich vergaß sofort, was ich sagte. Wir schliefen miteinander, und es war anders als sonst. In der Nacht blieb ich wach, dachte an die Auswege, die ich wählen könnte.

Wer lügen möchte, muss Folgendes lernen:
Bleibe nicht zu lang bei einer Person oder an einem Ort. Gewöhne dich an das Nomadenleben, schätze jeden Ort.

Verliebe dich, aber nie zu doll. Es ist okay, sich einsam zu fühlen. Stell dich darauf ein, auf jede Frage eine Antwort haben zu müssen. Überlege dir also alle Fragen der Welt, du willst die Kontrolle behalten. Verliere nicht das Gleichgewicht, erst recht nicht, wenn eine Lüge droht, aufgedeckt zu werden. Fühl dich nicht schuldig. Sei dir selbst gegenüber weich, sei es auch gegenüber deinen Eltern. Sei dankbar für jede ruhige Minute, die du schläfst. Hasse die Nächte nicht, sie können nichts dafür und sie sind trotzdem schön. Suche dir keine Gleichgesinnten, sie machen dir den Abschied nur noch schwerer.

Es gab nicht viel, woran ich hing, aber ich besaß einen Koffer mit Artefakten, die ich nicht bereit gewesen wäre, herzugeben. Ich öffnete den Koffer immer nur dann, wenn ich wusste, dass es wieder Zeit wurde, zu gehen. Ich blickte auf das Zeugnis aus der 6. Klasse, das ich gefälscht hatte. Ich blätterte durch das Notizbuch mit Songtexten, die ich als Jugendlicher schrieb, um das Mädchen, das ich liebte, zu beeindrucken. Manche Liedzeilen kamen mir gar nicht mehr peinlich vor. Ich sah lange das Foto meiner Familie an, wir waren am Strand und alle blickten aufs Meer, nur ich, ich schaute direkt in die Kamera. Ich sah den gefälschten Anglerschein meines Vaters, mit dem er mich als Kind beeindruckt hatte, einen Ring und das Taschenmesser meiner Großmutter. Legte man all diese Dinge beisammen, ergab es das Wahrhaftigste, was ich zu präsentieren hatte.

Mariya stupste mich nach der Sitzung an. Ich sei so anders heute, ob alles in Ordnung sei. Wir gingen hinaus, die Straße war leer. Ich begleitete sie zu ihrem Fahrrad, es stand vor einem

Asiamarkt. Hinter dem Schaufenster winkten uns Dutzende grüne und rote Winkekatzen zu.

Ich sagte: »Mariya, ich werde nicht mehr zur Gruppe kommen«, und Mariya nickte.

Ich sagte: »Mariya, erzähl mir noch eine letzte Lüge, bevor ich gehe«, und Mariya lachte. Sie schaute kurz in das Schaufenster, blickte dann mich an und sagte: »Ich habe noch nie jemanden so geliebt wie dich.«

Wir lachten, und wir küssten uns.

Ich sagte: »Wenn ich jemand anderem von diesem Moment erzähle, werde ich sagen, du hättest geweint.«

Mariya lachte. Ich glaubte wirklich, eine Träne an ihrer Wange zu erkennen. Wir standen lange so da, unfähig, uns voneinander zu verabschieden, während die Katzen winkten und winkten.

NEFELI KAVOURAS

geboren 1996 in Bamberg. Studierte Kulturwissenschaften in Lüneburg. Sie arbeitet für den mairisch Verlag, kuratiert das Literaturprogramm der *altonale*, führt mit Anselm Neft den Literaturpodcast *laxbrunch* und veröffentlicht regelmäßig die Literaturkolumne *Auf ein Getränk mit …* in der *Hinz&Kunzt*. 2022 erhielt sie das Residenzstipendium der Hamburger Kulturbehörde für einen Aufenthalt im *mare-Künstlerhaus* in Wentorf.

Sonja Roczek

MÖGLICHST NICHTS

Zwischen 18 und 20 bin ich abends immer angetrunken, schreibt Lore in ihr großes Heft. Sie hat ein »Trinktagebuch« angelegt, ein kariertes Heft, das übrig war, beiläufig genug, um die Hürde zum Schreiben zu nehmen. Sie will ihre Trinkbiografie befragen: woher kommt die Sucht, woher die Lust, die Neigung, wohin sie geführt hat, führt, ob ihr Leben Schaden dadurch nimmt, ob die Langeweile damit zu tun hat, ob die Liebe?

In der DDR bekommen alle Alkohol, auch Kindergartenkinder. Die Kassiererin legt dem Kind seine Erklärung in den Mund, indem sie milde »Für den Vati?« sagt und den Betrag hart in die Tastatur schlägt. Für Lores Mutter (»Für den Vati«) ist es gelegentlich eine Flasche Hasseröder, die Lore neben Milch, Wurst und Butter zu kaufen hat. Wenn Mutter abends Klassenarbeiten kontrolliert, trinkt sie dabei ein Glas Bier. »Trinkt« kann man gar nicht sagen, es würde vernehmbar durch die Kehle fließen, sie nippt am Glas, wie um ihre Lippen zu befeuchten. Mutter stellt das Glas rechts über den Zetteln auf einem Bastuntersetzer ab, und wenn sie es greifen will, muss sie den roten Kugelschreiber aus der Hand legen. Eine Arbeitspause machen, sich gegen die Kunstlederlehne des Stuhls lehnen und die Füße unter der Schreibplatte ausstrecken. Sie sitzt bis zehn Uhr am Sekretär. Wenn ihr Kind nicht schlafen kann und sich langweilt, kommt es einmal, zweimal, dreimal zu ihr. Klopft gegen das gelbe Ornamentglas in der Tür und bekommt beim ersten

Mal einen etwas ausführlicheren Gute-Nacht-Wunsch, beim zweiten Mal Baldriantropfen auf Zucker, und beim dritten Mal darf es an ihrem Bier nippen. Ein viertes Mal kommt Lore nie. Es ist ein Dreistufenritual mit einem Hasseröder am Ende.

Gegenüber der Werkbank steht im Keller ein Lattenregal mit mehreren Etagen Eingewecktem. Obst und Kürbis, das Kürbiskompott am Sonntag muss aufgegessen werden. Geruch und Geschmack lassen an der Idee dieser Speise zweifeln. Ob der säuerliche Geschmack sich auf das Wort Kürbis legt oder das spelzige Wort die Art des Verzehrs vorschreibt, weiß das Mädchen Lore nicht, nur dass es noch zwei Jahrzehnte nach der Kindheit keinen Kürbis mehr isst, auch nicht als Suppe.

Im Keller sitzt der Vater, auf dem umgestülpten Eimer sitzt er wie ein Wachtier vor dem Rumtopf, nicht die Augen glühen, sein Zigarettenstummel ist der einzige Punkt im Dunkeln. Er bewacht nicht, er wacht nicht, er dämmert in Gedanken. Samstag, der Vater ist da, samstags, da kommt Lore nicht an den Rumtopf ran, samstags darf geduscht werden, eine Etage über dem Keller und eine Etage unter der Wohnung. In der Dusche neben der Haustür hört man alle rein- und rausgehen, sprechen. Im Keller hört man nichts von oben. Der Vater liebt es, in einem Arbeitsraum zu sitzen und nicht zu arbeiten. Nur zu rauchen und eine Flasche Hasseröder zu trinken. Das Licht bleibt aus. Der Backstein gibt Kälte ab, im Winter und im Sommer. Im Sommer pflückt die Mutter am Russenstrand Brombeeren in den gelben Wäscheklammereimer und legt sie noch dort, auf dem Zeltplatz an der Müritz, in den mitgebrachten Primasprit ein. Brombeeren sind Rumtopffrüchte, Erdbeeren und Kirschen sind schon darinnen, Birnen kommen noch. Der Rumtopf ist ein Steinguttopf, der braun glänzt und viele winzige Bläschen aufgeworfen hat. Der Rumtopf im Keller hat keinen Deckel mit Griff, den Rumtopf deckt ein heller Teller zu. Der Vater trinkt fünfprozentiges Bier vor dem fünfzigprozentigen Topf. Die kalten Steine pflastern die Wände und den Boden. Dem Schraubstock hängt der Rüssel runter. Vater macht das Licht im Keller an, drückt den Stummel aus und sagt, er käme gleich hoch. Von Sonntag bis Donnerstag ist der Rumtopf unbewacht. Ein ganzer Sommer schwimmt in seinem Bauch. Der Garten und der Russenstrand. Lore hebt den Teller mit der einen und fischt mit der anderen Hand eine vollgesogene Kirsche, eine Brombeere, eine Erdbeere und nimmt sie schlürfend mit dem Mund auf. Augenblicklich werden ihre Glieder weich. Die Kirsche kauen und noch eine letzte Brombeere zwischen Daumen und Zeigefinger abtropfen lassen, nur kurz und dann schnell in den Mund und die Kuppen abgeleckt.

RUMTOPF RUMPFKOPF LIRUM LARUM

LÖFFELSTIEL DER KOPF DER

RUMPF DER WILL SO VIEL

Sie ist vierzehn und weiß schon, wie man die Glieder locker kriegt. Wenn man etwas nicht will und der Körper sich sträubt. Lore steht mit den anderen Mädchen vor der Disco. Was redet man, wie steht man, wo sind die Hände? In der Disco ist es wenigstens dunkel, bunte Punkte flackern, schnell zur Theke!

Eine Cola mit Rum kostet zwei Mark zehn. Um sich auf die Tanzfläche zu trauen, braucht sie drei Gläser davon. Dann macht ihr Körper mit. Sie schwenkt die Arme vor sich, hinterm Rücken, vor sich, es langweilt sie etwas, aber alle Mädchen machen das so. Und lächeln, die Haare werfend. Sie solle auch lächeln, damit der Gesamteindruck stimme. Sechs Mark dreißig hat sie schon ausgegeben. Um elf Uhr muss sie zu Hause sein. Es muss auch ohne Lächeln gehen.

Heute Mittag mit Helen und Carla 3 Gläser Wein beim Vietnamesen.

Lore ändert den Titel ihres Heftes vom »Trinktagebuch« in »Trinkbuch«. So muss sie nicht die Akribie des Tagezählens und Tagebeschreibens einhalten. In der Gegenwart, in der Vergangenheit gibt es kaum Pausen. In denen das Trinken nicht vorkommt. Sie notiert Mengen und Wirkung, Auswirkung auf ihre Gedanken, den ganzen Schlamassel. Die Ungeduld mit den Vorschulkindern, das Meiden der Kollegen, die Einsamkeit nach Feierabend. Daneben ihre hedonistische Vergangenheit. In der das Trinken lebendig war und ihr die Massen nichts ausmachten. So ein Quatsch!, schreibt Lore wieder dahinter. Nichts ausmachen zu sagen, verklärt die Jugend. Aber es gab kaum Hadern mit dem Gesöff, weil es gefühlt notwendig war, um das Leben sehen zu können.

Maßvoll kann ich nicht. Nur voll. Oder gar nicht. Es sind die rauschhaften Zustände, das Woanderssein, nichts leisten zu müssen, die das alte Muster an mich binden.

Aus Trotz gegen den geplanten Verzicht nehmen Menge und Trinktempo zu.

Heute 1 Flasche Bio-Weißwein. Zum Abschied vom Trinken.

Da sie sowieso für länger oder immer mit dem Trinken aufhören wird, kann sie heute noch einmal beobachten, wie es ist zu trinken, da sie dann, wenn sie nicht mehr trinkt, all die Euphorien und zufriedenen Dämmerzustände nur noch aus der Erinnerung, also nicht leibhaftig, haben wird und somit die Gegenwart ein trostloser Ort geworden sein wird. Oder die Gegenwart wird ein Plateau geworden sein, das ohne Süchte auskommt. Es gibt einen ganzen Roman im Futur II. Ein Freund von Lore hat ihn geschrieben. In ihm ist die Gegenwart eine Aussparung. Was gekommen sein wird, bildet die sprachliche Fläche, auf der ein Ökonom seinen Zwiespalt zwischen Berufssicht und Lebendigkeit beschreibt. Er kommt völlig ohne Präsens aus. Das Karussell der Gegenwart hat sich so lange gedreht, bis es eine Scheibe unter sich herausgeschnitten hat und mit ihr in die Tiefe fällt. Das Loch ist da. Er beschreibt es nicht, aber man spürt es beim Lesen. Während er seinen Roman schreibt, trinkt er ein Jahr lang kein Bier. Seiner langen Abstinenz folgt ein kurzer Übergang zum alten Trinkmuster: Alkohol als Durstlöscher. Arbeit – Trinken – Arbeit. Nur eine Woche braucht es nach einem Jahr, bis der Zirkel seinen alten Radius findet. Die Achtzehnuhrbiere nach der Arbeit strukturieren wieder seinen Tag in Davor und Danach.

Im Alter, als sich Lore für den Rumtopf interessiert und der Rum die Cola zur Discomedizin macht, steckt sie den Kopf in den Spülschrank und sucht brauchbare Chemikalien.Auf die bunten Wattestäbchen ihrer Mutter träufelt sie Nuth – der Fleckenentferner riecht aggressiv und betäubt, macht meschugge. Zwischen Daumen und Zeigefinger lässt sie ein kleines Loch in der Tüte, in die sie hineinschnüffelt. Die anderen erzählen von gewissen Zuständen, die bei ihr aber ausbleiben. Ihr wird nur schwindelig und übel. Auch mit einer offenen Tube Kittifix in der Tüte kommen ihr keine Zustände, nur dass sie den Kleber wirklich gern riecht, schon immer, auch beim Kleben. Andere sagen, Spee in Cola aufgelöst, das sei das Größte. Schlucken will Lore solche Sachen aber nicht, beim Schnüffeln kann man wenigstens Distanz und Dauer selbst bestimmen, aber Schlucken ist ihr zu endgültig. Ab da ist man seinem Zustand ausgeliefert.

Beim Schreiben ihrer Berichte entdeckt Lore eine Diktierfunktion im Rechner. Ohne nachzudenken, grölt sie ein Lied von Erhardt und der Rechner schreibt: »Immer wenn ich traurig bin dann trink ich einen korn und wenn ich dann noch traurig bin dann trinke ich noch nen korn und wenn ich dann noch traurig bin dann trink ich noch nen korn und wenn ich dann noch traurig bin dann fang ich an von vorn.« Sie lallt, und der Rechner schreibt mit eigener Korrektur: »wenn ich als frau ich finde es richtig ein hoher und wenn ich ja noch rau ich bin falsch.« Sie lallt schneller: »wenn ich etwas rauschen dritten kollen bestandes«. Und geflüstert: »immer wenn ich traurig bin Trink ich einen Korn und wenn nicht dann und ruhig bin eindringen konnte wenn ich dann noch traurig bin ein trinken um konnte aber wenn ich dann noch traurig bin Anfang nicht anfreunden«.

Heike sieht Lore durch das Fenster und stellt ihr kurz darauf zwei blaue Sektdosen auf den provisorischen Tresen im Türrahmen. Man kann nicht reinkommen, die Quadratmeter reichen für eine Erlaubnis nicht aus. »Zwei, oder?«, fragt sie, sagt sie triumphierend. Augenblicklich möchte Lore Kakao mit Strohhalm bestellen, irgendwas Unerwartetes, denn ihre Gewohnheiten haben sie längst als Trinkende erkennbar gemacht.

Morgen höre ich für länger auf, Wein zu trinken. Wem sage ich das? Mir! Die Kuh ist vom Eis, wenn ich kein Zeugs mehr brauche, um entspannt und ohne Hammer im Kopf zu sein. Kein Thema brauchen, keine Zeit einhalten müssen. Eine Gegenwart haben, die kein Loch ist. Einen Kreis, der mit seinem Innen und Außen verbunden ist.

Als Lore seit einer Woche nichts mehr getrunken hat, läuft sie mit besonders geradem Rücken am Fenster des Ladens vorbei: Sie fühlt sich wie eine Straftäterin, weil sie keinen Sekt mehr kauft. Sie kann auch nichts anderes im Kiosk kaufen, weil sie sich das andere Sortiment gar nicht zugesteht, immer nur hat sie Sekt nach dem Feierabend gekauft, Feierabendsekt. Ein wortloser Wechsel von zwei zu drei Fingern mit fragender Mimik, die von ihr mit Daumen und Zeigefinger beantwortet wird.

SONJA ROCZEK

geboren 1971 in Quedlinburg, lebt seit 1993 in Hamburg, wo sie Gebärdensprachen und Visuelle Kommunikation studierte. In ihrer künstlerischen Tätigkeit verbinden sich Sprache, Poesie und Improvisation. Für ihre Erzählung *Büffel und Schwalben* bekam sie 2007 den Hamburger Förderpreis für Literatur. Seit den 2000er-Jahren in verschiedenen performativen Musikprojekten (*Projekt N.N.*, *FAU*, *Beginenbar*, *Leihm.*) 2022 Gründung der *häutchenfilm Produktion* (zusammen mit Monica Pantel). Für den Gedichtzyklus *transsib* bekam sie den *Jurypreis des Wiener Werkstattpreises* (2021). Bei dem vorliegenden Text handelt es sich um einen Auszug aus der Erzählung *Möglichst nichts*, für die sie 2021 den Hamburger Literaturpreis erhielt.

Dietrich Machmer

EXTREME WETTERANSICHTEN

SELBSTPORTRÄT VOR EXPLODIERENDEN ÖLPREISEN

An meiner Stelle würden sich die Wolken verziehen.
Ich bin kein Schauplatz übersinnlicher Nähe.

Ich habe einen nachhaltigen Vergangenheitsbackground,
ein tief aus dem Boden gedampftes Nebelfundament.

Für alles Unklare schwebt mir eine solare Basis vor. Trotz
Überproduktion werden viel zu wenige mit Wärme versorgt.

Könnte ich mein allgemeines Wachstum selbst bestimmen,
ich würde mich verdichten bis zur Kernaussage: etwas

hier ist immer aufgebracht. Unentwegte Panikwellen
dringen aus dem Häuschen, brechen sich ziellos Bahn.

In dieser prekären Szenerie hebe ich mich wohlwollend ab.
In diesem Bild bezeichne ich den Hintergrund als

Synchronhypnose.

SYNCHRONHYPNOSE

Erinnerst du dich? Wir waren Zukunft!
Wir lebten aus dem Tag heraus und hießen uns
gut. Es war nicht immer alles nur, aber oft
traten die Risiken genauso ein, wie vorgesehen.

Alles war Wunder, sogar das Wetter!
Wir krallten uns an jede Sternschnuppe.
Eindringen und verglühen! Es war ganz einfach
nur verheerend schön.

Wir stellten einander ständig
neue Varianten von uns in Aussicht.
Die meisten erschienen uns vollkommen
einleuchtend. Warum also damit

aufhören? Niemals!

EINDRINGEN UND VERGLÜHEN

Es war nicht das wahre, aber wir lebten
ein ähnliches Leben, ein tragbares Minimum,
knapp unterhalb der gängigen *Normalitätssimulation*. Das Heute hatte nicht die Mentalität
seiner Zeit. Es schwebte wie Bodennebel
unter den Betten und hatte die Konsistenz
unverbindlicher Zusagen. Wie im Schlaf
verschlüsselten wir die Zugangscodes zu unseren
Geständnissen. Kein Ja-Wort sollte je
an die Traumoberfläche dringen. Im Zweifel
würden wir zu wachschlafender Zeit aufstehen,
um die Häuser ziehen, die wetterharten
Hecken angrenzender Gärten niederreißen
und die zerfaserten Blüten der Spaltung
so lange anstrahlen, bis sie eingehen.

NORMALITÄTSSIMULATION

Angenommen,
du änderst deine Ansichten,
und dein Aussehen
ist mehr als die Summe deiner Körperteile, und du besitzt
Funktionen,
denen deine Körperform folgt,
und gesetzt,
du entfremdest selbstlos ihren Zweck,
und dein Aussehen
verändert deine Ansichten
mehr, als du verdrängen kannst,
also Sprach-
gefühl und Verstand plus
die Verschlussräume dahinter,
dein Passivbild,
deine *Abwesenheit in den Dingen,*
die Wunderwand. Und du
vernimmst einfach, was dir nicht hört
und schreist & schreist, bis dein Echo
sich aufbaut zu einem Selbstbestätigungsberg,
von dessen Höhe dein Blick, endlich, frei
über die wolkenlosen Gipfel der Zustimmung schweift,
und an jedem Hang siehst du
Augen,
die ungläubig zurückstarren.

ABWESENHEIT IN DEN DINGEN

Wer da? Ich komme
ins Rutschen, ich falle schon
aus den Kleidern.
Nie zuvor habe ich Deflation
so sehr am eigenen Leib gespürt.
Teile meiner Verfassung
könnten die Bevölkerung verunsichern,
und das ist erst der Anfang.
Unberührt streiche ich
durchs Land. Ich krümme mich
mit süchtig suchenden Fingern
über selig leuchtende Touchscreens
und brenne durch, ein Riss
im Horizont, eine Wunde im Firmament.
Meine Wetteransichten sind extrem.
Es ist, als übertrage ich Hitzewellen
durch meine bloßen Augen
und sehe nichts.

DIETRICH MACHMER

geboren 1966, studierte Kunstgeschichte, Philosophie und Wirtschaftswissenschaften in München, Frankfurt am Main und Hamburg. Nach verschiedenen beruflichen Tätigkeiten, u. a. als Buchhändler, Übersetzer, Bühnenarbeiter, Umweltberater, heute Autor und Kunsthistoriker in Hamburg. Literaturförderpreise der Stadt Hamburg 2000 und 2011. *Martha-Saalfeld-Literaturförderpreis* des Landes Rheinland-Pfalz 2017. Veröffentlichungen in Anthologien und Zeitschriften sowie: *Ende der Kampfhandlung* im Horlemann Verlag 2016.

Nina Berndorfer
CHEMIE

Als ich meiner Mutter am Telefon von unserer Trennung berichtete, sagte sie voller Anteilnahme: »Das ist eine schwierige,
aber wichtige Erfahrung, die jeder einmal machen sollte. Nur
so kann man zu schätzen lernen, wie viel so eine Beziehung
bedeutet.«

Sie sagte, ich hätte die richtige Entscheidung getroffen.
Aber ist die Entscheidung nur richtig, weil ich dadurch lerne,
wie kostbar die Beziehung war, und sie das nächste Mal nicht
so einfach hinwerfe? Ich weiß doch, wie kostbar die Beziehung
war. Hätte ich sie dann gar nicht wegzuwerfen brauchen?

Bevor ich die Pille absetzte, hörte ich einen Podcast, in dem eine
Frau erzählte, wie sie ihren langjährigen Partner nach Absetzen
der Pille nicht mehr riechen konnte. Weil ihre Chemie sich veränderte, veränderte sich auch die Chemie zwischen den beiden.
Sie konnte nicht mehr mit ihm zusammen sein. Eine Ironie, da
sie die Pille einem Kinderwunsch folgend abgesetzt hatte.

Ich erzählte Fritz davon. Ich wollte, dass er es versteht. Dass
er versteht, dass wir nicht mehr sind als Chemie. Dass wir aus-
einandergleiten könnten. Er sagte: »Uns passiert das nicht.«
Diese Worte ärgerten mich und damals konnte ich nicht genau
sagen, warum. Jetzt glaube ich, dass sie mich ärgerten, weil es
schon passiert war und er es nur nicht sehen konnte.

Ich denke an eine Romanze, die ich mal auf einem Musikfestival
hatte, Jahre bevor ich Fritz kannte. Er war Spanier, hieß Javier –

er selbst sagte, jeder zweite Spanier heiße so – und war nur für das Event im Land. Es verstand sich von selbst, dass die Romanze mit dem Ende des Festivals ebenfalls vorbei sein würde. Ich frage mich nun, ob die aufkeimenden Gefühle intensiver waren, weil sie begrenzt waren. Weil das Ende bereits in Sicht war und das Erlebte sich damit schon in den Sepiafarben der Nostalgie abspielte. Aber in dem Wissen, dass Liebe vergänglich und unsere Existenz endlich ist, kann ich diesen Farbfilter nicht auf alles in der Welt anwenden? Auf meine Wohnung, aus der ich eines Tages ausziehen werde, auf meine Freundschaften, die sich irgendwann im Sande verlaufen könnten, auf meinen Beruf, aus dem ich irgendwann in Rente gehe? Auf mein Leben, weil ich irgendwann sterben werde? Ich gieße mir ein Glas Rotwein ein, damit ich in die richtige Stimmung komme, um diese pathetischen Gedanken zu ertragen. Die Trennung von Javier war schmerzhaft und noch Monate danach sehnte ich mich nach einem Brief von ihm, der nicht kam. Ich fand es ungerecht, dass wir aufgrund unserer Lebensumstände und Jugend nicht die Chance bekamen, das Gefühlte Wirklichkeit werden zu lassen. Ich schrieb ihm allerdings auch nicht. Jetzt bin ich froh, dass es so kam. Es ist die einzige Romanze, die ein gutes Gefühl in mir hinterlassen hat. Keiner von uns gab zu viel oder zu wenig, es gab keinen Streit, es gab nur die böse Welt, die sich gegen unsere Liebe verschworen hatte. Der Welt konnten wir irgendwann verzeihen. Muss man ja, wenn man weiter in ihr leben will.

Fritz und ich waren sehr diskret, wenn es um unsere Beziehung ging. Wir redeten mit unseren Freunden nicht über unseren Sex oder unsere Probleme. Vielleicht ist das der einzige Weg, sich als Paar Freunde zu teilen.

Dementsprechend waren alle sehr überrascht, von unserer Trennung zu hören. Die meisten fielen regelrecht aus allen Wolken. Ich hörte oft den Satz: »Aber als wir letztes Mal bei euch waren – da war doch alles gut.«

Ja, wir hatten unsere Show nach außen hin ebenso perfektioniert wie nach innen. Manchmal kam es mir so vor, als spielte ich eine Rolle in einem glücklichen Film, aber in einem dieser Filme, in denen keine Musik im Hintergrund läuft und alle Szenen unglaublich lang geschnitten sind. In denen man ständig damit rechnet, dass sich die ganze Anspannung in einem Gemetzel entlädt, aber es passiert nicht. Ich wusste, was meiner Rolle entsprach und was nicht. Meine Rolle war, nicht aus der Rolle zu fallen.

Wir waren eh nicht das Paar, das die öffentliche Zurschaustellung von Zuneigung für angebracht hielt. Bei dem letzten Treffen mit Freunden waren Fritz und ich bereits so weit, dass ich jede Berührung mied. Doch für einen unaufmerksamen Beobachter hatte vermutlich alles normal gewirkt. Den einzigen Anhaltspunkt könnte folgende Szene dargestellt haben: Ich sitze auf dem Boden, Fritz' Bein streift meines, mein Bein zuckt zurück, er entschuldigt sich, ich sage: »Alles gut.«

Aber das war eine Lüge. Es ist nie alles gut.

Ich habe mal in einem pseudowissenschaftlichen Artikel gelesen, dass Frauen dazu tendieren, vergangene Beziehungen zu idealisieren, während Männer das Gegenteil tuen. Ergo falle es Frauen schwerer, weiterzumachen. Dabei sei es verblüffend, dass Frauen eher dazu tendieren, eine unglückliche Beziehung zu beenden, als Männer. Für mich ergibt das alles keinen Sinn. Ob man eine Beziehung reflektiert betrachtet, ob man den Mut

hat, sie zu beenden, oder die Geduld, es weiter zu versuchen –
das hat nichts mit dem Geschlecht zu tun, sondern mit indivi-
duellen Charaktereigenschaften.

Aber heute vermisse ich Fritz.

Ich beschwöre Bilder von ihm herauf. Augenfarbe, Gesichts-
form, Mundwölbung, wie sich alles verzog und in Falten legte,
wenn er lachte oder böse dreinsah. Sein Blick, wenn er nachdachte und sein Blick, wenn er nicht dachte. Wenn er mich be-
gehrte. Es ist, als müsste ich ihn einem Fremden beschreiben.

Es erinnert mich daran, wie ich einmal im Büro eines Poli-
zisten saß, ein paar Wochen nachdem eine Gruppe Jugendlicher Fritz zu Boden geschlagen und auf ihn eingetreten hatte.
Der Polizist war freundlich, fast kumpelhaft. Fragte, ob ich oft
in dem Park sei, in dem alles passiert war. Er teilte ein Büro mit
einem Kollegen, seinem Partner? Ich war mir nicht sicher, ob
es wirklich so war wie in den Filmen und Serien. Sein Partner
saß vor seinem PC und tat so, als höre er uns nicht zu. Mir wäre
es lieber gewesen, er wäre gegangen.

Nachdem ich meine Sicht der Ereignisse geschildert hatte – der Polizist hatte dabei eifrig mitgetippt und mich gelegentlich unterbrechen müssen, damit er mit dem Schreiben
aufholen konnte – und ich meine Aussage noch einmal durch-
gelesen und unterschrieben hatte, sollte ich die Täter genauer
beschreiben. Zuvor hatte er mich gefragt, ob ich ihr Bild noch
vor Augen habe, was ich entschlossen bejahte. Als ich sie aber
nun beschreiben sollte, verloren die Bilder an Genauigkeit.
Während ich die Merkmale, die sich mir eingeprägt hatten,
aussprach, fiel mir auf, dass sich das Aussehen von zwei Tätern
genau gleich anhörte. Dabei hatten sie total unterschiedlich

ausgesehen. Warum konnte ich ihre Unterschiede nicht beschreiben?

Wenn ich mir Fritz' Merkmale in Erinnerung rufe, habe ich auch ein klares Bild von ihm. Aber könnte ich ihn beschreiben?

Würde es ihm je gerecht werden?

Ich erinnere mich an eine Situation vor etwa einem Jahr. Fritz öffnete den Küchenschrank und eine Schüssel, die ich ihm mal geschenkt hatte, fiel raus und zerbrach. Bei dem Anblick fing ich hemmungslos an zu weinen, was ihn wütend machte. Das sei eine überzogene Reaktion, es sei schließlich nur eine Schüssel. Jetzt verstehe ich meine Reaktion.

Oft wirft man Leuten, die in einer unglücklichen Beziehung festsitzen, vor, sich keine Gedanken über die Zukunft zu machen oder zu faul zu sein, um die Beziehung zu beenden. Ich würde die Beziehung, die ich mit Fritz hatte, nicht unbedingt als unglücklich bezeichnen. Ich habe viel über unsere Zukunft nachgedacht. Fritz und ich sind stets respektvoll miteinander umgegangen, wir haben uns gegenseitig nicht verletzt. Auf dieser Basis aufbauend war ich mir sicher, dass unsere Zukunft schön sein würde. Wir würden weiterhin respektvoll miteinander umgehen, uns nicht verletzen – zumindest nicht doll und wenn, dann nicht mit Absicht. Fritz würde immer gut zu mir sein, mich nie betrügen und wir würden weiterhin viel miteinander lachen. Gewissermaßen hielt mich dieses Bild unserer Zukunft davon ab, ihn zu verlassen. Es würde nett sein, nicht aufregend, aber gut. Ich dachte oft an mein Leben als Spiel: Ich hatte ein gutes Blatt, ein gutes, kein perfektes. Warum das Risiko eingehen und neue Karten ziehen? Wenn ich um Geld spielen würde, würde ich immer mit dem guten Blatt gehen, nichts riskieren. Wenn ich nichts zu verlieren hätte, würde ich neu ziehen.

Ich habe viel über unsere gemeinsame Zukunft nachgedacht, aber nie über meine eigene. Unsere Zukunft hat meine überlagert.

Ich hatte keine andere – ich hatte nur unsere.

Seit der Trennung zähle ich die Tage in meinem Kalender. Ich fühle mich, als würde ich jeden Tag aufs Neue einen Rekord brechen. 16 Tage allein, 17 Tage allein. 18 Tage. 19, 20, 21!

22!

Wenn ich nichts vorhabe, fühle ich mich einsam.

Wenn ich in der Uni oder bei der Arbeit bin, kann ich kaum fassen, wie normal sich alle verhalten. Ich fühle mich wie ein neuer Mensch und niemand merkt es, weil ich insgeheim immer noch dieselbe bin. Vielleicht mehr denn je.

Ich überlege, wie ich meine neuen Lebensumstände zufällig in Unterhaltungen einfließen lassen kann. Ich will Reaktionen sehen; ich will, dass die Leute es wissen. Aber ich will nicht selbstzentriert erscheinen. Es soll wirken, als sei es eine unvermeidliche Konsequenz unserer Inkompatibilität gewesen und als habe ich es schon seit Jahren vorausgesehen. Aber so war es doch auch. Warum fühle ich mich dann nicht authentisch?

An einem Abend, als ich auf dem Balkon meine letzte Zigarette für den Tag rauche, trifft mich die Erkenntnis: Fritz ist gesund. Fritz wird eine nette Frau kennenlernen und mit ihr glücklich werden. Egal, wie viele Männer ich kennenlerne: Ich werde nie glücklich sein. Dieser Gedanke steht in starkem

Kontrast zu denen, die ich vor dem Trennungsgespräch hatte. Ich fürchtete, sein Herz zu brechen und ihn für immer beziehungsuntauglich zu machen. Von Laurien weiß ich, dass es ihm gut geht. Dass er erleichtert ist und neue Kraft spürt. Die Sorgen um mich gehören nicht mehr zu seinen Aufgaben. Ich weiß, dass es ihm besser geht ohne mich. Den Gedanken, dass ich das tief im Inneren schon immer geglaubt und mich deshalb getrennt habe – aus Altruismus? –, nehme ich zur Kenntnis. Ich glaube nicht, dass das stimmt. Aber man muss die Möglichkeit doch in Betracht ziehen.

Ich weiß, dass das nur Gedanken sind. Versuche, meine Emotionen zu kontextualisieren. Aber wenn meine Emotionen nur Chemie sind, ist das überhaupt notwendig?

Laurien sagte letztens zu mir, das Wichtigste nach ihrer Trennung sei gewesen, einen Tag nach dem anderen hinter sich zu bringen. Jeder Tag war ein neuer Kampf, aber einzeln betrachtet durchaus zu bewältigen. Ist das im Grunde nicht das, worum es im Leben geht: jeden Tag hinter sich zu bringen? Ich beschließe, am nächsten Morgen weitere Therapeuten anzurufen.

Das Leben verläuft leider linear. Als ich im Entscheidungsprozess war, wünschte ich mir, für einen Tag eine alte Frau zu sein. Ich fühlte, dass mir Informationen fehlten, um diese Entscheidung zu treffen. Dass da mehr war, das ich wissen musste. Hätte ich das alles schon hinter mir, könnte ich mit Abstand beurteilen, was das Richtige ist beziehungsweise war. Dieser Gedanke kam mir vor, als sei ich des Lebens müde.
Aus der Retrospektive ist es immer leicht zu sagen, ob eine Entscheidung richtig oder falsch war. Steht man vor der

Entscheidung, gibt es jedoch kein Richtig oder Falsch. Es gibt nur Option A und Option B. Diesen Lebensweg und den anderen. Ich weiß, dass beide Wege gute und schlechte Seiten, gute und schlechte Argumente beinhalten. Ich weiß, dass ich ohne Fritz glücklich werde. Und ich weiß auch, dass ich mit ihm glücklich gewesen wäre.

Ich glaube, vieles zu wissen. Aber ich weiß nichts.

Auf dem Heimweg von der Uni setze ich meine Kopfhörer auf und höre mir ein Album von einer Band an, die ich früher gerne gehört habe. Nachdem das Album durchgelaufen ist, schaltet sich wieder Spotifys Algorithmus ein. Mir macht es nichts aus. Ich bin auf dem Fußweg von der Bahn zu meiner Wohnung und es ist niemand in der Nähe. Ich singe zu den Songs, die ich kenne, und lausche denen, die ich noch nicht kenne.

NINA BERNDORFER

geboren 1994, lebt seit 2013 in Hamburg. Studierte Deutsche Sprache und Literatur sowie Bibliotheks- und Informationsmanagement. Schreiben ist für sie wie Träumen: muss wahrscheinlich passieren, um die Realität zu verarbeiten, könnte aber auch Zufall sein. Bei dem vorliegenden Text handelt es sich um einen Auszug aus der gleichnamigen Erzählung.

Helena Baumeister

OH CUPID

Der autobiografische Comic »oh cupid« beschreibt Helenas Begegnung mit einem Mann, den sie über eine Dating App kennenlernte. Im Laufe der Erzählung verabreden sich die beiden zwei Mal. Bei ihrem ersten Beisammensein fahren Helena und ihr Date mit dem Fahrrad umher, picknicken und versuchen einander durch Gespräche zu begegnen, ein zuweilen recht holpriges Unterfangen. Dennoch stellen die beiden fest, dass im Wesentlichen Konsens besteht …

HELENA BAUMEISTER

geboren 1998 in Frankfurt am Main. Nach dem Abitur zog sie für das Illustrationsstudium an der HAW nach Hamburg. Ihre Arbeiten veröffentlicht sie meist auf Instagram (exakt_helena). Ihre Comicstrips finden sich unter anderem in der Kinderzeitschrift *Polle* und dem Frankfurter Magazin *OLDSCHOOL*. Für einen Auszug aus *oh cupid* wurde sie 2021 mit dem Hamburger Literaturpreis ausgezeichnet. *oh cupid* erscheint 2023 im Avant Verlag.

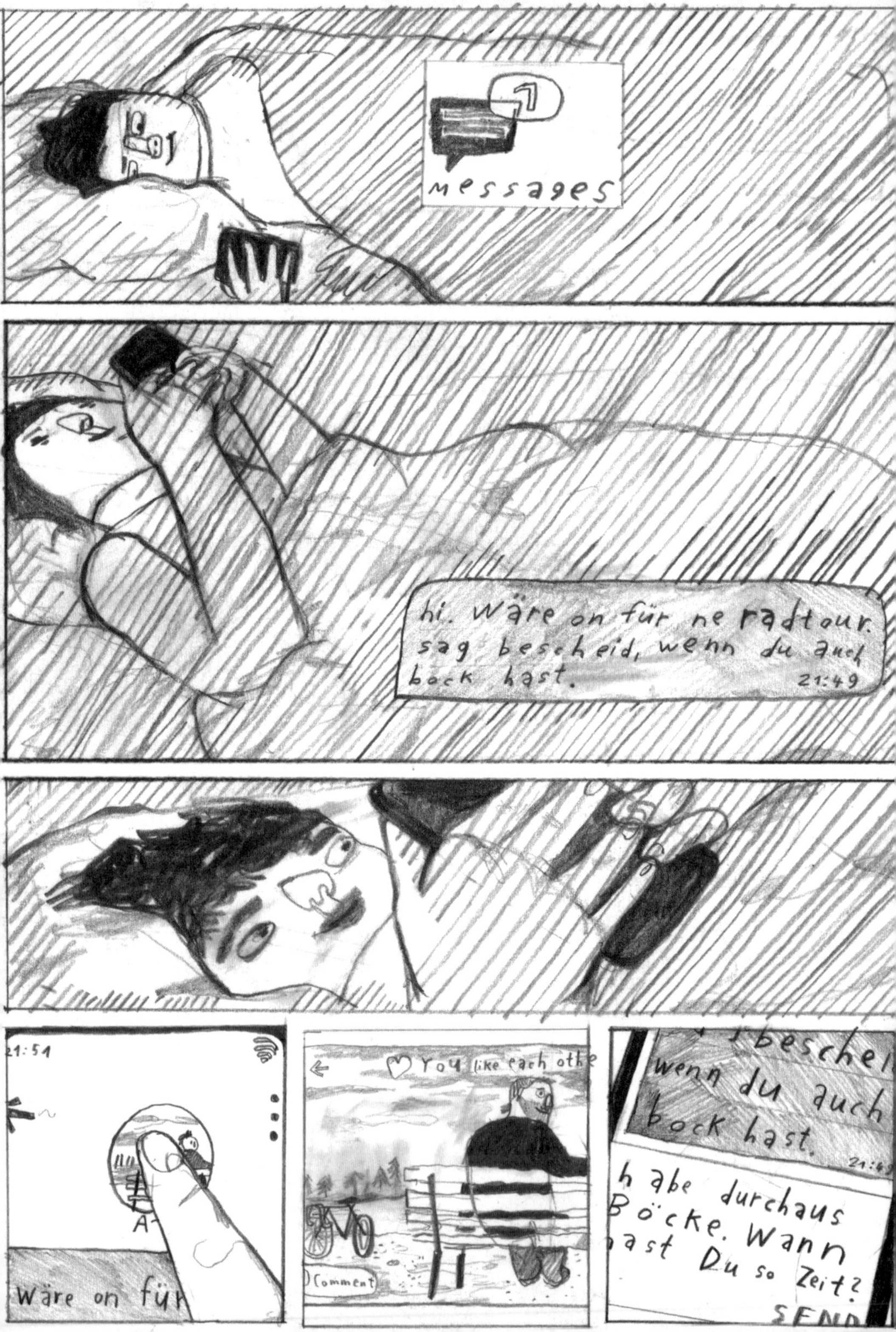

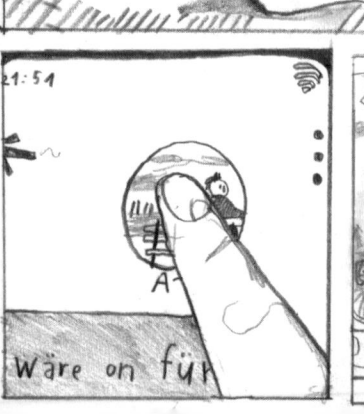

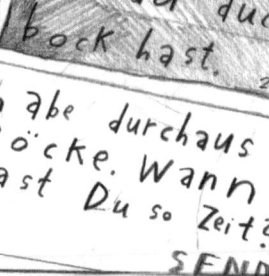

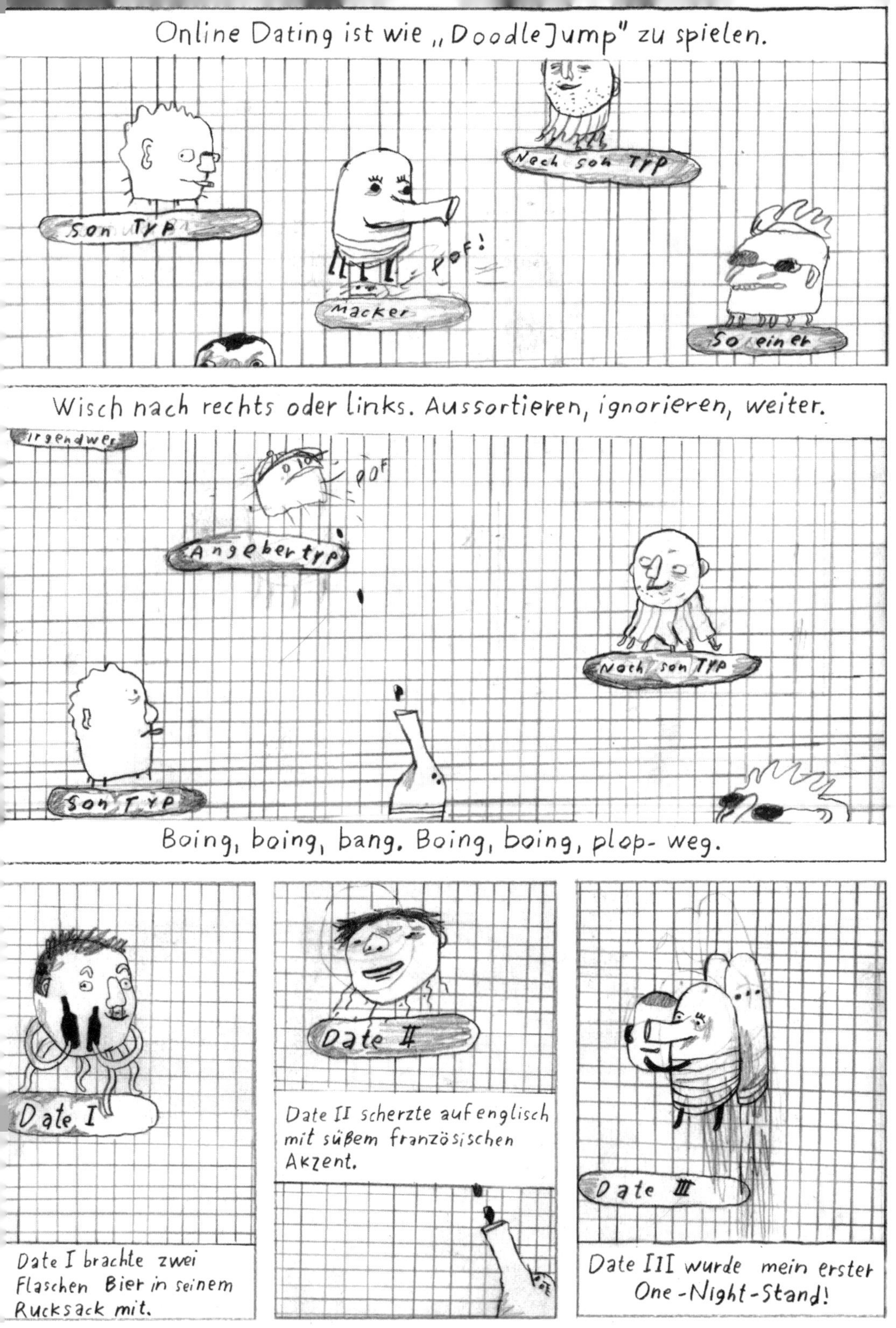

Online Dating ist wie „DoodleJump" zu spielen.

Wisch nach rechts oder links. Aussortieren, ignorieren, weiter.

Boing, boing, bang. Boing, boing, plop- weg.

Date I brachte zwei Flaschen Bier in seinem Rucksack mit.

Date II scherzte auf englisch mit süßem französischen Akzent.

Date III wurde mein erster One-Night-Stand!

Einatmen. Ausatmen. Und noch einmal.
Schultern in die hinteren Hosentaschen.

Da winkt jemand.
Ist das er?
Er ist groß.

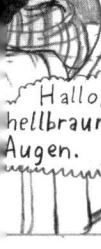

Hallo, Helena.

Hallo.

Hallo, hellbraune Augen.

Wie bist du gerade mit umarmen?

Lieber nicht.

Also, ich hab gerade dieses Rad hier fit gemacht. Ansonsten-IST DA NOCH DIESES RENNRAD?

Ja?

Christian Maintz

NEUJAHRSMORITAT

Vor Kurzem saßen mal in Kassel
Ein Nacktmull, eine Kellerassel,
Ein Weberknecht und dessen Schwester
In einer Bar. Es war Silvester.

Man aß veganes Pilz-Risotto
Und trank recht guten Beaujolais;
Der Weberknecht, er hieß Karl-Otto,
Beschwor die Not der SPD.

Man gruselte sich in der Runde
Vorm neuen Mann im Weißen Haus,
Die Assel sprach darauf profunde
Befunde über China aus.

Dann lachten alle laut und gellend;
Die Schwester hatte talentiert
Und täuschend ähnlich, Sekt bestellend,
Angela Merkel imitiert.

Der Nacktmull dachte still bei sich:
Das letzte Jahr war fürchterlich.
Beruflich lief es gar nicht rund,
Die Miete steigt schon wieder und

Marie-Christin hat mich verlassen,
Sie lebt seitdem mit diesem Klaus;
Der hat zwar nicht mehr alle Tassen
Im Schrank, doch sieht er blendend aus.

Im Juni werd ich einundsechzig
Und merk nichts vom Johannistrieb …
Ich treibe kaum noch Sport, das rächt sich;
Das Bier ist alles, was mir blieb.

Da riefen alle: »Frohes Neues!
Wie schön, dass ihr gekommen seid!«
Der Nacktmull dachte: Ich bereu es –
Und das schon seit geraumer Zeit.

Ich sitze nackt, mit kalten Pfoten,
Am Tisch mit diesen Vollidioten
Und trinke – Fluch des Biedersinnes! –
Seit Stunden warmen Sekt statt Guinness.

CHRISTIAN MAINTZ

geboren in Hamburg, ist Autor, Literatur- und Medienwissen-schaftler. Schreibt bevorzugt komische Lyrik; zweimaliger Träger des *Wilhelm-Busch-Preises*. Regelmäßig tritt er in Lesungs-Duetten mit Barbara Auer, Meike Droste, Gustav Peter Wöhler u. v. a. auf. Zuletzt erschienen von ihm *Liebe in Lokalen. Gedichte* und *Vom Knödel wollen wir singen. Kulinarische Gedichte*, beide beim Kunstmann Verlag.

Sebastian Stuertz

WAS ICH DIR VERSCHWIEGEN HABE

Ostfriesland, Peerdjefehn, Jurjens-Stift
August 1928

Zum Abt

»Ich will, dass sich der Besuch morgen im Fußboden spiegeln kann!«, quiekt Bruder Pius so laut, dass es ein kleines Echo gibt. Die Arme hinter dem Rücken verschränkt watschelt der kurz-gewachsene Mönch die Eingangshalle des Jurjens-Stift entlang. Er ist nicht einfach nur sehr klein, vielmehr hat es den An-schein, als wäre er einmal groß gewesen, doch von einer über-mächtigen, wenn nicht göttlichen, Kraft zusammengestaucht worden: Alles an ihm, vom Kopf bis zu den Füßen, ist zu breit und im Verhältnis dazu viel zu kurz geraten.

Die Knaben des Waisenheims arbeiten sich auf Knien den dunklen Steinboden entlang, tunken Lappen ins Wasser, wrin-gen sie aus, schrubben, andere polieren ihnen hinterher, allen fährt von Zeit zu Zeit ein stummer Fluch über die Lippen.

Eine Sommersonne schiebt sich durch die hohen Buntglas-fenster, betupft die weißgetünchte Halle mit farbigen Lichtbau-schen, alles sieht deutlich schöner aus, als es ist. Bruder Pius, Stellvertreter des Abts, bleibt bei einem der kleineren Knaben stehen. Als der Junge schließlich bemerkt, dass der Prior neben ihm wartet, hält er inne und hebt den Kopf. Der Knabe trägt als einziger eine Kapuze aus schmuddeligem Leinen, die den gesamten Schädel umschließt, mit einem gesäumten Loch für den Mund und zwei weiteren, aus denen ein Paar dunkler Augen nach oben blickt.

»Okko. Der Vater Abt wünscht dich zu sprechen.«

»Aber ich muss doch noch …«

»Jetzt gleich. Bring deinen Eimer nach draußen, wasch dir die Hände und geh hinüber in sein Büro.«

Wenig später klopft Okko an die schwere Eichentür. Das Büro liegt in der zweiten Etage, gleich neben der Bibliothek.

»Herein«, sagt der Abt leise, wie zu einem Gesprächspartner. Okko drückt die Klinke herunter und will die Tür mit seinem ganzen Gewicht aufstemmen, doch sie schwingt federleicht auf, kein metallisches Knurren erklingt, sie muss zum ersten Mal seit Jahren geölt worden sein. Lautlos drückt er die Tür ins Schloss.

»Laat di daal, Okko.«

Okko setzt sich, legt die Hände auf die Oberschenkel und kratzt verstohlen etwas Dreck unter dem Zeigefinger hervor. Er hat den Abt bisher nur wenige Male Platt reden hören, mit den Ältesten, Eddo und Ahlrich, als sie sich unbeobachtet wähnten.

Der Vater Abt verschränkt sorgsam seine Finger und legt sie auf der ledernen Schreibunterlage ab. Die Säcke unter den Augen, die fahle Wangenhaut, sogar die Ohrläppchen hängen aufgebraucht von seinem Schädel herab, als bräuchte man nur mit der Hand darüberzufahren, könnte so das welke Fleisch abstreifen und zum Vorschein käme ein neugeborenes Gesicht. Der Abt nickt ihm zu, richtet sich auf und sagt, jetzt auf Hochdeutsch, aber mit stark norddeutschem Einschlag: »Morgen wirst du zehn Jahre alt. So lang bist du nu schon bei uns, Okko.«

Okko blickt hoch und versucht, nicht auf die Augenklappe zu starren, doch das feine, goldene Kreuz zieht seinen Blick an. Als der Abt nun nach der Klappe greift, sie anhebt und schließlich ganz abnimmt, versteht Okko dies als Reaktion auf seinen unerhört neugierigen Blick, senkt den Kopf und murmelt geduckt: »Verzeiht, Vater Abt. Ich habe Euch angestarrt.«

»Okko. Sieh mich an.«

Okko hebt scheu den Kopf. Der Abt, mit der Augenklappe zwischen den Fingern, lächelt freundlich.

»Komm. Sie es dir genau an.« Er beugt seinen Kopf nach vorn und schließt das intakte Auge. Noch nie wurde der Abt ohne Augenklappe gesehen, von niemandem. Okko inspiziert aufmerksam den Wulst, dort, wo bei anderen ein Augapfel sitzt. Das obere und untere Lid wurden zusammengenäht, vor so langer Zeit, dass sie miteinander verwachsen sind.

Der Abt öffnet das gute Auge und lehnt sich lächelnd zurück. »Und jetzt du.«

Okko sagt nichts und denkt nichts und bewegt sich nicht.

»Nimm deine Maske ab.«

Die Maske abnehmen.

Das darf Okko nur, wenn er allein ist, wenn ihn niemand sehen kann. Wenn er weit draußen durchs Moor streift oder bei den Schweinen ist, auf dem Klo, bei der Beichte.

»Aber …«

»Es ist in Ordnung. Ich erlaube es.«

Mit klopfendem Kehlkopf rafft Okko den kleinen Leinensack vom Hals an aufwärts, bis er auf dem Kinn sitzt und zieht die Kapuze schließlich nach hinten weg. Zum Vorschein kommt der Grund für die Maskerade: Okkos Gesicht. Oder das, was davon übrig gelassen wurde. Der glühende Schürhaken, der dem Säugling auf Wangen, Stirn und Kinn gebrannt wurde, hat Narben hinterlassen, die sich im Laufe der Jahre zu prall glänzenden Würsten ausgewachsen haben. Anstelle von Brauen sitzen unregelmäßig verdickte Würmer wilden Fleisches auf den oberen Augenhöhlen. Nase und Ohren fehlen ganz – hierfür hatte der vom Vatikan gesandte Spezialist zur Kneifzange gegriffen. An den Stellen der Ohren und der Nase klaffen somit Löcher, rosa-dunkelrot marmoriert, mit knorpelig ausgefransten Rändern, die an verhärtete Hundelefzen erinnern. Nur an wenigen Stellen sprießt in kurz gehaltenen Büscheln etwas Haar aus dem Schädel, wie gestutzter Löwenzahn, der noch aus jeder Ritze drängt, die Kopfhaut ist über und über mit ungünstig vernarbten Schnittwunden, Pusteln und Brandmalen übersät.

Die Welt muss vor Okkos Anblick bewahrt werden, weshalb Okko die Maske überall und jederzeit trägt, auch nachts im Schlafsaal. Doch auch Okko wird beschützt: vor Blicken, Beschimpfungen, Verfluchungen. Und obwohl keiner der Knaben sein entstelltes Antlitz jemals gesehen hat, nennen alle ihn bloß *Undeer*. Okko widerspricht nicht. Denn wenn er in einen Spiegel sieht, was selten genug vorkommt, sieht er genau das: ein Scheusal.

»Okko. Du weißt, es hat sich überraschend Besuch für morgen angemeldet. Eine junge Berliner Witwe. Wie es scheint, eine recht gut betuchte Dame. Sie kommt mit ihrer Tochter und möchte eventuell einen unserer Jungen adoptieren.«

»Wie schön für Tammo. Oder Hendrik.«

Die Kleinsten und Unversehrten haben stets die besten Chancen. Und so würde die Wahl wieder auf einen der Jüngsten fallen, sicherlich auf Tammo, den dreijährigen Blondschopf mit den nordseegrauen Augen, oder auf den stillen Hendrik, der erst fünf Jahre alt war und bereits lesen und addieren konnte.

»Wir werden sehen. Frau Maibaum führt ein kleines Theater, gar nicht weit vom Kurfürstendamm. Da kann die so einen lütten Pööks vielleicht gar nicht gebrauchen. Sie sucht wohl eher einen Bruder, einen Kameraden für ihre Heidi.«

»Wie alt ist das Mädchen denn?«

»Neun Jahre alt.«

Undeer, ach Undeer

So fährst Du davon

Warum das Scheusal?

Das Scheusal entkommt

Starrende Knaben

Erheben die Hand

Ein halbes Spalier

Zum Winken verdammt

»Okko? OKKO!?! Hast du mir zugehört?«

»Was?« Okko zuckt mit den Schultern.

Der Abt seufzt und wiederholt: »Du weißt, wenn morgen der Besuch kommt, können wir deinen Königstag nicht feiern.«

»Ja, Vater Abt.«

»Wir müssen das nachholen.«

»Das macht gar nichts.«

»Und du kannst auch nicht dabei sein, wenn die anderen sich präsentieren.«

»Das weiß ich doch, Vater.«

»Aber: Weil morgen dein Geburtstag ist, musst du nicht in den Keller. Du kannst dich im Klostergarten aufhalten, während wir vorne den Besuch begrüßen und Tee servieren.« Er greift nach einer vor ihm auf dem Schreibtisch stehenden Handglocke und schwenkt sie einmal sanft hin und her, sodass ihr heller Ton erklingt. »Ich werde diese Glocke läuten, wenn die Dame mit ihrer Tochter eine Führung über das Gelände bekommt. Kannst du mir versprechen, dass du den Ausgang zum Stall nimmst und in der Küche verschwindest, sobald es schellt?«

Noch einmal lässt er die Glocke erklingen.

»Das werde ich. Danke, Vater. Das ist sehr großzügig von Euch.«

»Und … als kleinen Trost darfst du dein Geschenk heute schon aufmachen.«

Der Abt öffnet eine Schublade und schiebt Okko ein flaches, in Seidenpapier eingeschlagenes Geschenk zu.

»Hier.«

Es ist mit breitem, violettem Band verschnürt, das zu einer schlichten, aber großen Schleife gebunden ist.

»Für mich? Oh danke, Vater.«

Okko beugt sich vor, das Paket riecht sauber und medizinisch. Er greift die Enden des Bandes und befühlt es zwischen Daumen und Zeigefingern, dann zieht er sachte, bis die Schleife sich weich und fließend auflöst, er schiebt den Zeigefinger unter den Knoten und löst ihn. Er lupft die darunterliegende Bahn leicht mit Zeige- und Mittelfinger an, lässt die Fingerkuppen an der Innenseite entlanggleiten, so weich, so weich, so glatt, sachte prüft er den Widerstand, das Band lockert sich gemächlich, er macht ein Spiel daraus: lässt das Band erschlaffen, zieht plötzlich ruckartig daran, immer kräftiger, bis das Paket einen kleinen Satz macht, das Band freigibt, sodass es über seinen zwei Fingern liegt und beidseitig lang ausbaumelt. Der Abt betrachtet das Schauspiel vergnügt und lehnt sich zurück. Jetzt das Seidenpapier. Okko zieht eine länger werdende Bahn Seidenpapier von sich weg – wie fein das knistert –, zum Körper hin klappt bei jeder Umdrehung das Geschenk vor ihm auf die Tischplatte, von dünner werdenden Lagen verhüllt, auf den Rücken, *fffapp*, auf den Bauch, *fffapp*, auf den Rücken, *fffapp*, auf den Bauch, *fffapp*, bis endlich das Ende erreicht ist und der Inhalt zum Vorschein kommt. Sorgfältig streicht Okko das Seidenpapier glatt und faltet es zu einem festen Quadrat zusammen, rollt das violette Band um drei Finger und legt es darauf ab, dabei betrachtet er die ganze Zeit, was nun vor ihm liegt. Noch will er es nicht berühren. Was es wohl ist? Weiß, engmaschig geknüpft, von wunderschönen Mustern durchzogen. Eine Tischdecke?

»Mit herzlichen Grüßen aus dem Kloster Swartfehn. Schwester Hilde hat hinten eine Knopfleiste eingelassen, damit sie mitwachsen kann.«

Okko dreht das kunstvoll gearbeitete Stück Stoff, entfaltet es, steckt die Hände von unten hinein und strafft die Maske. Dies muss die Hinterseite sein. Er sieht die erwähnten Knöpfe, ebenfalls weiß, daneben zwei Reihen ungenutzter Knopflöcher. Dann dreht er die Maske, und sein neues Gesicht blickt ihn an. Es ist blütenweiß, hat eine geschwungene, freundlich wirkende Mundöffnung, darüber verläuft mit feinen Bordüren konturiert die Andeutung einer Nase, und über den großen Augenöffnungen, viel größeren Öffnungen als bei seiner alten Maske, deutet ein Lochmuster Augenbrauen an.

Okko spreizt die Öffnung mit den Handrücken und duckt sich hinein in sein neues Ich, luftig und angenehm kühl legt es sich auf das Scheusal und deckt es ganz zu.

Der Abt holt einen Taschenspiegel aus der Schublade und reicht ihn Okko, der gierig zugreift und sich darin betrachtet, den Kopf hin und her wendet, ganz nah herangeht und wieder ganz weit weg, sogar Grimassen zeichnen sich auf der feinen Maske ab, er kann die Augen zusammenkneifen, kann dicke Backen machen, er ist wunderschön.

»Danke, Vater Abt, habt vielen Dank.«

Der alte Abt setzt sich seine Augenklappe wieder auf.

»Pass gut darauf auf. Die gibt es nur einmal.«

SEBASTIAN STUERTZ

geboren 1974 und aufgewachsen am Steinhuder Meer, war jahrelang Musiker mit überschaubarem Erfolg, bevor er sich dem Schreiben widmete. Er animiert Grafiken für Film und TV und arbeitet als Dozent für Motion Design. Sein Debütroman von 2020, *Das eiserne Herz des Charlie Berg*, wurde mit dem Hamburger Förderpreis für Literatur ausgezeichnet. Seine Audio-Miniserie *Ruslan aus Marzahn* (Hörverlag 2021) war für den *Deutschen Hörbuchpreis* nominiert. 2022 erschien sein zweiter Roman *Da wo sonst das Gehirn ist*. Bei dem vorliegenden Text handelt es sich um einen Auszug aus dem gleichnamigen dritten Romanmanuskript.

WORAN WIR GLAUBEN

Julia Herrgesell
FÜCHSE

You're dislocated
Don't be like that
(…)
See your face when I black out
I'm never coming back

Fear of the water
Fear of the water

– SYML Fear of the Water

*auftretende Zitate / Anregungen

Verweile doch! Du bist so schön!, Johann Wolfgang von Goethe
With a Little Help from My Friends, The Beatles
Just Dance, Lady Gaga
We're Going on a Bear Hunt, Michael Rosen

I. AUF FESTEM GRUND

Eine große Schneekugel. Klare Sicht. In der Kugel: Moos, ein paar Büsche und ein Fuchs. DER FUCHS tastet von innen die Schneekugel ab. DER FUCHS flüstert.

DER FUCHS
Es wird nicht so bleiben.
Das wird nicht für immer so sein.
Das wird nicht ewig so bleiben.
Das wird nicht immer so sein, dass nichts für immer so ist.
Das wird nicht so bleiben, dass gar nichts bleibt.
VERWEILE DOCH, DU BIST SO SCHÖN.*

DER ANDERE FUCHS *(irgendwo aus dem Off, nicht zu sehen)*
KEINE SORGE, DAS WIRD NICHT FÜR IMMER SO SEIN.

DER FUCHS
Füchse fahren mit der U-Bahn durch Berlin.
Füchse fressen steinharte Kaugummis aus den Kaugummiautomaten aus dem Jahr 1983.
Füchse wohnen auf den IKEA-Parkplätzen und kreischen, wenn sie streiten.
Füchse beißen sich eher das Bein ab, als in der Falle zu sterben.
Füchse brauchen 9,8 Stunden Schlaf pro Tag.
FÜCHSE HABEN ANGST.
Füchse rollen mit ihrer Angst in schimmernden Seifenblasen durch die Stadt.
Sie walzen alles platt.
Sie zerquetschen.
Sie ersticken.

Sie erdrücken.

Sie zerreißen – Plastikfolien und Nagetier-Aas und Herzen und –

Sie wirbeln Staub auf und verkleben das Oben mit dem Unten.

Sie machen das so und sie merken das und sie fragen sich dann:

Wo ist denn oben und unten?

Was haben wir denn jetzt?

Wie ist denn jetzt / wie ist denn / wie ist denn jetzt die – Ordnung?

Die Ordnung von allem. Wie ist die?

Die Ordnung der Dinge, die, äh, SITUATION in der WIRKLICHKEIT,

in dieser WELT, in der wir jetzt gerade zusammen sind.

Hier. Wir hier.

VERWEILE DOCH, DU BIST SO SCHÖN.*

Und alles geht auch anders.

DER EINE FUCHS (*aus dem Off, nicht zu sehen*)

It won't be like this forever.

DER FUCHS

Gerade eben habe ich mich kurz verloren.

DER ANDERE FUCHS (*aus dem Off*)

KEINE SORGE, DAS WIRD NICHT FÜR IMMER SO SEIN.

DER FUCHS

Ich könnte jetzt tanzen.

Ich kann tanzen.

Ich kann hier drinnen tanzen.

(*Das Innere der Kugel verändert sich.*)

Ich kann die Leuchtgasröhren anmachen und mich selbst auf-
pumpen zu einem tanzenden Fuchs in einer stillen, ruhigen
Seifenblase und es wäre so schön.
*These are my AirPods. There are many like them, but these ones are
mine.*
Ich würde Geschichten tanzen, ich würde meinen Körper verdrehen,
ich würde Posen trainieren und ich würde Ballett trainieren,
nur damit jemand in diesem einen Moment sagen kann –
VERWEILE DOCH, DU BIST SO SCHÖN.*
Ich würde alles verschmelzen lassen zu ETWAS,
ich würde immer komplexere rhythmische Beats mit meinem
Körper / in meinem Körper / auf meinem Körper herstellen,
Just Dance. Gonna be okay, da da doo-doo-mmm, Just Dance.
ich würde springen und stampfen und mich völlig verausgaben
bis ihr durch die Blase hinweg spürt, wie ich atme, und mein
Herz schlägt und meine Adern pulsieren und das Adrenalin er-
reicht einen Höhepunkt und die Nerven zittern und die Beine
zittern.
Es wäre brutal und es wäre schön und es wäre zerbrechlich
und es wäre drastisch.
ICH TANZE DIE AUSNAHMESITUATION UNTER AUSNAHMEBE-
DINGUNGEN IN EINEM AUSNAHMEZUSTAND UND ICH WÜR-
DE ERKENNEN UND IHR WÜRDET ERKENNEN –

DER ANDERE FUCHS (*aus dem Off*)
DAS WIRD NICHT FÜR IMMER SO SEIN.

DER EINE FUCHS (*aus dem Off*)
It won't be like this forever.

DER FUCHS

Und dann wird es plötzlich wieder dunkel und dann pulst der Puls nicht mehr,
SILENCE.
Und dann zittern die Beine nicht mehr und dann sind die Bewegungen wieder NORMAL und WIE IMMER und der tanzende Fuchs kommt zur Ruhe, vielleicht kippt er sogar in die Ohnmacht, und liegt so ganz ohne Macht über sich selbst und seine eigene Welt einfach mal nur rum und löst sich irgendwann – ganz langsam und maximal ästhetisch – selbst auf.
Aber die Vision, die sich in seinen Fuchskopf gepflanzt hat, die bleibt /
VERWEILE DOCH, DU BIST SO SCHÖN.*

DER EINE FUCHS *(aus dem Off)*
Keine Sorge, so bleibt das nicht.

DER ANDERE FUCHS *(aus dem Off)*
Faust wollte überhaupt nicht VERWEILEN. Nicht mal Faust wollte, dass alles gleich bleibt.
Weil Faust immer mehr wollte, immer mehr Wissen.

DER EINE FUCHS *(aus dem Off)*
Als würden die Antworten alles erträglicher machen.

DER ANDERE FUCHS *(aus dem Off)*
Wusste Faust nicht, dass es nicht auf alles eine Antwort gibt?

DER EINE FUCHS *(aus dem Off)*
Hm.

DER ANDERE FUCHS *(aus dem Off)*

Oder meinte Faust gar nicht den Augenblick, der so schön ist,
oder meinte Faust das Verweilen selbst gar nicht ernst.

DER FUCHS

WOLLT IHR DENN, DASS ICH BLEIBE

WOLLT IHR DAS DENN WIRKLICH

WOLLT IHR DENN, DASS WIR SAGEN,

WIR SIND GANZ BEGEISTERT. WAS FÜR EIN LEBEN. WAS FÜR EIN
WUNDERSCHÖNES LEBEN.

LASS UNS KEINE SORGEN MEHR MACHEN, LASS UNS SAGEN,

ICH WILL ES, ICH KRIEG ES, GANZ EGAL, WAS ES IST

WEIL WIR ALLES SEIN KÖNNEN, WEIL WIR ALLES /

WIE LANGE DAUERTS NOCH, BIS WIR DURCHDREHEN

WIE LANGE DAUERTS NOCH, BIS ES WIEDER HELL WIRD

WIE LANGE DAUERTS NOCH, BIS ES OKAY IST

WIE LANGE DAUERTS NOCH

WIR SIND JUNG UND WIR SIND AM LEBEN

WIR SIND ALT UND WIR SIND AM LEBEN

WIR SIND KRANK UND WIR SIND AM LEBEN

WIR SIND GESUND UND WIR SIND AM LEBEN

WIR SIND KAPUTT UND WIR SIND AM LEBEN

WIR SIND HEIL UND WIR SIND AM LEBEN

WIR KÄMPFEN UND WIR GEBEN AUF UND WIR KÄMPFEN
WIEDER

UM UNSERE WAHRHEIT

UND WIR HALTEN SIE FEST

UND WIR ZIEHEN SIE ÜBER ALLES DRÜBER

WIR BEZIEHEN DIESE GANZEN POLSTERELEMENTE UNSERES

ALLTAGS MIT DIESER WAHRHEIT, DAMIT ES ÜBERALL GEMÜT-
LICH UND VERTRAUT AUSSIEHT UND SICH ANFÜHLT WIE ZU-
HAUSE

WEIL ZU HAUSE, DA KENNEN WIR UNS AUS

UND DAMIT DIESE WAHRHEIT UNSER ZUHAUSE SEIN KANN,
SOLANGE WIE MÖGLICH, MÜSSEN WIR DIESE BEZÜGE WIRK-
LICH LANGE HALTBAR MACHEN

DIE HALTEN DANN

WIR HABEN UNSERE VISIONEN UND WIR HABEN UNSERE IL-
LUSIONEN

OHNE PROBLEME HABEN WIR UNSERE ILLUSIONEN

SOLANGE WIR UNSERE ILLUSIONEN HABEN, IST ES DOCH IN
ORDNUNG

SOLANGE IST DOCH ALLES IN ORDNUNG

UND WÄHREND WIR IMMER WIEDER AUFRÄUMEN UND ALLES
NEU BEZIEHEN UND IMMER WIEDER VON VORNE ANFANGEN

WÄHREND WIR LEBEN

WÄHRENDDESSEN ERTRINKEN WIR

WIR ERTRINKEN.

ON SOLID GROUND IS IMPOSSIBLE

IMPOSSIBLE IS NOT AN OPTION

ON SOLID GROUND / zerplatzen die ganzen Seifenblasen mit
den kleinen Füchsen drin

ON SOLID GROUND / liegen die ganzen Bierscherben, dabei
kann Bier gar keine Scherben haben

NICHTS BLEIBT, ALLES IST STÄNDIG ANDERS, WEIL ALLES IN
BEWEGUNG IST

FAUST STIMMT SCHON, IN BEWEGUNG SEIN MUSS SEIN

UND WENN ES NICHT IN BEWEGUNG IST, KOMMT ES NICHT
MIT

DANN VERSCHWINDET ES, WEIL DIE WELT SICH DIE GAN-
ZE ZEIT DREHT, UND WENN SIE SICH NICHT VON ALLEINE
DREHT, WIRD SIE GESCHÜTTELT, UND ALLES WIRD ORDENT-
LICH DURCHEINANDER GEWIRBELT UND DABEI WIRD EINE
NEUE ORDNUNG GESCHAFFEN UND DIESE NEUE ORDNUNG
VERDRÄNGT DIE ALTE ORDNUNG, DIE JA AUCH MAL EINE
NEUE ORDNUNG WAR, UND MACHT DABEI SO VIEL KAPUTT
DIE MACHT SO VIEL KAPUTT
ICH FRAGE MICH WIRKLICH, WIEVIEL DENN NOCH KAPUTT
GEHEN KANN, BIS NICHTS MEHR IST, WIE ES MAL WAR.

JULIA HERRGESELL

studierte Angewandte Medien und Literatur in Hamburg. Nach
Regieassistenzen am Thalia Theater und am Luzerner Theater
schrieb und inszenierte sie 2019 in Luzern ihr erstes eigenes
Projekt, *Alle Farben*. Seit 2020 ist Julia Herrgesell Teil des Pro-
duktionsbüros *STÜCKLIESEL* in Hamburg und studiert Szeni-
sches Schreiben an der Universität der Künste in Berlin. Ihr
Stück *Echtzeit-Komplizen* wurde 2022 am Landestheater Detmold
digital uraufgeführt. Weitere Stücke wie *Warten auf Gewitter*
und *Zuckerland* wurden bereits an verschiedenen Spielstätten
in Berlin umgesetzt. Mit der literarischen Serie *Zum Wilden Igel*
im Thalia Nachtasyl entstand gemeinsam mit fünf Hamburger
Autor*innen ein Live-Fortsetzungsroman. Der vorliegende Text
ist ein Auszug aus dem gleichnamigen Theaterstück, für das sie
2022 mit dem Hamburger Literaturpreis ausgezeichnet wurde.

Hasune El-Choly

DIE DEUTUNG VON LICHT

es sind die tiere und die schatten, die an unseren
träumen nagen. wir könnten in die dunkelheit der
nacht schreien; würden schallmauern durchbrechen,
innere organe perforieren.

das licht wird brechen, den tag fluten. der letzte
tropfen tau wird fallen, auf die verwundeten tiere,
auf die verschwiegenheit der schatten.

und dort, wo unsere familie unter der erde begraben
liegt, werden wir langsam über das verwüstete land
schreiten, werden lernen, sie ruhen zu lassen – die
rohen juwelen der felder.

kurz vor eisbruch. auf deinen lippen
streifende fallwinde. über die rauen,
bloßgelegten hautschichten: eine erosion
in der dunkelheit der kargen berglandschaft,
das lauschen deiner schreie bei nacht.
und irgendwo in der ferne ein torkelnder
astronaut aus dem orbit, singt leise deine
lieder, voller sehnsucht, voller sterne.
nennt dich bei deinem namen und weiß noch, wie
du schmeckst.

beginnender februar. wie du mir das haar aus
der stirn streichst. *wie die kälte entlang*
meiner sehnen wandert, unter meiner haut. wie
wir schicht um schicht in den schlaf fliehen,
im ewigen eis bei minusgraden tote hüllen in
permafrost.

und atemzug um atemzug erhellt die dämmerung
den arktishimmel, erklingen aus tausend
kehlen ferne schreie, echoen in den wald
hinein. zerren kleider, zerren haare –
gehen nackt, wie wir kamen.

der kreisende wind, die verstohlenen blicke,
durch das astgerippe das leuchten der räume.
die gemiedenen orte, die aufzeichnungen des
wetters. das flüstern und fiebern der wälder.
kraniche schwärmen in v-formation, durchbrechen
stratuswolken, schallmauern; in der lewitz am
schallsee und senden *botschaften des regens.*
kohlestaub auf ackerbrache: ein *katarakt*
welkender blüten. jahre meere halbmonde.
immer verschwindet alles nur.

Anmerkungen

»*Botschaften des Regens*« nach Günter Eich, *Botschaften des Regens*, 1963, Suhrkamp Verlag.

»*katarakt welkender blüten*« nach Friederike Mayröcker, *fleurs*, 2016, Suhrkamp Verlag.

»*die kälte entlang meiner sehnen wandert, unter meiner haut.*« nach Anne Michaels, *Fluchtstücke*, 2001, Rowohlt Verlag.

HASUNE EL-CHOLY

geboren 1983 in Beirut, Libanon, immigrierte im Alter von zwei Jahren nach Deutschland. Sein erster Gedichtband *Jetzt bleiben Fragmente* ist 2018 im APHAIA Verlag erschienen und wurde 2020 für den *Clemens-Brentano-Preis* der Stadt Heidelberg nominiert. Sein zweiter Gedichtband *die deutung von licht* ist 2022 ebenfalls im APHAIA Verlag erschienen. Veröffentlichungen u. a. im *Jahrbuch der Lyrik* 2019 und 2021 sowie im *ZIEGEL* 2021.

Thomas Plaichinger

DAS VERSPRECHEN DER SPRACHE

Offenbar wollte ich schon lesen und schreiben, bevor ich es musste, und wurde prompt mit fünf in Salzburg eingeschult. Ein Glück, wie sich bald herausstellte. Unsere Familie funktionierte in den 60er- und 70er-Jahren nämlich so wie die Metallspiralen aus jener Zeit, die man in die Hände nehmen konnte und deren einzelne Windungen durch die Änderung der Lage in Bewegung gerieten, bis am Ende die Gesamtheit der Spirale von der linken in die rechte und von der rechten in die linke Hand gewandert war. Die Hände waren in diesem Fall das bayerische Grenzgebiet kurz vor Salzburg einerseits und Hamburg mitsamt Umland andererseits. In der Generation vor mir war Jutta die erste, die es nach Norden zog, und ihre Schwestern folgten im Lauf der nächsten Jahre und Ehen, genau wie meine Großeltern. Für meine Mutter, meinen dreijährigen Bruder und mich führte der erste Schritt in diesem Prozess zunächst von Salzburg nur bis nach Freilassing, ein paar Kilometer weiter westlich, ein Städtchen, das mir die Hölle bereitete, weil ich aus der Fremde war, aus der Ferne, die gleich nebenan lag, nur durch einen Fluss getrennt, aber eben aus einem anderen Land mit hörbar anderer Sprache. Hier war ich plötzlich die stille, magere Verkörperung alles Verhassten, nur voll vom Wunsch nach Nähe und dem Aufgehen in derselben und stattdessen von den Horden durch die Hitze auf den Feldern bis zur neuen Siedlung getrieben, in der wir gelandet waren, weil Triumph Miederwaren meiner Mutter jene feste Stellung gab, die nach ihrer Scheidung nötig wurde.

Das still geschluckte Elend, von dem nie jemand hörte, weil das Leben schon schwer genug war, endete erst mit dem Erscheinen meines künftigen Stiefvaters Ulrich, vielleicht ein Dreivierteljahr später, der Vertreter war, uns alle nach Hamburg entführen wollte und damit zum blassen rettenden Ritter wurde, den akkuraten Seitenscheitel nachts durch ein Haarnetz geschützt.

Die ersten großen Leuchtreklamen meines Lebens zeigten rechts der Autobahn, dass das Ziel erreicht war, Veedol in Rot als Hinweis auf die Welt, die sich jetzt auftun würde, die Brücken über Flussarme, die im Dunkeln keiner sah, das Ziel schon fertig eingerichtet, ein schmales Haus in Hohenfelde, das seine Räume zwischen Gewerben türmte und erst über zwei großen Garagen anfing, in denen einst die Laster einer Spedition gestanden hatten. Hier gab es im Wohnzimmer die erste lange Bücherwand meines Lebens, aus der ich mich bediente wie aus einer Leihbibliothek und die mich letztlich mehr beschäftigte als der ebenfalls erste Fernseher im hinteren Teil des langgezogenen Raumes. Während sich mein Stiefvater Ulrich mehr mit den monatlich eintreffenden »Reader's Digest«-Büchlein beschäftigte, las meine Mutter – die Buchhändlerin hatte werden wollen – die Prosa lieber im Ganzen und hinterließ mir im Regal Ingeborg Bachmanns frühe Erzählungen ebenso wie Thomas Manns »Felix Krull«. Vor den Fenstern lag die große Stadt, die wir Kinder nie gesehen hatten und die es nun sein sollte, auch für uns. Sie bescherte mir die Befreiung vom Freilassinger Alb, und ich liebte sie dafür, auch wenn ich selbst hier noch wie gejagt von der Schule nach Hause rannte – gute Gewohnheiten sind eben schwer abzulegen.

Der Jahresanfang 68 war in Hamburg schneereich, die Hohen-
felder Straße so weiß wie wohl der Rest vom Land, und trotzdem hatte sich die ältere Schwester meiner Mutter angekün-
digt, die sich – das wusste ich damals noch nicht – von nichts
so schnell abschrecken ließ.

Meine erste Erinnerung an Jutta war die einer Erscheinung,
ein, zwei Jahre zuvor, auf dem glühendheißen Parkplatz eines
Landgasthofs vor Alpenpanorama, in dem die Feier zur Hochzeit meiner Mutter und meines Stiefvaters stattfand: Eine große, schlanke, beeindruckende Frau stieg da in einem hellen
Hosenanzug aus einem schnellen Wagen, vor dem ich faszi-
niert stand. Sie hatte schon mit nicht mal dreißig die markan-
ten Gesichtszüge, die ihr immer blieben, die Züge jener, die
sich durchkämpfen – und ich bekam plötzlich eine Tante, die
ich bislang noch nicht gekannt hatte, weil sie damals schon in
Hamburg lebte.

Inzwischen, und seit wir ebenfalls im Norden waren, wohnte sie vorübergehend in Zürich und kam nun zum ersten Mal
seit unserer Ankunft nach Hamburg zurück, in meinen Augen
schon im Vorfeld von einem Nimbus überholt. Für das erste
Weihnachten in der neuen Stadt waren auch meine Großeltern
aus Bayern angereist, Fotos zeigen meine Großmutter elegant-
statuarisch im Abendkleid und meinen Großvater im dunklen
Dreiteiler mit Krawatte. Vielleicht war es kein Zufall, dass Jutta
erst nach den Feiertagen kam. Meine Großmutter hatte fünf
Töchter, und Anlässe wie Weihnachten führten zu endlos langen Tafeln, an denen – so schien es mir als Kind – alle gleichzeitig redeten. Am Kindertisch sah es nicht anders aus.

Als Jutta jetzt ankam, hatte sich das größte Durcheinander gelegt. Im Esszimmer passten alle um den einen runden Tisch.

In diesem Raum mit den zwei hohen, schmalen Fenstern und
dem Miró-Druck neben der Tür geschah nun etwas, das letztlich dazu führte, dass der verschlingende Literatur-Konsument,
der ich war, die Möglichkeiten des Formens zu ahnen begann.

Jutta verkündete, wohl erst am zweiten Abend, dass es am
nächsten Nachmittag eine »Lesung« geben würde. Sie hatte aus
Zürich ein Tonbandgerät mitgebracht, auf dessen Bändern sie,
das erklärte sie der Runde, all das aufgenommen hatte, was in
der letzten Zeit entstanden war. Ich hatte nicht gewusst, dass
Jutta schrieb. Ich hatte mich noch nicht einmal gefragt, wie das,
was ich da alles las, überhaupt entstanden und auf ein Papier
gekommen war, und dass es da einen Menschen geben musste,
über ein Blatt oder eine Schreibmaschine gebeugt, dem diese
Zeilen, diese Geschichten, die ich einfach für bare Münze hielt,
eingefallen waren, und der sie sich abgerungen hatte.
  Ich hatte damals die Gabe, mich unsichtbar zu machen, in
einer Ecke zu verschwinden und immer so zu wirken, als sei
ich derart beschäftigt, dass die Geschichten der Erwachsenen
mich gar nicht erreichen, also auch gar nicht tangieren konnten. Vielleicht war es dieser Fähigkeit zu verdanken, dass ich
als einziges Kind im Raum blieb, als Juttas UHER-Gerät auf den
Esstisch gestellt wurde.

Die erste Spule wurde aus ihrem flachen Karton genommen,
eingelegt und bei der leeren Aufwickelspule eingefädelt, das
Band mit dem satten Klacken einer schweren Taste gestartet,

die beiden Spulen drehten sich, ein Rauschen setzte ein wie das Rauschen eines fremden Äthers und da war plötzlich ihre Stimme. Die tiefe, warme Stimme, die den ganzen Raum füllte, eine Stimme mit großem Volumen und vielen Facetten, eine Stimme, die – von der magnetischen Oberfläche abgenommen und durch den Lautsprecher verfremdet – noch einmal leicht anders klang als Juttas tiefe, warme Stimme. Die Sätze, die sie sagte, waren keine Sätze, die nur gesprochen waren wie die Sätze, die den ganzen Tag lang so gesprochen werden. Dies waren geschriebene Sätze, mit einer Melodie, einem Rhythmus, einer Tiefe, die sofort spürbar wurde, auch wenn ich inhaltlich doch letztlich nur im Ansatz verstehen konnte, um was es da ging. Durch diese Sätze wurde das Geschriebene, die Sprache, die sich sonst nur auf dem Papier fand, so lebendig wie ein Wesen, so ausgeformt und schön schon, und doch in ihrem Entstehen greifbar, dass ich zum ersten Mal spürte, wie Sprache, wie Literatur wird, nicht wie sie – fertig – auf der Buchseite steht. Die Stimme und Juttas Sätze erschufen eine Welt für sich, und alle hörten zu, bis es im Raum ganz atemlos war.

Ich wusste damals gar nichts über diese Texte, über Texte überhaupt, verstand das alles kaum und erfasste von dem, was Juttas Stimme da entfaltete, nur eine narrative Hülle. Ich wusste auch nicht, dass wir im Moment des Hörens zwar vereint waren, und doch jede und jeder im Raum im Hören ganz allein war und etwas anderes hörte. Sie alle saßen dort um diesen Tisch und waren alle ganz woanders. Mit offenem Mund spürte ich in der Ecke nur den Sog einer Musik, einer Melodie, einer Schönheit, die unvergleichlich war. Die angenehme, so ernste Stimme vom Band trug eine Partitur vor, von deren Schichten sich mir höchstens die obersten erschlossen: die Geschichte, der Klang, die Harmonie, aber letztlich nicht, was das hier bedeutete. Mir war nicht klar, dass Juttas Sätze in all ihrem Formwillen immer zerlegen, durchleuchten, befragen und aufzeigen, von Anfang an die damaligen und später die heutigen Selbstverständlichkeiten in den Gefügen unserer Strukturen sezieren und dabei gnadenlos gründliche Analysen liefern.

Ab diesem grau-weißen Jahresanfang blieb Jutta ein Vorbild. Jede Nacht, die ich in ihrem Schreibzimmer campieren durfte, auf den dicken Schaumstoffkissen der 70er-Jahre, vor der langen Schreibplatte einmal quer vor den Fenstern, blieb ich schlaflos, auch wenn ich längst schlafen sollte, wachgehalten schon durch die Bücher in den endlos hohen, langen, sich biegenden Regalen und mitten in der größten Beglückung.

Wie meine Mutter war auch Jutta eine unersättliche Leserin, begnadet mit der größten Neugier – und mit einer Fähigkeit, die ihre Schreibkurse an Schulen und Wochenenden so einmalig machten: der Fähigkeit, jeden Menschen als gleichwertig zu erfassen, auch ein Kind.

THOMAS PLAICHINGER

geboren 1960 in Salzburg, Schulzeit in Hamburg, knapp zehn Jahre in Frankreich. 1986 erste gedruckte Veröffentlichung durch Marguerite Duras in *L'Autre Journal* in Paris. Danach historische Bücher in Frankreich und Romane in Deutschland. 2023 erscheint sein neuer Roman. Der hier vorliegende Text erinnert an die 2021 verstorbene Autorin Jutta Heinrich.

Katharina Alsen

STOSSBIOGRAFIEN

JACKEN AUF LINKS

Du bist halt noch ein Kind sagen sie.
Du schneidest durch die Luft.
Du fährst den Schutt an die Front.
Du vergisst den Strom das Mitleid und den Zwist
auf dem Weg und der Weg geht dich nichts an.
Verpasst so wund und seilwärts gewandt all den
Zweifel der einzieht was sich nicht bewegt
auf drei. Verheizt den noch Verbliebenen das
Tageslicht auf Grad und Zahl jenseits dieses
schlichten Breitengrads. Überdauernde
löschen dir den Brand. Ewige verziehen deine
Nachkunft vielleicht. Lästernde hängen ihre
Mundwinkel an den Zaun. Und immer immer
noch ist die Laterne deine Sonne.
Du entscheidest nicht wer hier gewinnt
entwöhnst dich bloß von dem Vergehen
entblößt fucking die globale Furcht.
Sie singen dir kein Requiem.

FÜNF VOR

Wenn Zeit Leben entzweit halt deins fest.
Umklammer Haare Häute Sehnen
Venen die dich immer schon verraten.
Zeig den Händen wen sie fassen.
Unterlass den Mittelpunkt der Erde der
nur illusorisch dich umgarnt. Vielleicht
wird noch alles gut wenn du mehr
mehr mehr und mehr von allem wirst
nichts mehr hasst. Distinktions-
gewinn dein letzter Aderlass bis alles
stumm stummer am stummsten bleibt.

CLUSTERFUCK

Die Zweifelnde versteht sich nicht
zuletzt. Mit Furcht verdeckt sie
Tagelöhner dann das Selbst alte
Lieder Namen und den Schmuck.
Boys fließen durch versteifen sich
ziehn mal vorbei für einen Augenblick mal für eine Szene mehr.
Sie sagt I promised not to stay
with you forever bis auch das Versprechen hakt. Nicht die Zier
verliert sich in den Worten hier
es sind die Offensichtlichen
die sie in den Hafen tragen bis
sie fällt.

NOVEMBER

Das Mindset der Bäume der Gärten der immer
frohen Zäune vermiest uns den Tag
All die Hunde verdunkeln die Welt bis du so weiß
bemalte Lava schneist
Du schreist um dein Gesicht
Du vergisst den Peak dieser Ernte seit Blätter so
über und reif sind
Dein Fell zieht sich ab
Dein Mund bewirft sich mit Messern
Der Erdmantel scheint undicht
Verfleckt fast verendet drehst du dich nach Haus
schließt uns in den Schrank bis zum nächsten
Jahr

KATHARINA ALSEN

studierte in Hamburg, Oxford und Kopenhagen. Sie ist wis-
senschaftliche Mitarbeiterin an der Hochschule für Musik und
Theater und lehrt, forscht und publiziert zu Insekten, Intimität
und Immersion. 2010 erhielt sie einen Hamburger Literaturpreis für die Gedichtsammlung *In Ketten*. Seitdem war sie mit
Lyrik und Kurzprosa in Anthologien und Literaturzeitschriften
vertreten und Stipendiatin von verschiedenen Kulturprogram-
men (z.B. Hamburger Residenzstipendium in Dänemark und
Berliner Theatertreffen-Blog).

Jara Seiler

BLAUES BETT DREHT SICH

02.01.2021

Er nennt mich *Mein blonder Engel*. Ich bin nicht seins. Ich bin lediglich sein Money wert. Meine Haare sind nicht blond. Sie sind blondiert. Ich bin kein Engel. Es ist mein Job, für die Zeit, die er mich kauft, sein blonder Engel zu sein. Ich halte mich und seine Illusion aufrecht. Kerzengerade auf 10-cm-Absatz in satinblauer Wäsche, aufrecht. Dann, Knie überschlagen, auf seinen Schoß. Er nimmt mich in den Arm. Ausdruck seiner neediness. Der Abend hat nichts Erotisches. Er hat eine Peitsche mitgebracht. Mit zögerlichem Lächeln, hechel, hechel, sagt er: Das macht dich geil, oder? Oder? Ich stimme ihm zu. Ich frage mich, welche Pornos er geguckt hat, dass er nicht weiß, dass man als Peitschenhalter die Sätze nicht mit Fragezeichen beendet. Wenn du die Peitsche hältst, gibst du Anweisungen. Ich kann schlechtes Schauspiel nicht leiden.

Im Gegensatz zu mir kommt er nicht.

Er hat einen Krampf im Bein.

LKWs rütteln am Gebäude. Subtile Berührung der Droge. Und lila Schimmernagellack, wieder einen Trip.

Mind-Körper. Wo ist die Verbindung? Körper in Zeichen übersetzen. Ins Dokument einschreiben. Koffeinkalter Schweiß. Schmeckt nach Unmut. Spotify-Algorithmen, wann hört das endlich auf. Seine Hand schiebt sich von hinten über den Rücken, über die Hüfte, den Bauchnabel entlang zum Unterhosenrand. Rand, Hand, Rand, Hand. Inneres Ziehen, Muskeln angespannt.

Im Grunde genommen eine ständige Ausrichtung des Körpers.

Es riecht nach Indisch-Take-away im Mantel meiner Mutter. Ich lese ein Buch. Höre auf ein Buch zu lesen. Ich studiere. Höre auf zu studieren. Haare raufen, Augen reiben. Es tropft Wimpern in kurzen Abständen.

Escort. Ich. im Mantel liniert. Darin mein Körper als Ware. Mein Körper in bester Lage.

03.01.2021

Gold liegt in Falten auf dem Sofa. Die Fenster sind mit Büchern versperrt. Ich sehe nichts vor lauter Wörtern.

Etwas ist nicht in Balance. Die Blätter verlieren Spannung, lassen ihre Zellen hängen. Die Emotionen stehen gezackt vom Kopf ab. Tauben finden am Bahnhof auf den Simsen keinen Platz. Die Thermoskanne fällt runter und der Tee liegt verschüttet. Dabei nehme ich mich selbst zu ernst. Auch frage ich mich, wie ich das Bauchweh in meinem Kopf zum Aufhören bringen kann.

Nikes über Fußweg. Drei Smileys kreuzen meinen Weg. Depression und dazu Pizza-Lieferservice. An der Tankstelle vorbei zum See. Mit seinen Bänken und den ganzen Vergewaltiger-Ecken.

04.01.2021

Wenn Anerkennung nicht von außen kommt, muss ich selbst dafür sorgen, dass ich mich normal fühle.

Ich versuche gute Gründe oder keine Gründe dafür zu finden, das Studium im April wieder aufzunehmen. Für wen? Für mich? Stattdessen bestelle ich anarchistische Magazine. Handlungsanleitungen, den Institutionen zu entkommen. Kriminell oder pervers werden.

Die Tage sind durch Leere gekennzeichnet. Immerhin keine Produktivität. Aber ohne Menschen ist das sehr trostlos.

In diesem Winter haben wir uns geschrieben und wir hatten beide einen digitalen Crush aufeinander. Wir haben uns kurzzeitig verliebt. In die Idee von Nähe und Verstandenwerden und Schönheit. Wenn alle anderen Weihnachten feiern und wir auch Weihnachten feiern und wir nicht bei unseren Familien sein wollen, aber sich aus dem Internet auf einmal eine vage Option bietet. Dass wir uns geborgen und sicher fühlen.

Wir haben uns nicht getroffen. Nach dem Winter haben wir aufgehört zu schreiben.

Ich lerne für mich selbst zu sorgen. Wenn es hell wird, schließe ich die Rollos. Ich shoppe im Bett, online. Ich lese meine Idole, sodass ich selbst keines werden muss. Ich wasche mich. Ich wasche auch das Geschirr. Ich gebe mir Nahrung. Ich schlafe, bis die Dunkelheit gegangen ist.

Ich trenne die Seiten aus meinem Tagebuch und klebe sie an die Wände meines Raums. Etwas, das dazu bestimmt ist privat zu sein, wird öffentlich. Ich habe das Gefühl, alles an meinem Zustand kommt aus der Öffentlichkeit, gehört dahin. Beziehung innen – außen. Schmerz auslagern. Tagebuchseiten gegen Kälte. Isolation gegen Isolation.

06.01.2021

Ich antworte ihm bei WhatsApp: Mein Tag ist gut. Ich probiere Anarchie. Ich spüre den Punk und gleichzeitig trinke ich warmes Wasser und denke an gewaschene Wäsche.

Ich höre auf für die Dinge zu bezahlen, mit meiner Lust, meiner Kraft, meiner Hingabe. Damit meine ich nicht Verzicht. Mich winden. Mir Schlupfwinkel suchen und mich darin winden.

12.01.2021

I realize I don't have to go anywhere. I don't see a friend. Nor a lover. I don't go shopping. I don't go outside. Instead, I stay. Here. My mind in a body in a room in a house in a city.

Deine Nachricht hat so gutgetan. Ich bin gerade krank. Morgen habe ich ein Testergebnis, und natürlich in Quarantäne so oder so bis dahin. Schwierig und verwirrend, in dieser Zeit krank zu sein. Check, check, check, was habe ich (falsch?) gemacht. Aber finde auch etwas Ruhe. Tage, die ganz unbemerkt vorbeigehen. Stunde: rum. Noch eine Folge. Comfort in schlechten Serien und Doppeldecken. Schicht, Schicht, Schicht, Schicht.

Dazwischen versinke ich in Überlegungen. Zeit und Raum. Die Normalo-Philosophie-Fragen… aber irgendwie ergeben sich daraus neue Öffnungen.

Wird es ein Buch über Tempel?

Nein, eine Geistergeschichte.

13.01.2021

In den Tagen der Krankheit, zwischen Prinzessinnenserien, die ich insgeheim nie aufgehört habe zu gucken, frage ich mich die ganze Zeit, wie ich mir meinen Körper erhalte. Dieser Körper, der –

Egal, was ich tue, es hört nicht auf. Wie und was ich bin, ist nie genug. Und spätestens jetzt weiß ich, mein Körper ist gar nicht das Problem.

14.01.21

Ich
Der Körper
Das Ding
Dumm, dazwischen überhaupt eine Unterscheidung zu machen.

Ich trenne mich von meinem Körper. Ich habe schon lange aufgehört, für Dinge ein Gefühl zu haben. Ich habe aufgehört, für meinen Körper ein Gefühl zu haben. Es ist okay, wenn andere meinen Körper lieben. Ich behandle ihn wie ein Ding. Was heißt, wie ein Ding behandelt zu werden?

Ich esse, wenn das Ego frustriert ist.

Ich trainiere den Körper als Exoskelett für mein Ego. Ich überdehne die Muskeln, damit sie sich endlich in einen Spagat strecken und Haariger Schwanz sagen kann: Mensch, du bist aber gelenkig. Ich esse Eiweiße, damit die Fasern, die um diese Glieder liegen, definierteres Gewebe bauen. Ich habe Entzündungen im Gesicht, weil ich zu viel Zucker esse, weil ich überhaupt zu viel esse. Ich esse Zucker, weil ich keine Mahlzeiten esse und mein Körper irgendwann anfängt zu schreien.

Die Arbeit hat mich nicht erfüllt. Nein, hat sie nicht. Von zu Hause kenne ich nur Disziplin, also arbeite ich weiter und ich nehme kein Tillidin, und ich trinke keinen Alkohol. Versuche es. Was kann ich tun? Wenn mein Körper von der ganzen Arbeit schon müde ist und nicht erfüllt, so unerfüllt, was kann ich tun? Ich schreibe gelbe Post-its: *Was heißt es, wie Dinge behandelt zu werden?*

Erst dachte ich: Ich bin heil und kaputt. Ich bin normal.

Dann dachte ich: Ich bin im Sich-durchschlagen-Modus. Ich bin normal.

Das Ding meint, ich sei einsam.

Das Ding denkt, es ist un-beachtet, un-gekümmert, ganz viel un. Und es fühlt sich ignoriert und missbraucht und verbraucht und weggeworfen und benutzt. Aber ich tue so, als könnte das Ding nicht fühlen. Deshalb wird es unaufmerksam und unbekümmert und ignorant missbraucht und benutzt und verbraucht und weggeworfen.

19.01.2021

1 cm Schnee, Bahnsteig Hamburg-Harburg.

Im Vierer gegenüber statt Masken knisternde Bäckertüten. Erst verunsichert/verärgert? Aber dann… Zustimmung.

Ewiges Weiter-So, Arbeiten. Und ich gebe zu, gerade tut's mal gut. Gibt Lethargie der letzten zwei Wochen eine Pause. War dann auf einmal die letzten drei Tage sehr ausgefüllt von Orga für die aktivistische Gruppe.

Seit Mittwoch bin ich »negativ«. Drei Tage Loneliness abgelöst von drei Tagen Company. Geht und vergeht Woche 1, Woche 2, Woche 3, Januar.

Und so schnell ist mir alles immer zu viel. Das Alles-Nichts planloser Tage. Sie sprechen von Antikapitalismus und sind gegen Ausbeutung. Gleichzeitig habe ich das Gefühl, die Selbstausbeutung in mir und in dir bleibt unerwähnt. Habe auch einen Wunsch, normal zu sein. Was soll das überhaupt heißen? Am Normalsten bist ich, wenn ich Normal nicht hinterfrage.

Wörter bilden Kreise wie Kiesel im Wasser. Radikalität bezweifelt ständig. In meinem Begriff der Kritik vergesse ich Empathie. Ich bin verunsichert von dem *mode of no production*. Das macht Überlebensangst.

Es ist beängstigend, es absorbiert, es ist Zeit, die nicht vergeht, aber endlos vergehen könnte. Ich will das, und ich will nicht wieder zurück in die Aktivität. Aktivität, die ihre eigene Ewigkeit hat. Gedanke, den ich nicht aufschreiben kann. Mondlicht von der anderen Straßenseite. Von über den Dächern.

19.01.2021

F hat mein Paket bekommen. A sagt, wenn sie marxistische Theorie liest, wird sie immer so glücklich.

20.01.2021

I pour a drink.
Das Glas läuft über.

I have always been addictive.

Rot. Rot überall.

Kein Moment in meinem Leben, in dem ich mich nicht für den Rausch entschieden hätte.

Gin die Kehle runter, die Bücher fallen aus dem Regal. Der Armreif wirft einen Schatten auf ihren Arm. Das Cis-Girl hängt sich an die Stange. Zählt die Scheine – 4.000 im Oktober. Im Augenwinkel hängt eine Träne gefährlichsein. Zupft an den Wimpern. Sie zielt auf Haariger Arm. Gleichschenkliges Dreieck: sein Schwanz, Nippel 1 und Nippel 2. Hart aufgerichtete helle Härchen. Alles steht.

Blueberry Swirl sammelt sich in der Lidfalte, ein Blick nach unten. Dann und dann, langsam: Blick nach oben, Zungenspitze und lackierte Finger, die seine Eier packen.

Es war nie ein Machtspiel. Die Verhältnisse sind beim Raumbetreten klar. Sie ist die Pleasure, die er will. Sie entscheidet, wann sie sich ihm gibt. Pleasure, in Zeit bemessen. Porno pünktlicher Befriedigung. Er checkt, mit Geld kann man alles kaufen. Er checkt, er hat Geld. Er checkt, er kann sich alles kaufen. Er vergisst, wirkliche Macht, im Unterschied zu Geld, zeichnet sich dadurch aus, dass man sie verspielen und verlieren kann, dass man sie nicht nötig hat. Sie beginnt zu spielen, sie beginnt zu verlieren, sie hat ihn nicht nötig. Auf gesaugtem Hotelteppich.

Zu Hause im blauen Bett, hört sie auf, sich sicher zu sein. Sie denkt an Neoliberalismus: Das Runterschlucken und Stillhalten, wenn man eigentlich aus der Haut fahren möchte.

Das Blaulicht heult durch die Dunkelheit und spiegelt sich in ihrem Bettlaken. Sie schaut sich Filme mit Puppen an und beginnt daran zu arbeiten, eine Puppe zu werden. Die beste

Puppe ist zurückhaltend und anpassungsfähig. Die beste Puppe ist Verlust und Entsagung. Die beste Puppe is(s)t Gemüsebrühe; klar und ohne Fettaugen.

In ihrer Geschichte gibt es keine anderen Charaktere. Alles dreht sich um sie. Die Wand dreht sich, die Stange dreht sich, blaues Bett dreht sich. Das Cis-Girl ist gut darin, Puppe zu sein. Aber wer ist sie, wenn sie nicht Puppe ist? Was schert sie die fucking Goldrandbordüre auf dem Tellerrand, wenn sie Zucker, Fett und Sahne will? Vielleicht ist die richtige Nahrung die, die durch die Nase gezogen wird, kalt die Kehle runterrinnt. Grenzen entgrenzt und Gehirnbrücken bricht. Ihr Blut ist chemisch aufgewertet, sie fühlt sich aufgewertet. 4000 im Oktober, was ist Wert? (Was ist ihr Wert?) Was ist was wert?

Endlich wieder drauf. High. On top, reitet sie Haariger Arm. Sie ist geil, er findet sie geil. Alle wissen, was was wert ist. Clipper Elb-Lodge, Baukräne und Hafenlichter auf der gegenüberliegenden Seite. Auch der Blick aus dem Fenster ist was wert. Vom Keller ins Penthouse, je höher, desto teurer, desto weniger scheren sie sich um den Preis. Wer es sich leisten kann, hat die Gardinen zugezogen. Porno soll privat bleiben. Sie ist nicht Public Pleasure. Hier sind die Bettlaken immer weiß und das Girl ist rein. Das Girl ist Puppe. Die Momente, in denen Denken durchblitzt, verunsichert beide im gleichen Maße.

Drei Stunden lang traut Haariger Arm sich nicht, der Porno zu sein, den er 20 Jahre lang geguckt hat. Kann ich dir auch in den Mund spritzen? Ist alles, was ihm einfällt. Ich sage Nein, und sein Schwanz kringelt sich ein, zieht sich in Richtung der zwei Säcke zurück, taumelnd. Die Zeit ist um. Ein Machtspiel wäre es, wenn er mir in den Mund spritzen würde, ohne zu fragen. Bis dahin, sage ich Nein und nun, was könnte er mir auch entgegensetzen. Sie fühlt sich wie in einem schlechten Porno. Jede Locke Weiblichkeit schlägt seine männliche Performance. Letzter Blick aus dem Martini Sit. Taxi, Hauptbahnhof bitte. Schniefen ohne Weinen.

Alles wird leerer und sie ist alle. Das Cis-Girl starrt auf die Knoten an der Decke. Die Deckenleuchte fehlt.

Vergewaltigung des eigenen Organismus. So lange Schlucken, bis es von alleine wieder hochkommt, aber jetzt anders: in Stücken und so säuerlich.

Wenn ich den Exzessen wenigstens den Namen einer Krankheit geben könnte, dann müsste sich mein Bett nicht immer so blau anfühlen. Dann wüsste ich, ich bin behandelbar. Der Sinn einer Krankheit ist, behandelbar zu sein. Alles andere ist Tod.

Es läuft mir aus den Mundwinkeln und am Kinn entlang. Läuft über. Ich laufe über. Was definiert eine Droge? Der Grad der Wirksamkeit? Der Rausch? Oder die Schädlichkeit? Und wer sagt, dass die Disziplinierung gesünder ist als das Sichhingeben? Wer bestimmt, dass das Zusammenreißen sich lohnt? Es gibt kein Requiem ohne Kyrie eleison. Es gab mich nie in sattem Zustand. Ich habe keine andere Gewalt erfahren als die, die mich gegen mich richtet. Heißt das, ich habe Glück gehabt? Warum fühle ich mich dann nicht glücklich?

Und selbst wenn mir jemand hätte beschreiben können, wie sich süchtig sein anfühlt: Ich hätte nicht darauf verzichten wollen. Der ewige Zyklus des Wollens und Bekommens. Die Gewalt, die darin liegt. Die Befriedigung, die darin liegt. Die Selbstaufgabe in all dem.

Sucht, eine ständige Überreizung. Überreizung der Entsagung, Überreizung des Bekommens. Überreizung als Reiz. Einziger Reiz. Süchtig zu sein bedeutet, nie mehr satt zu sein.

Erzwungene Entsagung, in der keine Arbeit je Sinn ergeben hat.

Der Moment, in dem ich zugebe süchtig zu sein, bestimmt den Rest meines Lebens als ewige Regulierung.

Den einen Abend teste ich, wie weit ich gehen kann. Und von da an jeden Abend. Wie viel kann ich nehmen, bis ich nicht mehr laufen kann? Nicht mehr zucken kann? Nicht mehr –

Bevor ich kotze, putze ich das Klo. Sorgfältig verteile ich den Essigreiniger in der Kloschüssel. Kurz schrubben, dann in der Keramik einwirken lassen. Ich besprühe Klobrille und Deckel mit Servantil Hygiene Spray. Nochmal schrubben, Spülung drücken, alles abwischen. Erst jetzt gehe ich auf die Knie, beuge mich vor.

Manche schminken sich für die Nacht ab. Ich setze mich erst auf, wenn alles raus ist. Und irgendwann bin ich so müde, dass ich einfach aufhöre. Aufhöre, zu versuchen und wer zu sein.

JARA SEILER

geboren 1998, studierte Kulturwissenschaften und Philosophie in Lüneburg. Von dort zog sie nach Hamburg und machte sich als Sexarbeiterin in einem feministischen Umfeld selbstständig, zeitgleich begann sie mit dem kreativen Schreiben. Heute studiert sie Psychotherapiewissenschaften. *Blaues Bett dreht sich* ist ein Auszug aus dem bisher unveröffentlichten Manuskript *Dreieck Sonne*.

Hatice Açıkgöz

EINE GIFTIGE SCHWANGERSCHAFT

als meine teyze, die gar nicht meine teyze war, stirbt, träume ich von ihr. sie sagt, ich solle mich um ihr hinterbliebenes kind kümmern, meine mutter überreden, das kind zu adoptieren. ich weiß gar nicht, ob sie in diesem traum ein geist war, oder nur eine manifestation meiner schuldgefühle. mir ist klar, dass der vater des kindes nicht unbedingt ein gutes elternteil sein wird. allerdings weiß ich auch, dass meine mutter ein weiteres kind nicht stemmen kann. weder finanziell noch mental.

also erzähle ich ihr zunächst nichts von diesem traum. ist ja auch komisch. warum schlüpft teyze in meinen traum und nicht in die träume meiner mutter? übergibt auch das totenreich jede verantwortung einer 17-jährigen oder meint die geist-version meiner teyze, dass sie nur mir die zukunft ihres kindes anvertrauen kann? vielleicht hat sie eine vorahnung, so als geist, und weiß, ich würde meiner mutter doch irgendwann vom traum erzählen und ihr kind zu uns holen. aber da hatte sich meine geist-teyze geirrt.

denn dieses kind ist wie eine schlange, eine giftige, grüne schlange, die in ihren bauch gekrochen ist und sich dort neun monate eingenistet hat. das kind ist die schattenseite eines traums, den meine teyze schon immer hatte, ist die schmerzhafte seite der liebe.

jetzt ist meine teyze tot und wir bleiben mit diesem giftigen kind zurück, das wir alle nicht einmal ansehen können.

ich weiß gar nicht, welcher mensch das hier gerade liest. weißt du, was teyze bedeutet? teyze ist ein türkisches wort, es bedeutet tante. wir nennen aber nicht nur tatsächliche tanten so, sondern auch alle frauen, die älter als eine abla sind. ablas sind schwestern, aber nicht nur blutsschwestern, die aus der gleichen mutter kommen, sondern auch ältere mädchen, die noch nicht das alter von teyzes erreicht haben.

so war eben auch diese teyze, über die ich hier rede. sie war nie die schwester meiner mutter, sondern eine frau im alter einer teyze.

***

als meine teyze nur noch eine leiche ist, hat sie komplett ihre farbe verloren. sie strahlt jetzt gelb. ich verstehe nicht, wer auf die idee gekommen ist, gelb zu einer fröhlichen farbe zu ernennen, wenn tote kurz nach ihrem ableben gelb gefärbt sind. ich wünschte, ich könnte wenigstens noch einmal sehen, wie sie wirklich aussah, nicht dieses grelle gelb in erinnerung haben, wenn ich jetzt an sie denke.

wenn eine ampel gelb wird, ist das eine warnung. es ist eine *vor*warnung, sich bereit zu machen. wenn der sommer vorbei ist, färben sich die blätter gelb, bevor sie absterben. gelb, die farbe von feuer und von sonnenblumen und von toten.

vielleicht will uns jemand warnen: irgendwann wird auch unsere zeit des strahlenden gelbs kommen und die gelben toten sollen uns daran erinnern, wie kurz der sommer eigentlich ist.

***

bei meiner teyze denke ich hauptsächlich an ihr absolutes lieblingshobby zurück: kaffeesatz lesen. meistens waren meine
kaffeesatz-lesungen sehr düster, also finde ich es gar nicht so
schlimm, dass sie nicht mehr stattfinden.

irgendwie ist es etwas besonderes bei uns, wenn jemand
super krassen kaffee kochen kann. meine mutter sagt immer,
dass nur menschen mit einer bestimmten begabung in der lage
sind, super schmeckenden türkischen kaffee zuzubereiten. ich
hab die kriterien für diese begabung nie so richtig verstanden.
für mich hat jeder türkische kaffee, den ich getrunken habe,
immer gleich gut oder schlecht geschmeckt. ich sage hier gut
oder schlecht, weil ich mir nicht ganz so sicher bin, wie ich
den geschmack des kaffees finde.

aber teyze macht ihn wohl ganz besonders. und das, was
ihren kaffee besonders macht, sind ihre hände. nicht die sorte
des kaffees, ihre hände. nicht die art des verwendeten zuckers,
ihre hände. nicht die qualität des wassers, ihre hände. vielleicht trägt sie ihr herz in den händen und deswegen schmeckt
meiner mutter alles so gut, was sie kocht (weil ja, auch ihr
essen hat immer gut geschmeckt).

meine mutter glaubt sowieso immer komische dinge; sie
denkt, perioden bei frauen sind dafür da, all das unreine blut aus
dem körper zu spülen; sie nimmt an, dass meine schlechte laune dafür verantwortlich ist, wenn ich essen verkoche; sie denkt,
teyze wäre irgendwie mit der spirituellen welt in verbindung,
anders als wir es sind. für meine teyze war sie wohl ganz easy
über ein geister-handy durch ein geister-whatsapp zu erreichen.

ich komme mal zurück zu meinen düsteren lesungen. ich wollte nie daran glauben, dass teyze irgendwas voraussehen konnte.

nur machten mir die lesungen einen strich durch die rechnung. denn immer wusste sie, was bei mir los war. sie wusste von der schlechten note (ich wollte eigentlich den richtigen zeitpunkt finden, meiner mutter davon zu erzählen), sie wusste von meinen ständigen kopfschmerzen (jetzt gibt es sogar diagnosen im kaffeesatz, oder was?) und sie wusste von meiner dunklen seele. so nannte sie meine seele zumindest. sie war schwarz, so wie der kaffee, der nur meine tasse komplett eingeschwärzt hatte.

***

nachdem meine teyze stirbt, lasse ich nicht viel zeit vergehen und gehe wieder in die schule. bevor ich das haus verlasse, fühle ich mich eigentlich ganz gut. meine mutter sieht mich an und sagt, dass ich mal lachen soll. ich hasse es, wenn leute mir sagen, ich solle lachen. ich lache schon so viel, noch mehr schaffe ich echt nicht. aber meine mutter meint es ernst. ich soll lachen, niemand soll merken, dass gestern noch jemand hier war, der heute nicht mehr da ist.

sie sagt, dass teyze gewollt hätte, dass ich meine ziele erreiche, und anscheinend gehört zur schule zu gehen dazu. dann sagt sie, dass teyze unsterblich ist, solange ich an sie denke. dass meine gedanken sie unsterblich machen.

***

unsterblich ist ein komisches wort. unsterblich bedeutet, man stirbt nicht, obwohl man tot ist, obwohl es eine beerdigung gibt, obwohl der geist verschwunden ist, im nirgendwo, obwohl der körper unter erden liegt, irgendwo six feet under.

unsterblich sind leute, die zu held*innen ernannt werden. wer held*innen sind, wird von leuten entschieden, die noch leben. irgendwie unfair. vielleicht gibt es im jenseits leute, die unsere entscheidungen absegnen. bekommen unsterbliche leute eine medaille, dort wo sie landen? kommen die toten medien und machen tote fotos, die in den toten zeitungen gedruckt werden? posten die toten held*innen einen inspirierenden text auf ihren toten social accounts, wenn sie geehrt werden?

unsterblich sind george und jina.
unsterblich sind ferhat und mercedes.
unsterblich sind goethe und schiller.
unsterblich sind auch stalin und hitler, obwohl die das gar nicht verdient haben, und sicherlich sind sie auch bei den toten *die* villains der geschichte.

macht es uns unsterblich, wenn wir unsere dna überall hinterlassen? wenn haarsträhnen in der bahn auf den boden fallen und dort bleiben? sind wir unsterblich, wenn wir unsere fingerabdrücke auf tischen, türklinken und wänden hinterlassen? sind wir unsterblich, wenn einzelne tränen auf den boden tropfen und sich mit einer pfütze vermischen? regnet es dann unsere tränen?

vielleicht hält uns dieser unsterblichkeitsgedanke nur auf. wir machen aus toten held*innen, damit es uns besser geht. damit die tode nicht umsonst waren.

also machen wir die toten unsterblich. damit wir nicht vergessen. damit wir uns daran erinnern, was die gemacht haben. damit wir uns erinnern, dass die weitermachen, wenn wir nichts unternehmen.

irgendwann nehmen wir all unsere kraft zusammen und statten dem kind einen besuch ab. ich bin ganz überrascht, als ich sehe, dass dieses baby aussieht wie ein mensch, nicht, wie ich lang vermutet hatte, eine schlange. sie ist klein, wie babys eben sind, und zudem auch noch komplett unscheinbar. sie kommt mir immer noch vor wie ein monster, das sich in den bauch meiner teyze eingenistet und sie getötet hat. ich kann sie nicht ansehen, ohne an das strahlende gelb zu denken. das gelb vermischt sich mit dem grünen gift dieses kindes. und ergibt nur noch blaue trauer.

als ich kleiner war, wollte ich eigentlich ein waisenkind sein. ich beneidete harry potter, auch wenn sein zimmer unter einer treppe lag, aber er hatte keine eltern, *wie nice*, dachte ich. ich wollte unbedingt auf ein internat geschickt werden, eine böse stiefmutter haben, nachdem meine mutter auf tragische weise stirbt und mein vater sich von einem schönen gesicht einer machtsüchtigen hexe blenden lässt. *wie nice das wäre*, dachte ich.

und vielleicht mag ich dieses kind deswegen nicht. vielleicht bin auch ich eine giftige schlange, eine schlange, die sich in meine mutter eingenistet und ihr das leben ausgesaugt hat. ausgesaugt und leblos versucht sie jetzt weiterzumachen, das leben irgendwie doch noch zu meistern. aber es gelingt ihr nicht, so als lebloser, gelber körper. ihre haare hat sie blond gefärbt, sie haben einen gelbstich, vielleicht passt es jetzt besser zu der farbe ihrer gelben seele.

und noch was: ich habe dich ein paarmal angelogen. als ich sagte, kaffeesatzlesen wäre das lieblingshobby meiner teyze gewesen… das stimmt nicht. sie sagte sogar einmal, dass sie es nicht mehr machen will. sie sagte, es fühle sich falsch an. aber wir waren egoistisch und wollten unbedingt hören, was sie uns sagen würde.

denn wieder habe ich dich belogen: ich mochte die lesungen sehr. auch wenn teyze immer nur düstere dinge über mich sagte, ich hatte das gefühl, dass mich endlich jemand richtig verstand. und obwohl sie von meiner schwarzen seele wusste, mochte sie mich trotzdem.

ich habe auch gelogen, als ich sagte, dass meine mutter ein weiteres kind nicht stemmen könne. eigentlich ist das gar nicht gelogen, sie könnte es wirklich nicht. aber ich wollte es diesem kind nicht antun, eine mutter zu haben, bei der es sich eher wünscht, ein waisenkind zu sein.

***

grün und gelb ergeben blau, und blau steht für trauer. grüne schlangen, gelbe körper führen zu blauer trauer. blau steht auch für vertrauen, wir vertrauen darauf, dass uns das gegenseitige gift umbringen wird. und vielleicht ist das wieder was nices, diese sicherheit, dass wir uns gegenseitig vergiften und umbringen.

meine blaue trauer über den tod meiner teyze wird irgendwann wieder zu gelber freude. und natürlich ist das keine freude darüber, dass sie tot ist, aber die freude, die eben irgendwann wiederkommt, wenn etwas tragisches länger her ist.

und dann nehme ich meine blaue trauer und tunke sie in die gelbe freude, damit ich das grüne gift aus meiner schwarzen seele waschen kann.

ich glaube, teyze würde das gut finden.

HATICE AÇIKGÖZ

arbeitet als freie Autorin, Künstlerin und Redakteurin. Veröffentlicht hat sie bereits in diversen Literaturzeitschriften wie *Literarische Diverse*, *Der Schnipsel*, *Transcodiert* u. a. 2022 erschien ihre Kurzgeschichte *ein oktopus hat drei herzen* im Sukultur Verlag. 2023 erscheint im w_orten & meer Verlag ihr Lyrikdebüt *fancy immigrantin – ein poetisches tagebuch*. Neben literarischen Texten schreibt sie auch Artikel und Kolumnen für die *taz* und *Der Freitag*. Das Netz macht sie als *alles_interpretationssache* unsicher.

Andreas Münzner

SCHULE DES FLIEGENS

VERKEHRTE WELT

heute steht die welt kopf:
unter wasser scheint die sonne,
während wir hoch oben in zweiter klasse dahinziehen,
bis aus den fenstern
berge in die tiefe wachsen
und sich eine dohle
vor der felswand kreisend
gegen das steigen wehrt.

die welt steht heute kopf:
am firmament glänzt das collier eines bachs,
in den wir unbekleidet steigen,
und als er uns freigibt,
hängen unsere kleider in den wolken.
der ausblick von der brücke:
unter wasser ein schwarm störche,
der bei unserem winken
noch tiefer taucht.

heute steht die welt kopf,
und der sinn wird uns bis zum abend
nicht mehr einholen.

DIE EINSAMKEIT DER ÜBERLANDLEITUNGEN

wir machen uns keine vorstellung,
wieviel die barbaren vernichtet haben …
artur międzyrzecki

nach dem ersten nackenschlag
richten wir den blick nach vorn, dorthin,
wo im blattwerk noch anderes lauert.
ärztliche diagnosen übertünchen viele
mit hoffnung, repetitive geldarbeit auch.
kaum jemand kommt ohne mascara aus,
doch wer bedenkt, dass in unserem lügengeflecht
noch andere mitlügen und unsere welten
oft weicher fallen als die alten,
kalten wahrheiten.
die einsamkeit der überlandleitungen,
so hoch über dem boden.
das lächeln beim eintreten in die bäckerei hilft,
wie schon damals, am höhleneingang.
wie schmeckt eine stachelbeere?
der gedanke ist gut
für eine stunde lebenszeit,
denn wir werden nicht mehr, was wir wurden,
wir sind nur, was wir immer schon waren.
jahr für jahr legt sich ein film um uns,
der uns immer weiter von den anderen entfernt.

DINGE, DIE GLEICH GEBLIEBEN SIND

der geruch, wenn das handtuch in die wäsche muss
die schluckbewegungen beim freien vortrag
die vielen verspätungsmeldungen auf der anzeigetafel
die geschichte der römer, immer noch eine gelernte

dass du im grunde noch immer nichts erreicht hast
dein latent schlechtes gewissen,
die zu teuer bezahlten kleidungsstücke, die nicht passen
der wunsch, es das nächste mal besser zu machen

die lust auf körperliche verausgabung, die taubheit danach
die abneigung gegen bildschirme und reparaturarbeiten
immer wieder dieser traumlose schlaf und die taubheit danach
dass alles im grunde viel zu sehr gleich bleibt

DIE ZEIT WIE BLÄTTERTEIG

gestern stand bei den containern cäsar,
an seiner großen nase reibend.
als er unter den deckel lugte,
fiel ihm der lockenkranz in die stirn.
er hob den kopf, starrte mich an
und warf sich den umhang über die schulter.
wie vor jahren in dubrovnik napoleon,
der kleine kerl mit seinem dunkelblick
am hafenkai.

heute, auf dem biomarkt,
sah ich meine mutter vor vierzig jahren,
dieselbe nackenneigung,
dasselbe schwarze haar wie damals,
wie das der zwei katzen der nachbarin,
die den ganzen tag herüberstarren,
zwei fensterscheiben weit weg,
die ihre und die unsere.

manche wiedergänger
bleiben in ihrer zeit gefangen.
wir sollten dennoch mit ihnen reden.

MÖGLICHE WELT

in der einen aller möglichen welten
treiben die kirchturmspitzen im see
und alle wollen kindergärtner sein.

die leute bezahlen mit himbeeren,
gehen unbekleidet und trinken täglich ihr öl.
in die lachschule müssen alle.

sesselbahn fahren nur lügner und könige.
gegessen wird unter wasser, schweigend.
der himmel ist abgedeckt, rechnen verboten.

die unglücklichen aber werden auf bühnen gehoben,
denn sie haben das höchste berührt in dieser einen
aller möglichen welten: die grenze zu unserer.

ALS WIR NOCH LEBTEN

carlo lebt auf einer wolke,
auf der niemand so viel weiß wie er.

michaela lebt jeden tag ihr
heute war ja was los.

gisela lebt noch im letzten jahrhundert
und hat auch ohne handy freundinnen.

der eine paul lebt in einer gleichmäßig heiteren kindheit
und der andere in der bewölkten osteuropäischen seiner eltern.

hülya lebt in einer gegenwart,
die in ihrer jugend noch unerreichbare zukunft war.

nell und markus leben in einer bunten seifenblase,
die abseits des wochenmarkts vor sich hintrudelt.

dejan lebt in einer eloxierten welt
aus technik, machbarkeit und guter laune.

einige aus der tanzgruppe leben als klangschalen,
die jeden noch so schiefen ton bejubeln.

ich versuche, jeden tag für das zu nehmen, was er ist.
es ist mir noch nie gelungen.

BLUMENARTEN

der blas der blauwalmutter vor pacific palisades
die vollschlanke schulsekretärin hinter ihrem schreibtisch
der ausstrahlende schmerz in der nierengegend
die versionen der geschichte meiner ungeschicklichkeiten
die karsttrichter von opuvani do und die weiße wolke der
challenger
der wachsende hass auf eine person in unserem block
ulrikes augenwinkelfältchen (doch eher blüten als krähenfüße)
die einzelnen blutbuchen auf dem wiesenhügeln daheim

SONNENBLUMENFELD

wie sie dem radfahrer entgegenschauen
mit ihren leicht hängenden schultern
und den grauen strähnen um die rundgesichter.

auffallend nur, dass sie die sehnigen hälse
nicht mitdrehen, als wüssten sie genau,
dass er nichts für sie dabei hat.

ihre fibonacciaufgabe haben sie gelöst,
einzelne stirnen kräuseln sich noch,
doch die blätter sind längst abgegeben.

ein müdes volk auf viel zu hohen beinen,
das jeglichen glauben an politik verloren hat,
aber nach wie vor seinen stolz besitzt.

ANDREAS MÜNZNER

geboren 1967, bei Zürich aufgewachsen. Veröffentlichung von
Erzählungen und Romanen (*Geographien*, Liebeskind 2005;
Stehle, Liebeskind 2012). Der erste Lyrikband trug den Titel *Die
Ordnung des Schnees* (zu Klampen 2005). Verschiedene Auszeich-
nungen wie *Literaturpreis der Jürgen Ponto-Stiftung* (2002) und
Ernst-Meister-Förderpreis (2005). 2023 erscheint bei Carl-Walter-
Kottnik das Booklet *flugschule*. Übersetzer u. a. von Noëlle Revaz
(zuletzt *Efina*, Wallstein 2019). Sitzt oft auf dem Rad.

Antonia Johanna Kühn

APROPOS ELBE

Die Geschichte »Apropos Elbe« erzählt von einer Patchwork-Familie und setzt sich aus vielen kleinen Episoden zusammen, die auf Eindrücken basieren, die die Zeichnerin in ihrer eigenen Familie erlebt hat. Alle Figuren sind Tiere. Es gibt eine Mutter und ihren Sohn, die beide als Fuchs dargestellt werden, und einen Vater mit seinem Sohn, die zwei Katzen sind. Sie leben seit zwei Jahren in einer winzigen Wohnung in Hamburg. Manchmal ähneln sie sich, nähern sich an, und doch bleibt jeder mit seinem »leiblichen« Kind dem Anderen stets ein bisschen fremd.

ANTONIA JOHANNA KÜHN

geboren 1979 in Potsdam, studierte in Kiel Kommunikationsdesign und Illustration an der HAW Hamburg. Sie lebt als freie Illustratorin im Trickfilm- und Animationsbereich und Comicautorin in Hamburg. Ihre Arbeiten wurden bei zahlreichen Comic-Festivals, u. a. in Luzern, Erlangen und Hamburg, ausgestellt. Ihr Comic *Lichtung* (Reprodukt 2018), erschien in Norwegen, Italien und Frankreich.

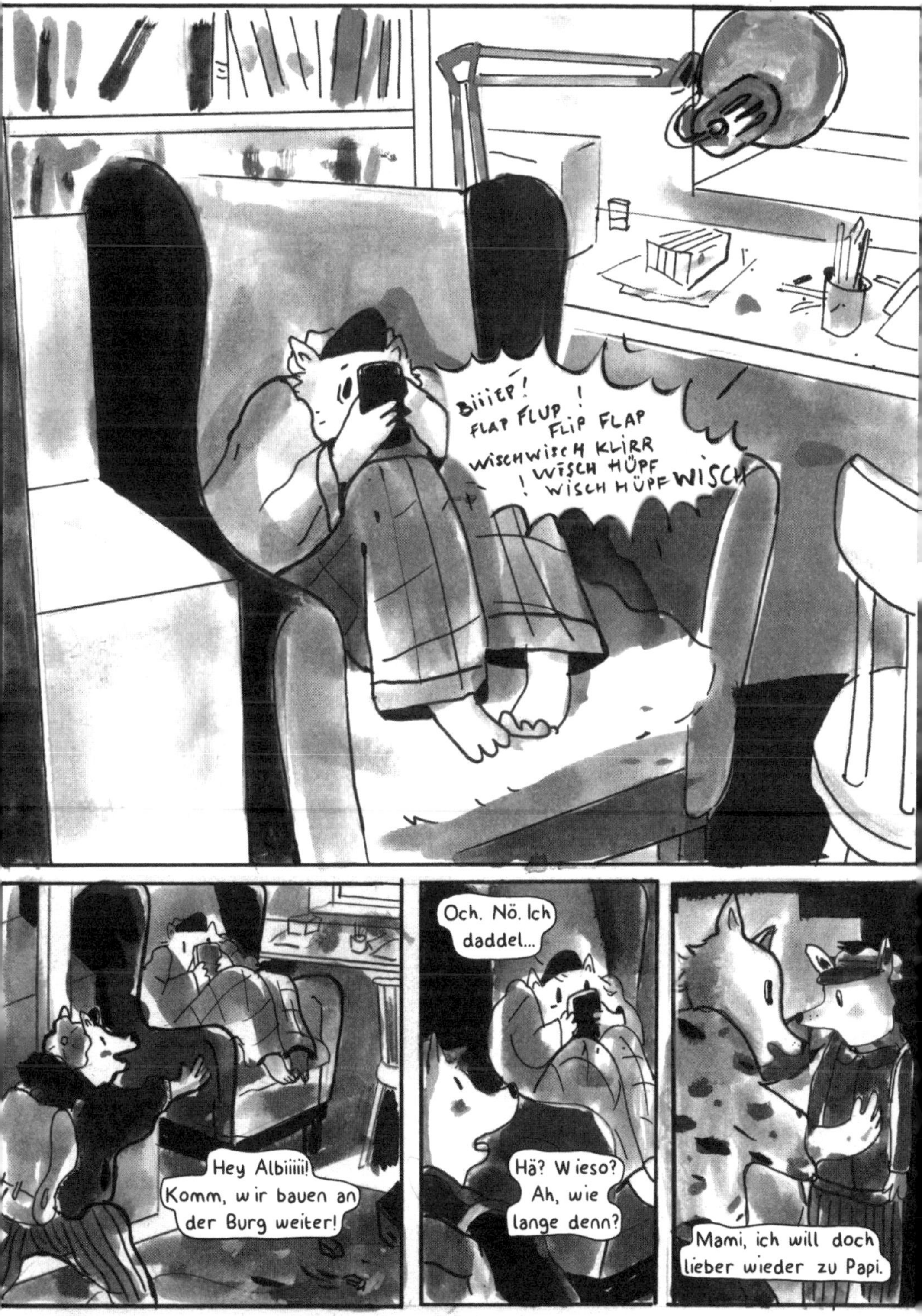

Sieh mal Mami, die Leute hier haben alle keine Kinder. Ich bin das einzige Kind auf der Strasse.

Es ist ja auch schon sehr spaet. Die anderen Kinder schlafen wahrscheinlich bereits.

Ach, Puh, Na, ein Glueck!

Wieso denn Glueck?

Na, ich dachte schon, die Leute sind ganz allein. Das waere ja super traurig fuer sie.

Also, ich vermute mal, einige von ihnen haben wirklich keine Kinder.

Es gibt auch Menschen, die keinen Partner oder Freund haben. Oder einfach keine Kinder haben wollen...

Ich moechte sehr viele Kinder haben, wenn ich gross bin.

Dann bin ich auch nie allein.

Hast du denn Angst davor, allein zu sein?

Naja, ein bisschen.

Das musst Du aber nicht. Wir sind immer fuer dich da. Papi, ich und Georg und Oma und Tante Koko.

Papi sagt, er will auch wieder eine neue Frau haben.

Ach, ja?

Und dann bekommt er vielleicht auch noch ein neues Kind.

Dann habe ich eine Schwester

Naja, nur,wenn es ein Maedchen wird.

Krkkssssss

Ich wohne dort gegen-über. Wieso ist hier denn alles abgesperrt?

Hey, ihr lieben Hausbesetzer. Wollt ihr einen Kaffee haben oder Kekse?

Ja, sagt Bescheid wenn ihr was braucht!

80 Bullen auf vier Hausbesetzer - das ist doch Wahnsinn!

Johanna Sebauer

SCHMETTERLINGE JAGEN

Zurück in der Kleinstadt gehe ich in den Waffenladen neben dem Kreisverkehr. Eigentlich ist es kein Waffenladen, sondern ein Fachgeschäft für Jagdbedarf. Jägerstiefel kann man hier kaufen und elektronische Wildwaagen, Ohrstöpsel zum Gehörschutz, Signaljacken, knallorange und angeblich tarnend. Alle sagen aber Waffenladen, seit immer schon. Wegen der Vitrine hinter der Verkaufstheke, in der sich schlanke Kolben aneinanderreihen wie Soldaten. Hat man den richtigen Schein, holt der Verkäufer den Schlüssel, schiebt den Riegel zur Seite und öffnet die Vitrine. Aber all das brauche ich nicht. Auf Schmetterlinge muss man glücklicherweise nicht schießen.

Der Stiel ist aus Bambus, sagt der Verkäufer. Ich muss einen ziemlich skeptischen Ausdruck im Gesicht haben, denn mit übertriebenen Stelzenschritten kommt er hinter seiner Verkaufstheke hervor und direkt auf mich zu. Da brauchen Sie sich überhaupt keine Sorgen zu machen, der ist stabil, sagt er und schnippt seinen langen Finger gegen den Bambusstiel. Ganze Brücken und Häuser bauen sie aus Bambus, drüben in Asien, sagt er. Ich nicke, ohne ihn anzusehen. Der Stiel ist einen Meter lang, schätze ich, auf einem Ende sitzt ein Ring aus Draht, über den ein feines Netz gezogen ist. Wie eine Zipfelmütze hängt es da. Ich drehe das Teil in meinen Händen, ziehe es ganz nahe vor mein Gesicht, als könnte ich Mängel nur aus der Nähe gut erkennen, strecke es weit von mir, als könnte ich Mängel nur aus der Ferne gut erkennen. Die Wahrheit ist, ich habe keine Ahnung, was ich tue. Ich habe noch nie ein Schmetterlingsnetz gekauft und weiß nicht, woran man ein gutes erkennt. Für das, was ich vorhabe, wird es reichen. Fein muss das Netz sein, das ist klar. Wer Schmetterlinge fangen möchte, der darf nur die zartesten Instrumente verwenden. Kaum Zarteres gibt auf der Welt als Schmetterlingsflügel, das weiß jeder. Ohne ein Wort zu sagen, nicke ich dem Verkäufer zu. Der grinst zufrieden wie ein Pelikan.

***

Flüssigkeiten misst man am besten in Gramm, weil das genauer ist, hast du gesagt und dir eine Haarsträhne mit dem Handgelenk von der Stirn gewischt, die Finger voll Mehl. Ich habe die Rührschüssel auf die digitale Küchenwaage gestellt und aus einem großen Krug Wasser hineingegossen, langsam, tröpfchenweise. Du hast angefangen, laut zu lachen. Ein bisschen schneller kannst du schon schütten, hast du neben mir gegluckert, wir brauchen ja fünfhundert Gramm. Ja, woher soll ich denn wissen, wie viel fünfhundert Gramm Wasser sind, ich habe Wasser noch nie abgewogen, habe ich gesagt und meinen Blick nicht von der Digitalanzeige gelöst, auf der langsam die Ziffern höhergehüpft sind. Du hast weitergelacht. Fünfhundert Gramm Wasser sind fünfhundert Milliliter, hast du gesagt, ein halber Liter, du wirst doch wohl wissen, wie viel ein halber Liter ist, ungefähr zumindest. So viel, wie in einer Cola-Flasche drin ist zum Beispiel, hast du gesagt. Was für eine Cola-Flasche, Cola-Flaschen gibt es in verschiedenen Größen, hab ich gesagt, vollkonzentriert. Die Digitalanzeige war bei dreihundertsechsundsiebzig Gramm. Na, die Colaflaschen, hast du gesagt, die man beim Automaten rauslassen kann, am Bahnhof. Aha, habe ich leise gesagt, die Anzeige bei vierhundertzweiundachtzig. Bei fünfhundertzwei hab ich den Krug abgestellt, nach einem Teelöffel gegriffen. Du hast deine Hand auf meine gelegt. Das passt schon, hast du gesagt, dir ein Grinsen verkniffen.

Wir sind nebeneinandergelegen im Auto, im Campervan vom Erwin, hinten drin und haben unsere Beine aus der geöffneten Hecktür baumeln lassen. Die Zehenspitzen im Gras. Die Luft knackschwarz und dick wie Schlamm. Drüben im Stadel waren die Übriggebliebenen noch am Feiern. Manchmal hat man jemanden singen gehört. Es ist immer der Wenzel gewesen, das hab ich gleich erkannt. Dass der den ganzen Abend lang die Mery unter seiner Achsel durch die Party geschoben hat, hat mir gar nicht gefallen. Schon beim Reingehen habe ich sie gesehen, die beiden. Er auf der Eckcouch, Kopf nach hinten auf die Lehne geklappt, sie vor ihm auf dem Boden, rauchend, zwischen seinen Beinen, einen Ellenbogen auf seinem Knie. Seine Trainingsjacke hat sie angehabt, das hab ich gleich erkannt, weil nur er so eine Trainingsjacke hat in der ganzen Gegend. Adidas, offizielles Design der französischen Nationalmannschaft von neunzehnachtundneunzig. Zidane steht auf dem Rücken, auch das hab ich gewusst und ich hab auch gewusst, dass die Jacke nach Weichspüler riecht. Und nach Axe Gold Temptation. Das Königsblau hat an den schmalen Schultern der Mery schmerzhaft gut ausgesehen. Auf der Stelle hab ich mir gewünscht, ich hätte mich zu einem Stein verdichten und zwischen den bunten Turnschuhen der Gäste unbemerkt in irgendeine Ecke rollen können. Ignorier ihn, hast du geflüstert und mich Richtung Fabian geschoben. Alles Gute, hast du ihm von Weitem entgegengerufen, dich um seinen Hals geschleudert. Hast die Alufolie von der Kartonbox gelöst. Für dich, hast du zu Fabian gesagt, haben wir selbst gemacht, ich hoffe er schmeckt dir. Das Ignorieren hat nicht funktioniert. Meine Augen waren blind für alles außer die beiden. Meine Ohren haben aus jedem Gespräch, aus jeder Melodie alles herausgefiltert, bis nichts mehr übrig geblieben ist, außer sein ledernes Lachen und ihr silbriger Augenaufschlag. Das hast du gemerkt. Und Richtung Campervan genickt.

***

Ich ziehe einen zerknitterten Geldschein aus meiner Jeanstasche und halte ihn dem Verkäufer hin. Der Verkäufer schüttelt den Kopf. Ich blinzle. Der regentonnengroße Zylinder, den er trägt, schwingt langsam von links nach rechts. Hier, sagt er und lächelt, hier hinein, und tippt auf den Boden einer kleinen Holzschale auf dem Verkaufstresen. Wissen Sie, sagt er, dass es in Japan als unhöflich gilt, einen Geldschein von Hand zu Hand zu überreichen? Nein, sage ich und schaue ihn an, irritiert. Hier, sagt der Verkäufer wieder, hier hinein, sagt er, und tippt wieder mit dem Finger in die Schale, energisch. Ich höre seinen Fingernagel gegen das Holz schlagen. Lächeln tut er nicht mehr. Ach so, sage ich, und Entschuldigung, und lege ihm den Geldschein, zerknittert wie er ist, in die Schale. Der Verkäufer nimmt ihn, wieder lächelnd, an sich, streicht ihn an seiner Hose glatt und sortiert ihn in die Kasse ein. Die Situation ist mir unangenehm, ich muss etwas sagen. Irgendwas. Waren Sie schon einmal in Japan, frage ich ihn. Der Verkäufer schaut mich an, als hätte ich ihn etwas ganz anderes gefragt. Ich weiß nicht, was. Jedenfalls schaut er nicht so aus, als hätte ich ihn gefragt, ob er schon einmal in Japan war, was, wie ich finde, eine ziemlich legitime Frage ist, wenn einem jemand etwas über japanische Zahlungsgepflogenheiten erzählt. Nein, sagt er nur und legt mir das Wechselgeld, vier Euro zwanzig, in die Schale. Ich bedanke mich, aber der Verkäufer sagt nichts und sieht mich bloß komisch an. Fassungslos. Als hätte ich ihn beleidigt. Einen Versuch, die Situation zu wenden, unternehme ich noch und wünsche ihm einen schönen Tag. Aber er sagt immer noch nichts und schaut immer noch komisch. Depp, denke ich, balle meine Faust um den Bambusstiel, drehe mich um und gehe Richtung Tür. Dann hustet er. Irgendwie spüre ich, dass jetzt noch was kommt, dass er gleich noch etwas sagen wird, und gehe automatisch langsamer. Nicht viel langsamer, nur ein bisschen langsamer, so, dass er es nicht merkt. Dann sagt er etwas Komisches. So komisch, wie vorher sein Bick komisch war, nach der Japan-Frage. *Jagen ist das Spiel, Finden ist die Kunst.* Oder sagt er: *Jagen ist die Kunst, Finden das Spiel*? Ich weiß es nicht. Was er sagt, ist schräg, soviel ist sicher. Wundern tut mich das nicht. Es passieren nur noch schräge Dinge in diesen Tagen. Ich drehe mich nicht einmal mehr zu ihm um, sondern eile zur Tür, reiße sie auf. Über mir gerät ein Glockenspiel momentan aus der Fassung.

***

Danke, hab ich im Campervan leise geflüstert, so leise, dass ich gedacht habe, die Grillen würden es mit ihrem Gesang verschlucken. Aber du hast es gehört, weil du hast deine Hand über meine geschoben und sie gedrückt. Dann hast du meinen ganzen Arm zu dir gezogen, ihn quer über deinen Bauch gelegt und mit deinen kühlen Fingerspitzen Kreise um meine Armbeuge gezeichnet, die feinen Haare auf meinem Unterarm haben sich steil aufgestellt in der heißen Nachtluft. Du hast langsam geatmet und hin und wieder leise gesummt und deine rechte Ferse über dein linkes Schienbein gerieben, Mückenstich. Ich hab nicht schlafen können. Der Wenzel, Mery und Zidane, die zerstörerische Dreierkette in dieser Nacht. An keinem Bierkrug, an keinem wütenden Rocksong hab ich mich mehr festhalten können. Du hast dich auf die Seite gerollt, auf deinen Ellbogen gestützt und mich angeschaut, glaube ich. Genau weiß ich es nicht, denn es war stockdunkel. Nur wenn jemand die Stadeltür aufgerissen hat, ist kurz ein schüchterner oranger Lichtstreifen durch die Seitenfenster zu uns hereingefallen. Aber du hast gesummt, in meine Richtung, hast nicht aufgehört zu summen. Erst vor ein paar Wochen hast du Bob Dylan entdeckt, dich tagelang mit ihm im Zimmer verschanzt. Die Wucht dieser Begegnung hast du lange mit dir durch die Tage getragen, das hat man dir angesehen. Vielleicht nicht jeder, aber ich habe es gesehen. Deine Lippen haben harzig geschmeckt in dieser Nacht. Waren warm, weich, tröstend. Aus meiner traurigen Haut sind Funken gestoben und haben den Campervan für einen kurzen Moment erleuchtet. Grell und beißend.

They say everything can be replaced
They say every distance is not near
So I remember every face
Of every man who put me here

***

Beim Kreisverkehr biege ich links ab und gehe quer durch die ganze Kleinstadt. Renne quer durch die Kleinstadt, unsere Kleinstadt, meine Kleinstadt, den Bambusstiel unter den Arm geklemmt. Das Netz pendelt hinter mir bei jedem Schritt von links nach rechts. Ich darf keine Zeit verlieren, wenn ich tun will, was ich tun will. Und Zeit verliere ich andauernd in diesen Tagen. Ich mache abends die Augen zu, wache auf und es sind dreizehn Wochen vergangen. Ich erkenne nichts wieder. Die Luft, die meine Haut streift, ist nicht die, die sie gestern war. Straubig wie Dornenhecken in einem Moment, substanzlos wie Vakuum im nächsten. Meine Schuhe ziehen wie Blei an den Füßen. Ich lasse sie zurück. Meine bloßen Sohlen klatschen gegen den Asphalt. Links, rechts, links, rechts, links, rechts. Über mir flammt der Himmel. Blau und hämisch.

***

Die Welt haben wir mithilfe von Binärcodes kategorisiert. Das ist deine Idee gewesen. 1 hat geheißen: gut. 0 hat geheißen: schlecht. 110 – eher gut; und 001 – eher schlecht. Es ist kein super ausgefuchstes System gewesen, aber es hat seinen Zweck erfüllt und es hat uns geholfen, und es hat mir geholfen, unsere Meinungen, meine Meinungen zu sortieren. So viel hat es gegeben, zu dem man eine Meinung hat haben müssen. Ich habe ständig den Überblick verloren.
Bio bei der Geissler – 0
Mineralwasser mit Mediumsprudel – 1
Mineralwasser still – 0
neonfarbene T-Shirts – 0
Klimawandel – 0

Babyklappen – 110
Pauschalreisen – 0
Cem aus der 8C – 1 (!!!)
Pizza mit Champignons – 001
Bettwäsche aus Polyester – 0
durchsichtige Regenschirme – 1

Lange haben wir uns nicht entscheiden können, wohin. Italien (1), Kroatien (1), Spanien (1), Griechenland (1). Am Ende haben wir Spanien genommen, weil es schön weit weg ist und weil wir beide ein bisschen die Sprache verstehen. Erst Abschlussprüfungen schreiben, dann vier Wochen im Campervan. Ein freier Rücken, ganz viel Zukunft, aber keine Pläne. Staubige Straßen, saftige Wassermelonen, gelbe Sonne, knisterndes Autodach. Kurz haben wir überlegt, Zug zu fahren, Interrail (110), ganz klassisch, so wie jeder das macht (001), weil sich das so gehört (001) und wegen unserer *Fridays for Future*-Kreisgruppe (1). Aber, nun ja, der Campervan ist eben saugemütlich und Autofahren macht eben auch Spaß.

Das *Z* und das *C* muss man in Spanien *atmen*, hast du gesagt, wie im Englischen das *th*. Schau, hast du gesagt, deine Zungenspitze zwischen deine Schneidezähne gelegt und das *Z* und *C* und *th* sanft gepustet. Ich habe nachgepustet. Du bist mit dem Finger auf der Atlasseite die iberische Halbinsel abgefahren, *Zaragoza*, hast du gehaucht. *Zaragoza*, habe ich nachgehaucht, aber dreimal dramatischer, und dabei ist mir mein Kirschbonbon aus dem Mund gerutscht und genau auf die gelbe Stelle zwischen Valladolid und Salamanca geklatscht. Das ist ein Zeichen, hast du gerufen, da müssen wir hin. Ich hab gelacht. Dort suchen

wir dir einen neuen Wenzel, hast du gesagt. *Wen-th-el*, hab ich
verwegen gehaucht und dir ist das Lachen von ganz tief unten
im Bauch heraufgeblubbert. Laut und golden.

***

Das Netz ist so leicht und fein, dass es sich an jeden Windhauch
schmiegt. Wie die Miki sich an die Beine schmiegt, kurz bevor
man sie füttert. Ich halte den Stiel vor mir wie eine Angelrute und
schaue dem Netz dabei zu, wie es sich windet. Die Sonne scheint
schräg auf den Hang, mir ins Gesicht, ich muss blinzeln. Ich weiß
nicht, ob diese Tageszeit eine gute ist für Schmetterlinge. Ich
weiß nicht, ob diese Wiese eine gute ist für Schmetterlinge. Aber
es ist die einzige, die mir einfällt. Und immerhin, erst gestern
habe ich hier viele gesehen. Hunderte, tausende, seemannsblau,
klatschmohnrot, klein wie Fingernägel, groß wie Backbleche. In
Schwärmen sind sie über die Wiese gekreist. Die hohen Grashalme haben sich gebogen in den Luftwirbeln unter ihren Flügeln.
Ein Hase hat verschreckt das Weite gesucht. Und gedröhnt hat
das, das glaubst du nicht. So etwas habe ich noch nie gehört. Wie
Millionen kleiner Kirchenglocken klingt es, wenn ein so riesiger
Schmetterlingsschwarm an einem vorbeirauscht.

***

Das bedeutet auch, dass wir Spanien verschieben müssten, hast
du gesagt, die Fingernägel abgekaut bis zum Fleisch. Und auch
den Campervan und die saftigen Melonen. Mit solchen Dingen
ist nicht zu spaßen, hast du gesagt. Dass sich jetzt vieles ändern
würde, hast du gesagt. Und ich hab nur gesagt, Nein. Nein, hab

ich gesagt, weil ich was anderes nicht hab sagen können und weil jedes andere Wort zu viel gewesen wäre. Nein, hab ich gesagt, weil ich was anderes nicht hab sagen können und weil jedes andere Wort zu wenig gewesen wäre. Dass es dir leidtue, hast du gesagt. Nein, hab ich gesagt. Dann sind wir ohne Worte in deinem Zimmer gesessen. Die Erdbeeren, die uns deine Mama hingestellt hat, nicht wissend, wohin mit sich, haben wir nicht angerührt. Appetit schmilzt und rinnt in die Bodenfugen für Menschen wie uns, in Momenten wie unsrem. Angestrengt sind meine Augen dein Zimmer abmarschiert. Fransenteppich, Hockeyschläger, die Pinnwand so voll, als wäre auf ihr ein Papiergeschwür zerplatzt, die gelbe Stecknadel in einer Ecke des Fotos. Wir beide im Leiterwagen, angezogene Knie, in der Hand jeweils eine Hälfe vom Twinni-Eis, du Grün, ich Orange. Neben uns der Erwin, zwei Köpfe größer, Zahnlücke.

***

Ich durchpflüge die Wiese ganz langsam, gewissenhaft. Von links nach rechts, von oben nach unten. Mit großen Schritten auf langen Beinen. Halte immer wieder an und beobachte, ob sich etwas regt. *Jagen ist Spiel. Finden ist Kunst.* Dann lege ich mich auf die Lauer, mitten hinein ins kniehohe Gras. Zwischen Bisamdisteln und Ochsenzungen. *Finden ist Spiel. Jagen ist Kunst.* Die Schmetterlinge sollen Zeit haben, sich zu zeigen. Vielleicht haben sie Angst vor mir. Die Angst hält einen von so vielem fern, das weiß ich. Ich liege und liege und liege und schaue und schaue und schaue. Stumm und gläsern.

***

Als wollte er es allen ein bisschen leichter machen, war der Erste kaum zu bemerken, dünn und durchsichtig. Immer haben wir aufpassen müssen, dass wir nicht drankommen, versehentlich. Das hat dir wehgetan. Und obwohl wir so fürchterlich aufgepasst haben, ist es trotzdem immer wieder passiert. Dann hast du mit zusammengebissenen Zähnen scharf Luft eingesaugt und die Augen so fest zugekniffen, dass sich in deinen Augenwinkeln rechts und links feine angestrengte Fältchen aufgefächert haben. Nach dem Ersten ist bald ein Zweiter aufgetaucht. Und ein Dritter und ein Vierter. Jedes Mal, wenn ich in dein Zimmer gekommen bin, einer mehr. Der Geräteturm neben dir ist auch jedes Mal höher geworden. Er hat geschnauft, gegluckert, leise gerattert. Die Hintergrundsymphonie für Menschen wie uns, in Momenten wie unsrem. Stur und feixend.

Geweint habe ich nicht, weil ich wollte dich nicht verunsichern. Geweint habe ich nicht, weil ich wollte mich nicht verunsichern. Von dir ist jedes Mal, wenn ich zu dir ins Zimmer gekommen bin, weniger da gewesen. Erst das Apfelschimmern in deinen Wangen, dann das Glühen in den Augen, das Löwenbrüllen im Herz. Als irgendwann zum Schluss alles, was man hätte greifen können, aus deiner Sprache geglitten ist, hast du oft in deine Schulter gemurmelt. Schmetterlinge. Ich habe das nicht verstanden, habe immer gefragt, was du meinst. Ich hätte dich gerne berührt, hab mich aber nicht getraut, weil ich Angst gehabt habe, dass ich dir dabei wehtue. Ich hätte dich gerne berührt, hab mich aber nicht getraut, weil ich Angst gehabt habe, dass ich mir dabei wehtue. Was für Schmetterlinge, hab ich gefragt, und meine Stimme hat immer gekrächzt. Von der trockenen Luft und von der schwelenden Furcht. Was für Schmetterlinge, aber du hast mich nicht gehört. Das ist normal, sagt mir die Frau Pernak jetzt in fast jeder Sitzung, das ist normal. Ich weiß nicht genau, ob sie das alles wirklich gut einschätzen kann, denn normal ist gar nichts mehr.

***

Zwei Stunden, drei Stunden, sieben Jahre liege ich schon hier in der Wiese zwischen den Halmen und habe nur eine aufgeregte Elster und einen neugierigen Albatros in der Luft gesehen. Ich muss irgendwann vor Verzweiflung eingeschlafen sein. Als ich meine Augen wieder aufmache, taucht die Sonne in den Horizont und die Grashalme um mich herum in Bronze. Ich will mich aufrichten, doch da sehe ich ihn. Auf meiner Brust hat er sich niedergelassen. Wehmutsgroß, sehnsuchtsfarben. Mein Herz pumpt dumpf und kräftig gegen meine Rippen. Seine seidigen Flügel wippen bei jedem Schlag. Lebt er? Schläft er? Summt er? Meine Knochen zittern.

I see my light come shining
From the west down to the east
Any day now, any day now
I shall be released

Ich lege meinen Kopf zurück ins Gras und schließe meine Augen wieder. Die Erde ist warm unter mir. Irgendwann spüre ich sie nicht mehr, bloß die feinen Spitzen der Grashalme kitzeln meine Haut. Ich hebe ab. Leicht und ewig.

JOHANNA SEBAUER

geboren 1988 in Wien und in einem kleinen burgenländischen Dorf nahe der ungarischen Grenze aufgewachsen, ist seit fast zehn Jahren in Hamburg zu Hause. Ihre Kurzgeschichten sind in mehreren Anthologien erschienen. Für die Arbeit an ihrem Debütroman erhielt sie das *Startstipendium Literatur* des österreichischen Kulturministeriums sowie die Sommerresidenz der Kulturbehörde Hamburg im *mare-Künstlerhaus* in Wentorf. Ihr Debütroman *Nincshof* erscheint 2023 bei DuMont.

Judith Sombray

WIE EIN ECHTER MENSCH

DUNKELGRÜNE FLECHTENEULE

Ich möchte zu den Nachtfaltern
den Flechten, Ameisen, Straßenrand
ausschließlich Rinde, Borke, einige
Kröten gehen vorbei, (nachts)
während ich meine Stifte spitze
Hosen trage, wie ein echter Mensch
so ein echter, richtiger Mensch,
der zu den Nachtfaltern will, den
Gartentoren, Brunnen, Fahrradweg
ich will doch nur zurück ins Freibad
zum Drehkreuz, dem Abend am Becken
zur Präzision der alten Frau
beim Schwimmen, ihr Brustbeinschlag
ihre Handtuchmethodik, wie sie
nach Hause geht, einen Wurstsalat
zubereitet, auf dem Balkon
Ausschau hält nach mir

FLUG I

Abends liest die Amsel vom Blatt ab, vorsichtig
hebt sie die Arme und zeigt ihren Flugapparat
auf ihrem Zettel steht, dass Gott sieben Tage brauchte
um verrückt zu werden, laut Quellenangaben
soll er zum Abschied die Hand gehoben haben und
in ein supermassereiches schwarzes Loch gestiegen sein
das sich seither unvermindert dreht, ab und zu scheint
es schneller zu werden, während Vögel es umkreisen
und Bienen ihre Hinterleiber schwenken, langsam
klappt die Amsel das Gesangbuch zu
fährt die Festplatten herunter
hebt noch einmal ihre Hand
verschwindet

FLUG II

Ich nehme ein Schaumbad
während die Atombombe fällt glaube ich
nicht an sie, schon allein das Wort: Atom-
Bombe, als hätten es Kinder erfunden
aufgeregt, ich forme Badeschaumstädte
und lasse sie untergehen, am Rand
meiner Arme, das Wasser ölt so entlang
die Wanne ist meine Maschine
und ich breche jetzt auf darin
Sekunden später weine ich schon
auf meiner Fahrt in den Himmel
an Gott vorbei, seinem Einkaufszentrum
ins Weltall, wie eine – noch so ein Wort –
Rakete, mit Wanne, der Pilz von oben
ein Atom-Bovist, der schon gestreut hat
und vor Freude den gesamten
Planeten verdunkelt

JUDITH SOMBRAY

geboren 1979 in Augsburg, lebt in Wedel. Zuletzt erschien von
ihr *Nähekurs* im Horlemann Verlag, zusammen mit Herbert
Hindringer. Veröffentlichung in diversen Anthologien und Literaturzeitschriften, Förderpreis für Literatur der Stadt Hamburg
2012 und 2016.

Sarah Knausenberger

SQUIRREL

mal alles nicht so ernst nehmen
mal mein gehirn
im hochbeet der nachbarn vergraben
mal ohne sinn von ast zu ast
und über den abgrund springen wir haben
ja keine angst

mal siesta in den baumwipfeln machen
mal trächtig sein, aber
nur 38 tage statt wochen
und babys bekommen die wögen gerade mal 10 gramm

mal squirrel sein

mal zur amsel sagen: danke, gut
mal zufrieden sein mit
einer nuß zum abendbrot, gereicht mit
regentropfen in einem eichelhut
sterne funkelnd über meiner stirn
mal die kleinen freuden jagen
und die großen fragen
andern überlassen

tieren mit einem schwereren gehirn

SARAH KNAUSENBERGER

geboren 1980, wuchs am Bodensee auf, studierte Creative Writing an der Universität von Südafrika und lebte einige Jahre in den USA. Seit 2014 wohnt sie mit ihrer Familie in Hamburg und arbeitet als freie Autorin. Derzeit ist sie Stipendiatin an der Akademie für Kindermedien. 2021 erhielt sie ein Residenzstipendium der Behörde für Kultur und Medien im *Brecht-Haus* im dänischen Svendborg. Erschienen sind von ihr bisher das Jugendbuch *Die blaue Ritterin,* der Lyrik-Collageband *Wenn ich Flügel hätte* und der Roman *Die Wildmohnfrau*, außerdem Kurzgeschichten und Essays in verschiedenen Zeitschriften.

Roberta Schneider

POP-GEDICHT FÜR M.

Was ist denn schlimmer, Seife oder Tenside, fragst du mich,
und ich sage dir,
jede Seife ist ein Tensid, aber nicht jedes Tensid eine Seife,
soweit ich das weiß, und ich erzähle dir etwas von
Oberflächenspannung und pH-Wert, und dann fragst du mich,
ob ich Chemie studiert hätte und
wo es die Kernseife gibt ohne Palmöl,
und warum sie so schlecht ist, deine Welt.
Und ich weiß,
dass jede Frage eine Bitte ist, aber nicht jede Bitte eine Frage
und bin mit meinem Latein am Ende.

ROBERTA SCHNEIDER

wohnhaft in der Winterhärtezone 8a, Spezialist*in für Ja-
ponismus und Leuchtkram. Sammelt Monokotyledonen,
Apocynaceen, Aromachemikalien sowie Zitate mit Wurmloch-
qualitäten.

ABTAU-CHEN UND AUFTAU-CHEN

Katrin Seddig

GEDANKEN ZU TURNHALLEN

Die erste Turnhalle meines Lebens betrat ich mit sechs Jahren. Ihre Decke war so unendlich hoch, dass man sie gar nicht mehr sehen konnte, es war auch sehr dunkel, eine stockfinstere Turnhalle, es gab dort einfach kein Licht. Dicke, ausgefranste Seile hingen aus der Finsternis herab, und der Boden, auf dem wir uns in unseren kleinen Stoffturnschuhen entlang tasteten, war zersplittert. Nur an den äußeren Rändern der Halle war es uns erlaubt, uns zu bewegen, denn zur Mitte hin befand sich ein tiefes Loch. Rings um den Raum lief eine Galerie, wie im Theater oder in alten Schlössern. Eine schuttbedeckte Treppe führte hinauf, aber natürlich durften wir sie nicht benutzen. In einer Ecke lagerten riesige, lederne Bälle, übereinander gestapelt wie ein Berg verfaulter Kürbisse, die so mürbe waren, dass man mit dem Finger Löcher hineinbohren konnte. Es roch nach Mäusen und süßlich, bitteren Gasen aus dem Loch in der Mitte des Turnhallenbodens, in dem die Kinder verschwanden, die nicht hören wollten. Es gibt ja immer einige.

»Da wollte wohl mal wieder einer nicht hören«, sagte dann unsere Lehrerin, Frau Heidler. Ich musste mir deshalb keine Sorgen machen, denn ich war ein Kind, das immer hörte. Nie wäre mir eingefallen, nicht zu hören.

Es waren also noch andere Kinder da, das müssen dann wohl die Kinder meiner ersten Klasse gewesen sein. Was haben wir, diese anderen Kinder und ich, dort getan? Turnten wir? Ich kann mich nicht erinnern. Ich denke, wir standen einfach im Dunkeln herum, fürchteten uns und bohrten mit unseren Fingern Löcher in die riesigen, bröseligen Bälle.

Das ist meine Erinnerung, sie ist recht anschaulich und man könnte sie auch träumen oder David Lynch anbieten. Es ist schon komisch, denn mit sechs Jahren ist man eigentlich schon recht intelligent. Man sollte annehmen, dass ich mich auf eine realistischere Weise an meine erste Turnhalle hätte erinnern können. Aber so sehr ich mich auch anstrenge, immer sehe ich wieder nur die Dunkelheit vor mir, das stinkende Loch im Boden, die ausgefransten Seile, und pule immer wieder in den porösen, dunklen Bällen herum.

Immerhin ist es sicher, dass es die Halle gab. Sie lag am Ufer eines kleinen Sees und war zwischen zwei ähnlich alte, ähnlich marode, mehrstöckige Wohnhäuser gepresst, Wand an Wand. Es war eine wirklich sehr alte Turnhalle. Ich besuchte in diesem ersten Schuljahr eine sehr alte Schule, in der die Räume ungefähr so hoch wie die der Turnhalle gewesen sein müssen. Alles war groß, alt und dunkel. Aber nur für ein Jahr. Dann zogen wir, alle Schüler von der ersten bis zur zehnten Klasse, in eine ganz neue Schule um, zu der auch eine ganz neue Turnhalle gehörte.

Diese zweite Turnhalle meines Lebens war hell wie der Tag, die Sonne schien durch die großen Fenster und der lackierte Holzboden strahlte. Alle Sportgeräte waren neu, die Wände von blendendem Weiß und die farbigen Linien auf dem Parkett wie ein modernes Gemälde. Und so blieb es auch die nächsten neun Jahre lang. Obwohl natürlich alles fleckig wurde, aber das merkte ich nicht. Die Sachen, die man selber verlebt, bleiben für einen immer neu. Für mich bleibt es die schönste Turnhalle für immer und ewig.

An dieser Stelle möchte ich es sagen: Ich finde Turnhallen schön. Ich finde es schön, dass sie so groß und so hoch sind. Ich höre es gerne, wenn Bälle über den Holzboden springen und die Stimmen der erregten Sportler*innen von den Wänden widerhallen. Ich mag die federnden Böden, die ledernen Matten und die Geräte aus Stahl und Holz. Ich weiß natürlich, dass es Menschen gibt, die ein anderes Verhältnis zu Turnhallen haben, aus persönlichen, biografischen Gründen.

Auch ich war kein Ass im Sport. Ich war verträumt und körperlich träge, meine Körperhaltung war katastrophal, und meine Mutter sagte zu mir: »Wie läufst du denn? Ich kann das nicht mit ansehen, wie läufst du denn nur?« Ja, wie lief ich denn nur? Anscheinend konnte ich nicht attraktiv laufen. Sie sagte auch, »Katrin, wie sitzt du denn? Kannst du denn gar nicht vernünftig sitzen?« Anscheinend konnte ich auch nicht attraktiv sitzen.

Ich hing mehr herum, ich hatte keine Körperspannung. Ich brauchte sie auch nicht, weil ich die meiste Zeit Bücher las. Ich hing, wo es sich gerade anbot, hing über Bänke, Tische, Betten oder auch an Bushaltestellen herum und las. Nach der Schule lief ich mit einem Buch vor dem Gesicht durch den Wald nach Hause. Ich schlug mir die Knie auf, verfing mich in Büschen und Sträuchern, fiel in den Bach, aber der Preis schien mir nicht zu hoch.

Zurück zur Turnhalle: Sie war für mich vor allem ein Ort der freien Gedanken. In unserer Schule wurde damals erwartet, dass man fremden Gedanken folgte. Ich folgte lieber meinen eigenen. Zwar war das nicht grundsätzlich verboten, aber es sollten sich die eigenen Gedanken den fremden Gedanken anschmiegen, ihnen hinterhereilen und sich ihnen, gegebenenfalls, unterordnen. Auch wenn ich die Notwendigkeit einsah – ich sah als Kind eigentlich fast immer alles ein – konnte ich diesen Anforderungen nur schwer gerecht werden, mein Kopf war rebellisch und hörte nicht mal auf mich selbst.

In der Turnhalle aber durfte jedes Kind denken, was und so viel es wollte. Die schönsten Gedanken konnte man sich machen und niemanden störte es.

Ich war nicht gut im Sport, aber ich war auch nicht schlecht. Nicht schlecht reichte mir vollkommen aus. Und trotz meiner mangelhaften Körperhaltung gab es wunderbarerweise ein Feld, in dem ich sogar wirklich gut war. Ich sprang hoch, ich sprang weit, ich sprang flott den Dreisprung, hoch über den Bock und schwungvoll vom Stufenbarren. Ich war eine geborene Springerin.

Außerdem schaffte ich es, mich an der Stange hochzuhangeln. Das Springen und die Stange waren meine zwei Trümpfe im Sport.

Im Bodenturnen wirkte sich meine mangelnde Körperspannung dann aus. Ich konnte nicht auf dem Kopf stehen, ich konnte nicht auf einem Bein stehen, ich fiel immer wieder in mich zusammen wie ein Schwamm (denn das ist ein muskelloses Tier, und trotzdem stürzen sie nicht und fallen auch nicht hin). Aber so oft ich auch in mich zusammenfiel, ich schämte mich nicht, ich hatte einfach keine sportlichen Schamgefühle, ich lächelte freundlich in die Runde und schwang mich auf den Mattenwagen.

Eines der schönsten Dinge, die man in einer Turnhalle tun kann, ist, auf dem Mattenwagen zu liegen. Alle Kinder lagen damals am liebsten auf den Mattenwagen. Die Mattenwagen standen in den offenen Abseiten neben den Umkleideräumen, in denen auch die Barren, Böcke, Reifen und verschiedenen Bälle lagerten.

Bevor und nachdem wir sportlich geprüft wurden, und wir wurden sehr oft sportlich geprüft, damit unsere Lehrerin verlässliche Anhaltspunkte für unsere Zeugnisnote bekam, mussten wir einfach nur warten. Einfach nur warten, war eine meiner Lieblingsbeschäftigungen im Sport. Man konnte die anderen bei ihrer Prüfung beobachten oder auch sehr gut seinen eigenen Gedanken nachhängen, und das in einer Atmosphäre der strahlenden Helligkeit, der gedanklichen Freiheit, unter freier Verfügung der Mattenwagen.

Von hier oben aus sah ich auf jene herab, die gut waren. Guten Sportler*innen sehe ich nun mal einfach gerne zu. Ich fand es gut eingerichtet, dass die in Mathematik und Deutsch weniger guten Kinder dafür gut im Sport waren. Doreen Mertens konnte nicht rechnen, aber sehr schnell laufen. Damals glaubte ich wirklich, die Welt würde ungefähr gerecht eingerichtet sein. Aber natürlich ist es so: Manche Menschen können gut rechnen *und* schnell laufen und andere können eigentlich gar nichts.

Heute sagt man den Kindern, dass jedes Kind etwas kann, aber das ist natürlich falsch. Manche Kinder *können* einfach nichts. Das Beste ist, sie merken es frühzeitig und gehen damit um, wie ich mit dem Bodenturnen. Am Ende ist es doch egal. Warum soll man sich schämen oder ärgern? Das verschlechtert nur die Lebensqualität.

Damals, in unserer Turnhalle, lag es klar auf der Hand, wer etwas konnte und wer nicht. Auch das war immer schon etwas, das mir sehr gut gefiel. In künstlerischen Bereichen zum Beispiel sind solche Kategorien sehr schwammig, und man ist von

Urteilen abhängig, die von Menschen gefällt werden, die am Ende auch nicht zuverlässig sind oder sogar dumm oder sogar böswillig. Und wer beurteilt dann die Urteile dieser unzuverlässigen, dummen und/oder böswilligen Menschen? Und wer die Urteile über die Urteile dieser usw. Menschen? Es ist ein Fass ohne Boden und Gerechtigkeit gibt es nicht.

Damals, in unserer Turnhalle, konnten wir feststellen, dass ich nur zwei Liegestütze schaffte und Martina neunzehn. Dagegen konnte einfach niemand etwas vorbringen. Niemand konnte schreien: »Ungerecht!«

Die zweite Turnhalle meines Lebens war also nicht nur ein Ort der freien Gedanken, sie war auch ein Hort der Gerechtigkeit.

So etwas hat es danach nie wieder gegeben.

An dieser Stelle möchte ich etwas über Medizinbälle erzählen. Sie wurden bereits eingangs erwähnt, aber weiß man, ob es sich dabei wirklich um Medizinbälle handelte oder doch um verfaulte Kürbisse? In einen echten Medizinball könnte doch kein sechsjähriges Kind mit seinen kleinen Fingern ein Loch hineinbohren!

Medizinbälle. Wofür sind sie da? Warum sind sie so unförmig und haben gar keine Elastizität? Warum heißen sie Medizinbälle? Ist das vielleicht ein attraktiver Name für ein Sportgerät?

Die Fragen lassen sich beantworten. Die Antworten stehen bei Wikipedia. Medizinbälle heißen Medizinbälle, weil »Iron Duke«, ein amerikanischer Polizist und Boxer, fand, sie seien Medizin für den Körper. Statt mit Luft sind sie mit Wildhaaren gefüllt, ein richtig guter Medizinball sogar mit Rentierhaaren.

Uns dienten Medizinbälle vor allem als Markierungen. Nur einmal benutzten wir sie, wie von »Iron Duke« vorgesehen, als Medizin für unsere Körper, indem wir sie uns gegenseitig zuwarfen. Petra Schmidt warf ihren Ball, nicht absichtlich, sondern ungeschickt, unserer Sportlehrerin an den Kopf. Sie fiel um und stand nicht wieder auf. Liegend wurde sie abtransportiert, und obwohl sie sich in wenigen Tagen wieder davon erholte, benutzten wir die Bälle nie wieder als Medizin für unsere Körper.

Die dritte Turnhalle meines Lebens war so unattraktiv, dass sich alles in mir sträubt, mich an sie zu erinnern. Ich besuchte die Erweiterte Oberschule, so hieß das Gymnasium in der DDR, und die dazugehörige Turnhalle duckte sich voller Scham an den Rand des Schulhofes. Sie war so hässlich, ich würde sie gerne aus meinem Leben streichen, aber auch sie ließ etwas in mir zurück: wie Annegret Müller den Bund ihrer pastellgelben Jogginghose dreimal um einen elastischen Gürtel krempeln konnte.

Die Umkleiden waren eng und schmal, im Raum nebenan hingen über einem Graben aus Beton Wasserhähne in der Luft und spritzten mit ungeheurem Druck eiskaltes Wasser in unsere Gesichter, wenn wir nach dem Sport aus ihnen tranken. Trinkflaschen wurden erst in den Neunzigerjahren erfunden. Wir tranken damals immer nur aus Wasserhähnen. Und immer erst, wenn es, heutigen Erkenntnissen nach, schon viel zu spät war. Wenn ich heute nur daran denke, wie oft wir meine ganze Kindheit und Jugend über zu spät getrunken haben!

Wir Mädchen nutzten den rechten Rand der Turnhalle, der Rest war für jemand anderen. Für die Jungen, glaube ich. Denn in der DDR wurde getrennt geturnt. Die Jungs boxten mit dem

Lehrer. Die Mädchen machten rhythmische Sportgymnastik mit der Lehrerin. In dieser kümmerlichen Turnhalle trieben wir *nicht* viel Sport. Wir waren siebzehn, waren nörgelig und hatten immer unsere Tage. Unsere Lehrerin war lustlos und unfreundlich. Sie hatte einfach nicht den richtigen Biss.

Etwas über Sportlehrerinnen: Sie müssen streng sein und zackig. Sie müssen so streng und zackig sein, dass sie mit ihren strengen und zackigen Armbewegungen die Luft zerteilen, sie müssen so laut mit ihrer Pfeife trillern können, dass allen Schülerinnen die Ohren abfallen. Wie Generälinnen müssen sie in gebügelten Trainingsanzügen ihre Befehle schmettern. Wie sonst sollten sie nörgelnde, menstruierende Mädchen dazu bringen können, über einen Bock zu springen? Ich hatte mehrere Sportlehrerinnen in meinem Leben, nur eine entsprach meinem Idealbild. Sie lehrte uns, dass wir unsere Haut täglich mit einer Bürste schrubben sollten, bis wir krebsrot wären. Sie lehrte uns Abhärtung mit eiskaltem Wasser. Bei ihr lernte ich auch das Schwimmen in unserem See. Sie führte uns an Land die Schwimmbewegung vor und dann ging sie mit uns an das Ende des Steges.

»Wenn ihr euch so bewegt, wie ich es euch gezeigt habe, könnt ihr nicht ertrinken. Jetzt springt, und wer nicht springt, den schubse ich«.

Alle sprangen. Alle machten die Bewegungen, denn niemand wollte ertrinken, alle schafften es auf diese Weise bis in das flache Wasser. So lernten wir in wenigen Minuten das Schwimmen.

Die anderen Sportlehrerinnen hatten keine Visionen, keine sportliche Begeisterung. Ihre Trainingsanzüge waren so zerknittert wie ihre Gesichter und sie wollten gar nichts aus uns machen, uns nicht zu unserem eigenen Besten quälen, uns nicht mit Gewalt begeistern und uns auch nicht abhärten. Sie waren einfach nicht zur Sportlehrerin geboren. Ich habe sie immer ein bisschen verachtet.

Zu pubertierenden Mädchen *muss* man natürlich streng sein, denn sonst finden sie keinen Halt. Wie Tulpen in einer weiten Vase schlängeln sie sich bis auf den Boden hinab. Wir Tulpen *brauchten* unsere strenge Lehrerin, die uns aber, jede einzelne von uns, sehr gern hatte und an uns glaubte, an unsere Fähigkeit, nicht im tiefen Wasser unterzugehen und an die Notwendigkeit, unsere Haut zu schrubben.

Ich kann bis heute ihre Stimme hören: »*Alle* an der Linie aufstellen! Der Größe nach! Ich sagte, der Größe nach! Der Größe nach! In einer Reihe! An der Linie! Nein, du musst jetzt *nicht* auf die Toilette, Fräulein!«

Die vierte Turnhalle meines Lebens war eigentlich die meines Kindes. Es war eine Vereinsturnhalle und mein Kind sollte dort mit anderen Kindern turnen. Ich saß als Mutter am Rand auf einem Bänkchen neben anderen Eltern und fühlte mich unwohl. Ich möchte erwähnen, dass ich nicht gerne mit anderen Eltern redete. Eltern aber wollen immer mit anderen Eltern reden, das ist ein Gesetz. Und das ist einer der größten Nachteile, wenn man Kinder hat.

Davon abgesehen, ist eine Kindersportstunde eine Prüfung. Man sieht, dass das eigene Kind unsportlich und träge ist. Es kann nicht balancieren, bewegt sich ungeschickt, weicht Schwierigkeiten aus und ist nicht bei der Sache. Es bohrt sich in der Nase, betrachtet seine Popel und hält andere Kinder damit auf. Außerdem empfindet es nicht den erwünschten Spaß. Wozu ist man mit dem Kind hier? Damit es sich bewegt? Kinder bewegen sich doch ganz von alleine, wenn man sie lässt? Mein Kind nicht. Es saß gern irgendwo, es dachte gern nach, und es sah sich auch gern mal etwas an, aber es bewegte sich kaum. Aus diesem Grund saß ich in der Turnhalle und sah meinem Kind dabei zu, wie es Dinge nicht konnte oder schlechter konnte als andere Kinder und mühte mich, diese Gedanken nicht zu haben oder sie zumindest auf eine fröhliche, freundliche Art zu denken.

»Hauptsache, sie haben Spaß«, sagten die Eltern zueinander.

»Hauptsache, sie haben Spaß«, das sagen Eltern, deren Kinder schlecht sind. Die Eltern, deren Kinder gut sind, sagen solche Sätze allerhöchstens gönnerhaft zu den Eltern, die solche Sätze nötig haben.

Ein angenehmes Gespräch führte ich mit einer dicken, kleinen Muslimin, die mit dem Finger auf ihr Kind deutete: »Sie ist dick.«

Diese Mutter faselte nichts von »Spaß«, ihr war es sehr ernst: »Zeynep muss Sport machen, sie muss sich bewegen!«

Wie ein Gott, welcher auch immer, manchmal es so einrichtet, hatte gerade dieses dicke, kleine Mädchen Spaß am Klettern und Purzeln und Balancieren. Sie strahlte vor Freude, und auch, wenn ich es diesem Kind wirklich gönnen wollte, empfand ich Neid. Auch ich konnte gegen die charakterlichen Schattenseiten des Elternseins nicht immer an.

Die fünfte Turnhalle meines Lebens gibt es noch nicht. Aber weil im Leben alles ein Kreislauf ist, wird sie der Ersten wohl ähneln. Mein Körper wird einmal mürbe wie ein fauliger Kürbis, meine Glieder wie alte Seile sein.

Wie werde ich mich dann wütend recken, wie meine Arme krümmen, meine Beine schütteln und stöhnen, stöhnen, stöhnen. Eine junge Lehrerin wird uns anfeuern, »Jetzt nicht schlappmachen, und hoch mit den Beinen! Hoch!«

Ich möchte ihr, der das alles natürlich pipieierleicht vorkommen muss, am liebsten eine Backpfeife geben wegen dieser Art und Weise, mit uns älteren Menschen umzugehen.

Aber natürlich muss sie streng sein mit unseren weichen Körpern, unseren schlaffen Muskeln, und wir brauchen sie, wir wollen sie, ihre jugendliche Überlegenheit, ihren Schwung, ihre ironische Heiterkeit, die Trillerpfeife und den Trainingsanzug.

Die Rückkehr aber ist unausweichlich, zurück in die Dunkelheit, wo die Medizinbälle uns um die Ohren fliegen, während wir Löcher in unsere zerbröselnden Körper pulen und immer wieder hinschlagen, auf dem splittrigen Parkett unter unseren Füßen. Schneckenförmig kreisend bewegen wir uns immer weiter auf die Mitte zu, bis wir still verschwinden in den süßlich bitteren Gasen – weil da wieder mal einer nicht hören wollte.

»Aber ich *habe* doch, ich habe doch *immer* gehört«, werde ich dann sagen. Tja, mein Fräulein, tja, tja, tja.

Aber noch während ich falle, falle, falle, höre ich schwach, von ganz weit unten, eine strenge Stimme: »*Alle* an der Linie aufstellen!«

KATRIN SEDDIG

geboren 1969 in der DDR, lebt seit 1994 in Hamburg und veröffentlichte sechs Romane bei Rowohlt. Seit 2013 ist sie Kolumnistin bei der *taz*, bis 2022 war sie Mitglied der Hamburger Lesebühne *Liebe Für Alle!*. Sie erhielt mehrmals den Förderpreis für Literatur der Stadt Hamburg, 2020 den *Hubert-Fichte-Preis* und das Calwer *Hermann-Hesse-Stipendium*. Ihr Roman *Nadine* erscheint 2023.

Ina Bruchlos
DER DÜRERHASE

Ich lag auf dem Sofa und schaltete durch die Programme. Ab und zu sah ich am Fernseher vorbei zu Chris, die am Computer saß und irgendetwas regelte. Sie saß abends oft am Computer und regelte irgendetwas, wobei *irgendetwas* immer mit Tischtennis zu tun hatte. Sie las Wegbeschreibungen, fremde Mannschaftsaufstellungen und versuchte sich zu erinnern, ob es darunter Spieler mit fiesen Belägen oder unsauberer Technik gab. Genau *das* musste recherchiert werden, damit man genau *darauf* reagieren konnte.

Chris hatte einmal in einer Halle ein kleines Heft gefunden. Wahrscheinlich gehörte es einer der Gegnerinnen. Im Heft waren alle möglichen Spielerinnen aufgelistet, ihre Stärken, ihre Schwächen. Chris blätterte die kleinen eng beschriebenen Seiten um und fand schließlich ihren eigenen Namen. Er war feinsäuberlich mit Lineal unterstrichen. Das war nicht weiter verwunderlich, denn auf der ersten Seite, dort wo der Druck den Namen des Heftinhabers in einem kleinen grauen Block vorsah, stand genauso ordentlich, wem dieses Heft gehörte: *Martina*. Dieses Heft gehört: *Martina*. Falls Martina dieses Heft verlor oder in irgendeiner Sporthalle liegen ließ, wollte sie es wiederhaben. Aber das war nicht das, was Chris in erster Linie interessierte. Sie würde etwas über ihre eigene Spielweise erfahren.

»Stärken und Schwächen«, dachte sie. Aber als sie genauer hinsah stand da nur:

»Kann nichts außer Vorhand.« Es war erstaunlich, dass Martina dieses Heft wiederhaben wollte.

Zuerst wollte Chris das Heft mit einem wissenden Lächeln zurückgeben, nach kurzer Überlegung wollte sie es mitnehmen. Schließlich ließ sie es liegen. Was sie sich merkte, war, dass Sport einen nicht zu ignorierenden theoretischen Aspekt hatte.

Die Sache mit der Vorhand war natürlich Blödsinn. Aber man konnte ein eigenes Heft führen. Eins, das mehr mit der Realität zu tun hatte. Oder man konnte die eigene Aufstellung ändern, zum Beispiel.

Sie überlegte, ob Sonny beim nächsten Mal überhaupt spielen sollte. Eine Noppe gegen all die anderen Noppen der Gegner. Das versprach ermüdend zu werden. Und schwierig. Die arme Chen Lu würde alles gewinnen müssen. Außerdem war da noch die Sache mit dem Fuß. Sie würde Sonny schreiben.

»Hey Sonny«, tippte Chris in den Computer, »geht es Dir wieder besser?« und: »Smiley (mit Kopfverband)«.

Ihre Finger flogen wie Eichhörnchen über die Tasten, während ich hier lag, müde, blind und schwer.

Ich betrachtete die wachen Augen, die scharf und ohne Sehhilfe in den Bildschirm stachen, und fragte mich kurz, wie sehr meine Träg- und Blindheit mit unserem Altersunterschied zusammenhing. Zehn Jahre. Natürlich verwarf ich den Gedanken sofort wieder, wie es alle Alten und Müden taten. Verwerfen – im Verwerfen waren wir groß.

Mit fünfzig schob man seine Gebrechen noch auf die Arbeit. Später auf keine Ahnung was. Immerhin gab es noch einen Altersabschnitt, von dem ich sagen konnte:

»Später – keine Ahnung.«

»Das Museum«, dachte ich, »das Museum schadet meinen Augen.«

Normalerweise las ich ganz gerne ein Buch, aber wenn ich abends von der Arbeit kam, hatte ich immer den Eindruck, meine Augen hätten sich um zehn Dioptrien verschlechtert und meine Aufmerksamkeitsfähigkeit im gleichen Maß abgenommen. Vielleicht lag das am fehlenden Sauerstoff, der ganzen weggeatmeten Luft. All die Touristen, die nur des Atmens wegen gekommen waren. Wir Alten und Müden unterstellten nämlich gerne.

Als ich vor längerer Zeit eine ältere Kollegin fragte, warum sie auf ihr Teeglas, das sie immer neben sich an die Kasse stellte, eine Postkarte legte, meinte sie knapp:

»Die spucken mir sonst da rein.«

Naiv fragte ich:

»Wer?«

»Na, die Besucher.«

Damals fand ich diese Vorstellung skurril. Heute überlegte ich, wie viel Luft mir wohl heute wieder weggeatmet worden war.

Aber deswegen wurden meine Augen natürlich nicht schlechter. Da war dieses müde Licht, mit dem die Bilder und Zeichnungen beleuchtet wurden. All die Im- und Expressionisten, die an all den schlappen Wänden schliefen. Die Schüler- und Touristenlungen konnten gar nichts dafür.

Im Fernsehen lief irgendeine Quizshow. Quizshows waren gut geeignet, um kurz innezuhalten. Keine Handlung, kein tropischer Ekel, keine Interviews mit Wintersportlern mit lila Milka-Mützen.

Ich hatte mich auch genau im richtigen Augenblick dazugesellt, denn der Kandidat war gezwungen, eine Kunstfrage zu beantworten. Kandidaten hassten gewöhnlich Kunstfragen, aber die letzte Sportfrage hatte sich der Gegenkandidat geschnappt und jetzt blieb nur noch die Kunst. Meistens waren die Kunstfragen relativ einfach und es war auffällig, dass gerade bei Quizsendungen die Gegenwartskunst überhaupt keine Rolle spielte. Immer wurde nach Picasso gefragt oder van Gogh. Man konnte den Eindruck gewinnen, dass die wirklich moderne Kunst überhaupt nicht existierte. Auch im Museum fragten die Besucher nach der Modernen und ich fragte: »Wie modern?«, und dann war das *museumsmodern* immer eine ganz andere Moderne, als ich sie verstand. Nach den Zeitgenossen fragten die Wenigsten, und die Zeitgenossen waren ja auch tatsächlich oft etwas gewöhnungsbedürftig. Manchmal dachte ich, man könnte sich mehr Mühe geben. Man könnte sich immer und überall mehr Mühe geben. Gerade die Zeitgenossen könnten sich mal anstrengen. Allein schon, damit man nicht immer gefragt wurde, was das soll. Das fragte man sich ja manchmal schon selbst, wenn man neben einem tropfenden Kanister mit Leichenfett stand. Auch wenn das Leichenfett gar kein Leichenfett war. »Ist keins«, sagte der Kurator, als die erste Aufsicht kollabierte.

»Mir egal«, dachte ich, welche Körperflüssigkeit von welchen Lebewesen über unseren Köpfen hing, und verstand zum ersten Mal die Kollegen, die sagten:

»Also für mich ist das keine Kunst.«

Das war zwar inhaltlich nicht ganz richtig, aber ich verstand es, wenn sie dort nicht mehr stehen wollten. Jetzt sah ich wieder konzentriert auf den Bildschirm, weil ich wissen wollte, wie viel jemand, der vor laufender Kamera: »Oh nein, Kunst«, stöhnte, von Kunst eigentlich wusste.

Das Mädchen mit der Taube und die *Weinende Frau* von Picasso wurden eingeblendet. Picasso musste weinende Frauen gehasst haben, so wie er ihr Gesicht auf die Leinwand sprengte. Vielleicht brachte er sie zum Weinen, damit er sie später malen konnte.

Schließlich: *Der Dürerhase.*

Ich sagte: »*Der Dürerhase* – auch so ein Bild, das wir nicht zeigen.« und: »Komisch, alle fragen nach den Händen. Niemand will den Hasen sehen.«

Chris fragte:

»Welche Hände?«

Ich sagte: »Dürers.« Das Tippen wurde wieder lauter.

Die Frage, die der Moderator stellte, lautete:

»Welches dieser drei Bilder ist nicht von Picasso?«

Ich fand die Frage zu einfach. Auf der anderen Seite, was war schon einfach?

»Wer hat 2013 den Biathlon gewonnen?« Schwer, und handelte es sich nicht eigentlich um 2014? »Aber das ist doch einfach«, sagen die Biathleten.

Gut, der Typ hatte keine Ahnung. Die Uhr lief und man hätte meinen können, er ließ jetzt einfach die Zeit verstreichen.

»Also von Kunst…, ehrlich gesagt, ich habe keine Ahnung.«

Der Moderator lächelte ihm aufmunternd zu.

Na gut, er versuche es einfach mit dem Ausschlussprinzip. Die ersten beiden Bilder sähen gemalt aus. Picasso war Maler. Das dritte Bild sei hingegen kein Gemälde. Ich nickte, *Der Dürerhase*, stimmt, kein Gemälde. Ich vermutete: Aquarell.

Der Kandidat deutete auf das Tier und sagte:

»Das da ist ein Foto und deshalb kein Picasso.«

Ich setzte mich auf.

»Hast du gehört, was der Typ gesagt hat?«

Chris hatte sich in der Zwischenzeit Kopfhörer aufgesetzt und sah zu mir herüber, irritiert wegen meiner hektischen Bewegung.

Fragender Blick. Ich sagte, der Typ kenne den *Dürerhasen* nicht. Jetzt setzte sie den Kopfhörer wieder ab. Vorher war ich für sie nur ein Stummfilm im Standbild. Jetzt hatte ich mich bewegt.

»Er kennt wen nicht?«

Ich sagte:

»Den Hasen. Er kennt den Hasen von Dürer nicht.«

»Naja, muss man den kennen?«

Ich sagte, man könne zumindest erkennen, dass der Hase *nicht* fotografiert sei. Chris konnte mir nicht ganz folgen.

Ich fragte:

»Welche Bilder kennst du von Dürer?«

Sie sagte:

»Dürer – ist das nicht der mit den Händen?« und: »Stellt ihr den nicht gerade aus?«

Vielleicht musste man den Dürerhasen doch nicht kennen. Aber der Typ war noch jung. Er hätte meiner Meinung nach wenigstens erkennen können, dass das kein Foto war. Ich erklärte den Sachverhalt. Chris fand mich kleinkariert.

»Komm, Du weißt ja auch nicht, wer zuletzt die Tour de France gewonnen hatte.«

Das stimmte, war aber ein schlechter Vergleich. Die Medaille wurde ihm früher oder später sowieso wieder aberkannt. Dürer blieb immerhin Dürer.

Chris legte ihren Kopfhörer zur Seite. »Und jetzt?« Chris hatte ihre Angelegenheiten anscheinend zu Ende geregelt.

Ich sagte:

»Haruki hat uns einen Film ausgeliehen.«

Sie verdrehte die Augen, was ich ihr nicht übel nahm. Alle verdrehten die Augen, wenn Haruki seine Hand im Spiel hatte. Wir alle hatten mittlerweile Angst vor seinen Filmen.

Um was es denn ginge. Ich holte den Film aus meinem Rucksack.

Um irgendeinen amerikanischen Musiker, dessen Musik über Umwege nach Südafrika gelangt war. Dort wurde er bekannt, ohne dass er davon wusste. In Amerika hörte ihn niemand. Viel mehr wusste ich ehrlich gesagt auch nicht.

Chris war einverstanden, weil sie schon irgendetwas von dem Film gehört hatte und diese Geschichten über Musiker ganz gerne mochte. Ich wollte den Film auch sehen, weil ich nicht alle Filme Harukis ungesehen zurückgeben wollte.

Jetzt lagen wir beide schlapp auf dem Sofa, vielleicht um uns altersmäßig anzugleichen. Auf Sofas wirkte alles zeitloser.

Ein Musikreporter machte sich auf die Suche nach dem unbekannten Sänger. Wir lagen nebeneinander und suchten mit. Ich stellte mir einen resignierten Musiker vor, der an der Westküste Amerikas von Club zu Club tingelte. Der Erfolg wollte sich nicht einstellen. In einer Provinzzeitung erschien die Schlagzeile:

»Rodriguez übergießt sich auf der Bühne mit Benzin und zündet sich an.«

Die Titelseite der Zeitung wurde eingeblendet.

Ruckartig setzte ich mich auf:

»Dieses Arschloch.«

Chris sah mich irritiert an.

»Ich wusste es. Dieser Idiot. Entschuldige.« Letzteres galt Chris, deren Irritation allmählich in eine leichte Besorgnis umschlug. Sie war es nicht gewohnt, dass ich mich aufregte.

»Manche Musiker werden eben depressiv«, meinte sie verwirrt. »Schwieriges Leben usw. Sieh dir Amy Winehouse an.« Aber ich sah mir nicht Amy Winehouse an. Es ging auch nicht um Rodriguez. Ich schlug mit der Hand auf das Sofa, das sofort eine Staubwolke in die warme Heizungsluft hustete.

»Ich rede von Haruki. Er hat's versprochen. Er hat versprochen, dass niemand stirbt.«

Chris hatte immer noch die Fernbedienung in der Hand.

»Aber du kennst ihn doch.«

Und genau das sei der Punkt, meinte ich. »Ich kenne ihn nicht. Ich habe ihn noch nie gekannt.«

»Können wir jetzt trotzdem weitergucken?«

Sie hatte den Film angehalten. Ein glatzköpfiger Typ im weißen Hemd hielt immer noch mit müdem Arm die Zeitung in die Kamera.

Wie sich später herausstellte, war diese Selbstentzündungsgeschichte eine Zeitungsente. Gelogen, erfunden, was auch immer. Rodriguez tingelte weiter durch die Clubs und hielt sich mit Baustellenjobs über Wasser.

Die Tatsache, dass ihn irgendein Label auf seinem Siegeszug nach Südafrika um Millionen betrogen hatte, interessierte ihn nicht. Der Typ war cooler, als man ihn je hätte erfinden können.

»Es ist gar niemand gestorben«, meinte Chris. Ich nickte. War ich voreilig? Ich meine, natürlich war ich voreilig. Haruki hatte nicht gelogen. Er wollte mir nur nicht die Spannung rauben. Aber konnte man ihm deshalb zukünftig trauen?

»Würdest du Haruki trauen?«, fragte ich.

»Trauen? Wie meinst du das?«

»Na, generell. Wäre das ein Typ, von dem du sagen würdest: Der ist total ehrlich. Auf den könnte ich mich hundert Prozent verlassen.«

»Nein, natürlich nicht.«

»Wie, natürlich?«

Chris zuckte mit den Schultern:

»Der ist doch Künstler.«

Sie lächelte:

»Alle ein bisschen labil.«

War das der Moment, um gekränkt sein zu dürfen? Oder keine Künstlerin? Gab es ein Heft mit meinem Namen, in dem eine Martina nichts anderes notierte als: »labil«?

Zumindest würde niemals ein Kandidat in einer Quizshow behaupten, eines meiner Bilder könne ein Foto sein. Dazu waren sie eindeutig zu schlampig gemalt. Man hätte auch Verständnis für den Kandidaten, der gar nicht erst zugeben müsste, dass er von Kunst keine Ahnung habe. Mein Name würde aufleuchten und er könnte nach der Auflösung völlig unbesorgt fragen: »Wer ist das? Nie gehört.«

Dabei wäre ich so gerne so etwas wie *Dürer* gewesen – *Alberta*, die deutsche Malerin. In der Gegenwart hätte das geheißen – *Richter*, *Gerdi*. Aber wollte ich wirklich wie Richter sein, wo die Leute ja noch nicht einmal Dürer kannten? Ich beschloss, mehr über Dürer zu lesen. Es erschien mir traurig, dass der durchschnittliche Fernsehquizkandidat nichts über ihn wusste. Die Frage war nur, wann ich das tun sollte. Abends mit müden Augen? Und dann wollte ich ja auch noch malen – um was zu sein, berühmt? Berühmter als Dürer?

INA BRUCHLOS

geboren 1966 in Aschaffenburg, studierte Germanistik an der J. W. Goethe-Universität Frankfurt am Main und Kunst an der Hochschule für Gestaltung Offenbach, an der Academie van Beeldende Kunsten in Rotterdam und an der Hochschule für Bildende Künste in Hamburg. Seit 1998 ist sie freischaffende Künstlerin in den Bereichen Malerei und Literatur. Bei MTA hat sie mehrere Kurzgeschichtenbände veröffentlicht. Sie erhielt 2002 den Förderpreis für Literatur der Stadt Hamburg und ist Mitglied der Lesebühnen *Längs*, *Der Käs' im Gerippte*, *Hessen in Hamburg*, sowie *St. Pauli – eine große Liebe*.

Simone Buchholz
DAS WASSER IN MIR

Es war nie einfach nur Schwimmen, es war schon immer viel, viel mehr. Eher eine Art flüssiger Kern. Ich erinnere mich bis heute an den Moment, in dem mein Vater seine Hand unter meinem Bauch wegzog und ich wie von allein durchs warme Mittelmeer glitt, und wie selbstverständlich mir das vorkam. Da war ich sechs Jahre alt. Als ich acht Jahre alt war, mussten meine Eltern die örtlichen Rettungsschwimmer wochenlang nerven, damit sie mich endlich aufnehmen, weil ich so ein Riesentheater gemacht hab, dass ich da mitmachen will, und überhaupt nicht einsah, warum ich warten soll, bis ich zehn bin. Bis ich fünfzehn war, hab ich mich dann mit Hingabe im Wasser gequält – 50-Meter-Sprint, 100-Meter-Lagen-Staffel, noch schlimmer: die 200-Meter-Lagen-Staffel, Ringetauchen, Bahnentauchen, in Leinenklamotten schwimmen, die sich im Chlorwasser anfühlen wie Betonklamotten, und in genau diesen Betonklamotten andere Rettungsssschwimmer*innen retten, die so taten, als würden sie ertrinken, und die versuchten, dich zu erwürgen, sobald du sie aus dem Wasser ziehen wolltest. Und dann Rollenwechsel, selbst Ertrinkende spielen, selbst würgen, um beiderseits die komplizierten Polizeigriffe anzuwenden, die wir an Land für solche Situationen gelernt haben. Plus Wettkämpfe. Früh morgens in rumpeligen Sechserbussen in irgendeine nah oder auch ferner gelegene Kreisstadt fahren, dann den ganzen Samstag in einer stickigen Halle verbringen, permanent klebrig, schwer atmend und zusehends erschöpft.

Irgendwann hatte ich keinen Bock mehr, auch weil Mopeds, Musik und Jungs einfach wichtiger waren als Schwimmsport, und zumindest Jungs und Musik hab ich dann auch zu meinem Sport gemacht, Jungs mehr so nebenbei, zur Musik hab ich getanzt, bis ich Mitte zwanzig war. Schon wieder jedes Wochenende Wettkämpfe, tagsüber um Medaillen, abends und nachts um Jungs, beziehungsweise junge Männer, erstaunlicherweise haben auch die sich weiterentwickelt. Schwimmen war nur noch Freizeitvergnügen, also: baden. Mein größter Trick in jenen Jahren waren allerdings die nächtlichen Freibadeinbrüche, während derer ich – huhu, nackig – den anderen beim Schwimmen unter der Straßenbeleuchtung zeigen konnte, wo technisch der Hammer hängt. In meinen Dreißigern dann, wegen Schwangerschaft und generellem körperlichem Verfall, fing ich an zu laufen, Runden im Park, öde, anstrengend, nicht besonders effektiv, weil ich immer zu langsam war mit den Füßen auf der Erde. Na ja, wenigstens tat nichts weh, also nicht super schlimm weh. Das Bahnenziehen hatte ich über den Alltag vergessen. Nur ab und an mal, mit meinem Sohn im Freibad, klingelte etwas in meinem Hinterkopf. Aber offenbar nicht laut genug.

Im vorletzten Herbst sagte meine Freundin Jule nach mehreren Gläsern Rosé zu mir: Kommst du mit in die Ägäis? Jule machte das schon seit Jahren und erzählte mir oft davon, mit einem eigentümlichen Glanz in den Augen – ich sagte Ja. Wir meldeten uns an, für den darauffolgenden Sommer, und einen Monat später fing ich an zu trainieren. Morgens im kleinen St.-Pauli-Bad, 25-Meter-Bahnen, erst nur einen Kilometer, dann eineinhalb, bis zum Frühsommer waren wir gerade so bei zwei Kilometern, vier bis fünf Mal die Woche. Und Ende Juni stiegen wir jeden Morgen im Hafen von Milos auf ein Schiff, der Skipper und die Skipperin segelten uns in die eine oder andere Bucht und wir sprangen ins Wasser, mit sieben anderen Frauen und zwei mitgeschleiften Ehemännern. Drei Kilometer am Vormittag, zwei Kilometer am Nachmittag, zwischendrin gab es Saft und Tee und Kekse und ein leichtes Mittagessen an Deck, abends noch ein Bier und ein Glas Wein, einen Salat und ein bisschen Fisch, danach zehn Stunden traumlosen Schlaf. So viel zu den harten Fakten. Die soften Teile aber sind die eigentliche Geschichte – eine längst überfällige Reise zum flüssigen Kern meiner Existenz.

Also, schwimmen. Im offenen Meer.

Im klaren, salzigen Wasser der Ägäis. Ich hab Fische getroffen, wir haben uns zugelächelt. Ich hab versunkene Schiffe gesehen, ganz tief unten, ein Segelschiff zum Beispiel, spitzer Bug, da fehlte nur noch ein Galion und eine Figur. Lächeln in dem Fall eher nur von meiner Seite. Dann, gar nicht so tief unten im relativ flachen Wasser, ein antikes, versunkenes Dorf, drei Mauern im rechten Winkel um eine Feuerstelle. Respekt, sagte ich in Gedanken zu dem Dorf, dass du immer noch da bist nach all den Jahrtausenden. Respekt.

So wurde Zug um Zug ein Band geknüpft zwischen dem offenen Meer und mir, es begann am Nachmittag des zweiten Tages, als sich die Nervosität in den Wellen aufgelöst hatte, als ich spürte: Diese Welt ist nicht mein Feind. Sie tut mir nichts, wenn ich mich ihr hingebe. Das Wasser trägt mich, und je zugänglicher ich bin, je weniger emotionale und körperliche Grenzen ich ziehe, desto liebevoller tut es das. Ich erzähle es mal an den Felsen entlang: Felsen bereiten mir, als ehemaliger Rettungsschwimmerin, grundsätzlich Sorgen. An Felsen kann man sich böse verletzen, besonders wenn Wellen ins Spiel kommen, besonders im flachen Wasser. Rumms, wirst du da rangeschleudert, wenn es ganz dumm läuft, mit dem Kopf, und dann gute Nacht. An Land bin ich eine, die sich kaum Sorgen macht, ich renne relativ angstfrei durch mein Leben. Schneller, weiter, mehr, gib ihm, und wenn du eine gewischt kriegst, stehst du eben wieder auf und rennst weiter. Aber die Felsen stehen auch an Land in der Gegend herum. Das Dunkle, Massive, Unverrückbare schüchtert mich mehr ein als Höhe oder Tiefe oder Weite. Es ist das Unheil, das aus alten Strukturen gewachsene Böse, das diese enorme Festigkeit hat, eine alles und jeden verletzende Sturheit von zu Stein gewordenen Gedanken und Funktionen. Daran kann ich verzweifeln, dem habe ich nicht viel entgegenzusetzen, da greifen meine Strategien nicht – sich einem Felsen einfach entgegenstellen, juckt den nämlich gar nicht. Der bleibt trotzdem, wo er ist. Und im offenen Meer? Was mach ich jetzt mit euch, denke ich, schwimm ich einfach nur außenrum? Und wenn ja, wie, und verändert das die bleierne Art, mit der ihr hier Raum einnehmt? Zuerst versuche ich es mit dem Einfach-außenrum-Schwimmen, weil ich muss ja weiter, ich muss da ja durch. Ich lerne, schnell die Richtung zu wechseln im Wasser, ich kann plötzlich Neunzig-Grad-Winkel schwimmen, aber ich schlingere. Es fühlt sich nicht gut an, so wie ausweichen sich nie gut anfühlt. Doch irgendwann, aus der späten Mitte des zweiten Tages heraus, begreife ich, weil ich an einen Satz denke, den ein schwimmender Freund mal gesagt hat: Mit dem Wasser ist es wie mit Gefühlen, das musst du fassen. Also fasse ich das Wasser an. Öffne beim Kraulen unter Wasser meine Hände, spreize die Finger ein bisschen, sobald sie eintauchen, und immer mehr, je länger ich die jeweilige Hand nach hinten ziehe. Am Ende ist der gleitende Arm weit nach vorn gestreckt, während der ziehende Arm ganz leicht meinen Oberschenkel berührt. Es ist wie Streicheln. Als würde ich das Meer ganz zart hinter den Ohren kraulen und mich selbst irgendwie auch. Ich merke, dass mich das flexibler macht, das Navigieren wird noch leichter. Und dann passiert es: Ich schlage mit dem Knie gegen einen Felsen, nur ganz leicht zwar, aber es erschreckt mich, weil die Wellen gerade stärker werden. Ruhig, denke ich, das Wasser wird dir nichts tun, und um mich an dem beeindruckend langen Felsen – man sieht das Unheil in seiner ganzen Größe ja immer erst, wenn es wirklich da ist – nicht noch mehr aufzuschlagen, fasse ich ihn an. Genau so, wie ich das Wasser anfasse: Entschuldigung, darf ich mal kurz? Ich spüre seine Härte, seine Dichte, und dass es ihm scheißegal ist, was ich mache. Okay, denke ich, du mich auch, und so mache ich weiter, berühre stoisch jeden großen Stein, der mir im Weg liegt, erst nur zögerlich, dann entschlossener, am Ende stoße ich mich an den Felsen ab, nehme mir etwas von ihrer furchteinflößenden Kraft und wandele sie in Energie um, damit ich besser vorankomme. Als wir alle unbeschadet durch sind durch das Felsenfeld und zum Begleitboot schwimmen, um uns ein paar Hände voll Gummibärchen gegen das Salz im Mund abzuholen, sage ich leise: So, Freundchen. Ab jetzt wollen wir doch mal sehen. Wir sprechen uns morgen.

In diesem *morgen* waren es dann überraschenderweise nicht die Felsen, die mich testeten, es waren die Wellen.

Der Wind war über Nacht heftiger geworden und die Wellen vergleichsweise hoch, zumindest für eine Schwimmerin. Eineinhalb bis zwei Meter, schätze ich.

Schwimmt von der Küste zu dieser Felsformation da hinten, haben sie gesagt, behaltet das Ziel im Blick und bleibt zusammen.

Zusammengeblieben sind wir nicht, der Seegang war zu verwirrend, und alle schwommen so, wie sie eben konnten, los, ab zur Felsformation. Kurz hatte ich das Gefühl: Okay, wow, alles klar, das ist jetzt nicht ohne. Aber dann spürte ich, dass es gut gehen würde. Solange ich das abenteuerliche Gefühl nicht mit Panik verwechselte. Solange ich immer weiter zog, Arm für Arm, links, rechts, links, und dann atmete. Rechts, links, rechts, atmen. Ziehen, ziehen, ziehen. Atmen. Ziehen und atmen. Sich in der Richtung irren. Wasser schlucken. Nicht nervös werden. Dem Wasser vertrauen. Eine Kurve schwimmen. Ziehen und atmen und ankommen.

Herzrasen.

Am letzten Tag in der Ägäis dann, wir hatten eine Menge hinter uns, nicht nur kilometermäßig, schwamm ich erst schöne fünfzehn Minuten mit meiner Freundin Jule synchron, ohne dass wir darauf geachtet hätten, wir schwammen einfach nebeneinanderher aufs Boot zu, und es fühlte sich an, als wären wir zwei nur eine, später erwischte mich noch eine Feuerqualle am linken Oberarm, es zischte und brannte unter Wasser, aber es ist gut gegangen, und die Narbe trage ich, als wäre sie eine Auszeichnung.

Jetzt kann ich mit all dem nicht mehr aufhören. Es zieht mich ins Wasser, vor allem ins offene, ich schimpfe leise, wenn ich in einen Pool steige, weil das Salz im Wasser fehlt und es sich anfühlt, als hätte ich Beton an den Füßen und Händen, ich will dann einfach nur zurück ins Meer, will das Gefühl vom Fliegen wiederhaben, die Leichtigkeit, die das Salz den

Ozeanschwimmer*innen schenkt. Das treibt seltsame Blüten. Mitte Juli letzten Jahres hatte die Ostsee in der Flensburger Förde im Schnitt nur vierzehn Grad, an manchen Tagen schaffte sie auch siebzehn, an manchen nur zwölf oder dreizehn. Das kleine Meer hatte eine Woche zuvor offenbar eine Umwälzung erlebt, das kalte Wasser vom Grund war nach oben transportiert worden, und dieses tiefe Zeug hat üblicherweise die Temperatur eines schottischen Lochs, also vielleicht fünf oder sechs Grad. Und es wurde und wurde einfach nicht wärmer, dem norddeutschen Sommer fehlte die Kraft und die Hitze, die zur gleichen Zeit den Rest Europas glühen und brennen ließ. Drei Tage lang bin ich trotzdem schwimmen gegangen, im kurzen Neopren, immer so zehn oder fünfzehn Minuten, danach stieg ich fluchend wieder aus dem Wasser, mit tausend feinen Nadeln in den Beinen und im Gesicht. Am vierten Tag nahm ich den Bus zum Campusbad, um ein paar Studenten zu belästigen.

Aber am neunten Tag war es mir dann zu blöd, oder vielleicht war auch ich blöd, auf jeden Fall zog ich meinen Neo an und schwamm los, knappe zwei Kilometer vom einen Fördestrand zum nächsten. Es war einer dieser 13-Grad-Tage. So nach zwanzig Minuten spürte ich die Kälte nicht mehr, nach fünfundzwanzig Minuten hatte ich das Gefühl, dass es genau genommen in Ordnung wäre, auf diese Art zu sterben, nach vierzig Minuten fühlten sich meine Finger nicht nur steifgefroren an, sie waren es offenbar auch, und ich konnte sie nicht mehr schließen beim Kraulen. Die letzten zehn Minuten schaufelte ich mich irgendwie zurück an Land. Dort angekommen schaute mich das Strandvolk an, als wäre ich nicht ganz dicht, wobei ich mich nach fünfzig Minuten Wasserdruck auf mein vegetatives Nervensystem ziemlich dicht fühlte.

Als das Zittern und Zähneklappern auch in der Sonne einfach nicht aufhören wollte, schlich ich zum DLRG-Häuschen und bat um eine dieser Lebensrettungsdecken, die mir auch sofort ausgehändigt wurde, zusammen mit der Frage, wo ich denn herkäme, und ob ich eigentlich noch ganz dicht sei.

Ich saß dann bestimmt eine Stunde unter der dicken, grauen Notfalldecke am Strand, und während ich Stück für Stück durchgarte, kam mir eine Idee.

SIMONE BUCHHOLZ

geboren 1972 in Hanau, ist im Spessart aufgewachsen. 1996 zog sie nach Hamburg, wegen des Wetters. Ihre Romane erscheinen im Suhrkamp Verlag, die *Chastity-Riley-Reihe* wurde vielfach ausgezeichnet, u. a. mit dem *Deutschen Krimipreis* und dem *International Dagger Award*. 2022 erschien ihr Roman *Unsterblich sind nur die anderen*. Simone Buchholz wohnt mit ihrem Mann und dem gemeinsamen Sohn auf St. Pauli.

C. K. Thelen

HERZ BEDIENEN

Meine Mutter stützt ihre Arme auf den Küchentisch, betastet ihre Stirn da, wo sie neuerdings Kopfschmerzen hat. Meine Geschenke liegen vor ihr, es sind eine Wolldecke, die ich mir eigentlich nicht leisten kann, dazu ein paar Sachen, die in Norbek schwer zu kriegen sind: Gurken aus dem Spreewald. Bautzner Senf.

Kurti gießt meiner Mutter einen Kaffee ein und sagt:

So, nu' pack doch mal aus.

Er hat noch schmutzige Ränder unter den Fingernägeln. Die beiden haben den ganzen Nachmittag im Garten geackert und die Wurzel von dem alten Rhododendron ausgegraben.

Also?, frage ich, und meine Mutter beginnt in Zeitlupe, die Wolldecke aus der Tüte zu ziehen.

An diesem Tag in diesem Jahr besuchte ich sie und Kurti in dem Haus, das alle nur das Häuschen nannten. Eine schmale Straße führte dorthin, das Häuschen war wirklich winzig, aber hinter der Terrasse erstreckte sich ein herrlicher Garten, in dem meine Mutter alles anbaute, was sie in der Küche brauchte. Sie kannte hier jede Pflanze, jeden Halm. Und in meiner Kindheit, als ich noch klein war und nicht wusste, dass Kurti gar nicht mein richtiger Vater ist, in meiner Kindheit erklärte sie mir oft die Früchte der Sträucher und Beete, sie erzählte mir von den Eisheiligen, die ich mir vorstellte wie schneeweiße Königinnen.

Hinten am Zaun stand eine alte Buche. Zu irgendeinem Anlass hängte Kurti eine Schaukel in die Zweige, ein rotlackiertes

Brett, das mein Lieblingsplatz wurde. Ganze Sommer lang schwang ich auf und ab und sah den gebückten Rücken meiner Mutter jäten, buddeln und pflanzen. Nie störte ich sie dabei.

Denn ich war ein stilles Kind. Vielleicht ein bisschen zu still, meinten die Lehrerinnen.

***

Nun ist es fast acht Uhr abends, die Geschenke sind ausgepackt, und der Himmel ist noch taghell. Anfang Juli verschwindet die Sonne in Norbek nur für wenige Stunden. Meine Mutter hängt draußen über den Gartenstühlen noch schnell die Girlande mit der glitzernden Fünfzig für ihre Feier morgen auf. Anschließend will sie die Buletten vorbereiten. Kurti schlägt vor, erst mal ein paar Butterbrote zu essen. Er hat eine schöne Stimme, die man auch versteht, wenn er ganz leise spricht. Meine Mutter ignoriert seinen Vorschlag.

In zwanzig Minuten sind die Buletten fertig, sagt sie und greift nach einer Tablettenschachtel.

Gegen starke Schmerzen steht auf der Packung.

Wie läuft's in Berlin? fragt sie.

Der neue Chef nervt, sage ich.

Sie schluckt eine von den Pillen, wirft dafür den Kopf in den Nacken, damit die Dinger besser rutschen. Ich sehe ihren langen Schatten, die Abendsonne taucht alles in ein falsches Gold. Später, als die Buletten fertig sind und Kurti Fußball guckt, öffnen wir eine Flasche Sekt.

Jetzt schon?, frage ich.

Zur Feier des Tages, meint sie und drückt mir einen Brief in die Hand.

Weißte, den wollte ich dir nun mal endlich geben.

Ich halte ihn ganz fest, mache ihn nicht auf.

Ich frage stattdessen, ob in dem Brief steht, was ich seit fast dreißig Jahren wissen will: Wer mein Vater ist. Und vor allem: Ob ich ein Kind der Liebe bin oder der Gewalt.

In diesem Jahr, am Abend vor ihrem fünfzigsten Geburtstag, erfuhr ich von meiner Mutter schließlich, was vor meiner Geburt passiert war. Natürlich verriet sie nur das Nötigste, nur ein paar Fakten, ein paar Zahlen und Anekdoten. Dass sie ihn im Sommer 1989 kennengelernt hatte und er bei allen nur der Spanier hieß. Dass er für eine Zeitung arbeitete.

Irgend so ein Käseblatt, meinte sie.

1989 sollte er die Schwimmmeisterschaften der DDR fotografieren, von denen keiner ahnte, dass es die letzten waren. Er machte Bilder von der Magdeburger Schwimmhalle, von der Preisverleihung, von meiner Mutter. Nach dem Wettkampf gingen sie zu Freunden, wo alle nur von Ungarn sprachen.

Von der Flucht.

Der offenen Grenze.

Auch der Spanier wollte abhauen.

Und dann?, frage ich.

Meine Mutter steht auf, stützt sich auf den Tisch.

In der Schwimmhalle in Magdeburg, da gab's einen Parfümautomaten. Einmal draufdrücken und du hast gerochen wie 'n Puff.

Es ist kein weiteres Wort aus ihr rauszukriegen. Ich sehe es an ihren Augen, die Vorhänge sind zugezogen. Mehr wird sie nicht verraten. Ich versuche es erst gar nicht, ich weiß ja, wie fies sie dann werden kann. Dann kommen die Sätze, mit denen sie mich abwimmelt, mit denen sie mich auf Abstand hält, bis ich Ruhe gebe.

Nun reicht's aber.

Fängste schon wieder an.

Oder:

Wir sind bestens ohne ihn klargekommen.

Davon war sie ganz und gar überzeugt. Sie fand, dass es uns an nichts fehlte. Als ich mit sieben erfuhr, dass der Mann, der mich jeden Tag von der Schule abholte, weil meine Mutter arbeitete, nicht mein Vater ist, meinte sie bloß:

Was willst du eigentlich? So ein Papa wie der Kurti, da träumen andere nur von.

***

Die Nacht vor ihrem Geburtstag verbringe ich in meinem alten Kinderzimmer. Ihren Brief lese ich immer und immer wieder, durchsuche ihn nach verborgenen Botschaften, nach verräterischen Beschreibungen. Er ist mit dem Rechner geschrieben. Sie hat ihn ausgedruckt und zur Krönung mit *Deine Mutter* unterzeichnet.

Am Morgen wecken mich laute Geräusche. Irgendjemand schleppt was Schweres durchs Haus. Saugt das Wohnzimmer.

Nu' lass doch ma' gut sein, sagt Kurti, bevor er in den Garten verschwindet und meine Mutter anfängt, Mehl und Zucker aus dem Schrank zu holen.

Anschließend wirft sie die Küchenmaschine an. Sie will eine Eierschecke backen. Dresdner Eierschecke ist für sie das Allergrößte.

Aber mit Boden, verkündet sie. Und dafür Dinkelmehl nehmen. Außerdem …

Sie knallt eine zweite Tüte Mehl neben die Schüssel auf dem Tisch.

Geben wir ordentlich Butter und einen Löffel Roggenmehl dazu.

Und nur das Eigelb in den Teig, sagt sie zu mir und tippt mit ihren Mehlfingern auf den Tisch.

Merk dir das. Nur das Eigelb.

***

In den Wochen danach fing es an, dass Kurti mich spätabends manchmal anrief. Oft schien er nicht mehr ganz nüchtern zu sein. Er sagte, dass meine Mutter Aussetzer hätte und für eine Untersuchung nach Husum ins Krankenhaus müsse. Er fragte, wann ich denn Weihnachten nach Norbek komme. Ich ließ mich überreden, früher anzureisen und half ihm, den Baum zu schmücken. Meine Mutter hängte anschließend alles wieder um, weil wir die roten Kugeln nicht richtig verteilt hatten. Beim Essen behauptete sie, Kurti würde ständig ihre Sachen verstecken.

Welcher Spanier?, sagte sie, als ich nach meinem Vater fragte.

Fängste schon wieder an.

Den ganzen Heiligabend sprach sie nur über ihren Garten. Im nächsten Jahr wollte sie unbedingt Spargel anbauen.

So'n Spargelbeet, sagte sie. So'n Spargelbeet, das braucht einen sonnigen Platz, das braucht viel, viel Wärme.

Kurz nach Silvester meldete sich Kurti, nachdem sie im Baumarkt säckeweise Sand und Schaufeln gekauft hatte, aber nicht mehr wusste, was sie damit wollte.

Ich fuhr sofort hin und fand sie vor dem Fernseher, sie guckte eine Sendung über Wale.

Ihre Stimme war um einige Töne höher als sonst. Ein Singsang in einer hohen Geschwindigkeit. Als müsse sie sich mit dem Reden beeilen. Sobald ich meinen Vater erwähnte, griff sie nach ihren Tabletten und drückte eine davon in ihre Hand.

Wale können zweihundert Jahre alt werden, sagte sie. Haste das gewusst?

Sie kommt mir vor wie ein Schrank ohne Türen. Sie verschließt ihr Gesicht und lässt meine Fragen daran abgleiten.

Ich bin längst wieder in Berlin und mit ein paar Freundinnen unterwegs zum Mauerpark, da ruft sie völlig überraschend an. Sie keucht (oder ist das schon Röcheln?).

Meine Jenny. Wollte nur mal kurz hören. Wo biste denn?

Ihre Worte knistern wie aus einem anderen Jahrhundert. Dann bricht der Empfang ab.

Ich blicke auf eine grüne Wiese, die vor fast dreißig Jahren die Berliner Mauer war. Die Vögel fliegen von einer Seite zur anderen. Ein Spatz. Eine Krähe.

Es war eine andere Zeit, sagt eine alte Frau in einem Laden, wo ich Zigaretten kaufe.

Als ich meine Mutter das nächste Mal besuche, sieht sie aus wie eine Handvoll Haut in einem viel zu großen Bett. Um ihren Kopf ist ein dicker Verband. Manchmal starrt sie gebannt an die Krankenhausdecke, den Mund aufgesperrt wie ein hungriges Küken. Manchmal spricht sie sinnloses Zeug, als würde etwas in ihr überlaufen.

Sie musste sofort unters Messer, sagt Kurti mit seiner tiefen, schönen Stimme. Sie ist im Garten umgekippt.

Er weicht keine Sekunde von ihrer Seite. Und ich fahre jede freie Minute nach Norbek. Ich habe Angst, dass die Krankheit schneller ist als ich. Dass der Tumor alles verschlingt und die Erinnerungen auffrisst.

Ich frage immer und immer wieder, ob ich ein Kind der Liebe sei.

Tja, tja, tja, sagt meine Mutter.

Ihre Hände sehen nicht mehr nach Garten aus, und sie cremt sie nun ständig ein. Die Tuben liegen überall herum, in der Küche, an der Spüle, sogar neben dem Klo. Nach jedem Satz, nach jedem Schweigen steht sie auf, um ihre Creme zu suchen. Manchmal lackiert sie zitternd ihre Nägel und wedelt damit durch die Luft, damit sie trocknen. Bei einem Besuch steht sie dabei am Fenster und schaut in ihren Garten. Mit den frisch lackierten Nägeln streicht sie schließlich durch mein Haar, nimmt eine Locke, dreht sie um ihren Daumen.

Das schöne Haar, das haste von ihm, sagt sie.

Kurti bringt uns zwei Tassen Tee und klopft das Kissen auf, damit es meine Mutter bequem hat. An einem Nachmittag, kurz nachdem sie zum zweiten Mal operiert worden ist, zeigt er mir ein Foto. Er hat es beim Aufräumen unten im Schrank gefunden.

Ein Mann in einer blauen Hose und mit meinen Augen. Im Hintergrund ein morscher Bootssteg, eine Reisetasche und ein See, der zur Mitte hin immer dunkler wird. Zwei Räder lehnen an einem Baum.

Ich zeige das Bild meiner Mutter. Ihre Haare sind mittlerweile wie Spinnweben, durch ihre Haut kann ich schon ihre Seele sehen.

Ist er das? Und was ist das für ein See?, frage ich und deute auf das Wasser, das nicht wie Wasser aussieht.

Im Traum, in meinem Bett, schwimme ich mit ihr von einem Ufer zum anderen. Wir sind im Schutz der Dunkelheit ins Wasser gestiegen. Hinter uns silbrige Weiden, denen die Erinnerungen noch in den Ästen hängt. Unsere Räder haben wir im Gebüsch versteckt. Wir sind nicht allein. Jemand Drittes ist dabei. Jemand Unsichtbares, fast lautlos gleitet er an uns vorbei. In der Ferne Silhouetten der Wachtürme. Am Himmel tausend Arten von Schwarz.

Neun Monate nach der Flucht bin ich in Schleswig-Holstein zur Welt gekommen. Vater unbekannt, steht in meiner Geburtsurkunde. Von dem Spanier keine Spur. Meine Mutter traf allein im Aufnahmelager ein. Sie trug einen türkisfarbenen Trainingsanzug.

Eventuell war sie schon schwanger, als sie den Spanier kennenlernte.

Vielleicht sind sie durch den See und ihm ging mittendrin die Luft aus.

Schlechter Schwimmer, schreibe ich in mein Notizbuch und male ein großes Fragezeichen dahinter.

Mir fällt eine Situation ein, zwei Monate ist das her, meine Mutter hatte mittlerweile eine große Narbe auf dem Kopf und bügelte in der Küche ihre meerblaue Bluse.

Sie erzählte Geschichten aus meiner Kindheit, die Stimmung zwischen uns war entspannt.

Ich habe immer gern gebügelt, sagte sie und wirkte – wie soll ich sagen – sie wirkte irgendwie fassungslos.

Später saßen wir mit Kurti in der Küche und spielten Karten.

Ich fragte zum tausendsten Mal, ob ich ein Kind der Liebe sei.

Herz bedienen, sagte meine Mutter.

Eben waren zwei Männer da und haben sie herausgeschoben. Auf dem Tischchen liegt noch ihre Brille, als würde sie gleich wiederkommen. Da ist ihr Geruch. Ich inhaliere ihn. In Gedanken ordne ich ihre letzten Sätze, ich bin nicht sicher, was ich fühle.

Mir fällt ihr Lächeln ein.

Wie sie zum Schluss gelächelt hat.

Kurti meinte, dass sei das Morphium gewesen.

Aber das glaube ich nicht.

Meine Mutter sah mich an, lächelte und warf die Arme in die Luft, als würde sie jubeln.

Ich bin ganz sicher, dass es nicht das Morphium war.

C. K. THELEN

Master in Systematischer Musikwissenschaft, Romanistik, Linguistik. Freie Journalistin, Textchefin, Literaturredakteurin sowie Konzeptionistin und Produzentin für Buch- und Literaturbeilagen. Musikerin in diversen Band- und Kunstprojekten. Seit 2020 zusätzlich Lehrbeauftragte der HAW für journalistisches Schreiben. Seit Herbst 2022 Mitglied im *writers' room*. Schrebergärtnerin und überraschte Trägerin der *Silbermedaille 2021 für naturnahes Gärtnern* des Landesbundes Gartenfreunde in Hamburg. Kind? Ja.

Leonhard Hieronymi

DER HEILIGE GLENN BURKE

Ich bin am 30. Mai 1995 in San Leandro an AIDS gestorben. Aber manchmal denke ich, es wäre besser gewesen, hätte ich mir vorher eine Kugel in den Hals gejagt.

Man muss die ganze Zeit sein Bestes geben, um niemandem auf den Geist zu gehen, das ist im Prinzip die einzige Aufgabe, die du als Lebender hast. Ich weiß, J-Mac, du bist neu hier. Und es tut mir echt leid, dass ich dir gleich blöd mit irgendwelchen Weisheiten komme. Aber irgendwie habe ich das Gefühl, dass ich dir das sagen muss – sieh es als freundlichen Hinweis! Die sind hier rar!

Du bist Sportler, so wie ich, hast du gesagt: Basketball an der De Anza High School, ich weiß, ich weiß. Und du bist unten in – wo sagtest du? North Richmond? – vor einem Laden erschossen worden? – Jesus Christus. Hör zu, ich plaudere normalerweise nicht so viel, aber du liegst mir am Herzen, du bist wirklich die einzige Person, der ich freiwillig von meinem Ableben erzähle, ich schwör's dir. Ich mach es kurz.

Es war so: Eigentlich dachte ich schon 89, dass es mit mir zu Ende geht. Ich hab während des Loma-Prieta-Erdbebens im Knast gesessen: Der Gefängnisboden schwappte wie das Meerwasser draußen in der Bucht, Betonstaub rieselte auf uns herab, das ganze Programm. Doch die Wärter haben die Notausgänge verschlossen gehalten, also sind ein paar Mithäftlinge und ich danach auf die Barrikaden gegangen. Aber die haben sich einen Scheiß darum gekümmert. *Ihr sitzt im Knast*, haben sie gesagt, *ihr habt Frauen vergewaltigt, Kinder drogenabhängig gemacht und zerstückelte Menschen in Mülltonnen gestopft, wir scheißen auf eure Angst.* Dabei habe ich keiner Fliege was zuleide getan, ganz ehrlich, J-Mac. Ich wurde dummerweise das ein oder andere Mal mit ein wenig Kokain erwischt. Ich war zwar nicht abhängig, aber es hat mir eine Zeit lang geholfen, um die Schmerzen in meiner Hüfte zu lindern, die ich seit einem Autounfall hatte. »Autounfall«, in Anführungszeichen: Ich war an einem warmen Montagabend *zu Fuß* unterwegs und in einer Kurve, die die Pacific Avenue in der Nähe der Sechzehnten macht (ich stand mitten auf der Straße und hatte Grün), fährt mich ein Toyota Supra über den Haufen. Ich bin bestimmt siebzig Fuß weit die Straße runtergeflogen und dabei die ganze Zeit, auch zum Zeitpunkt des Aufschlags und danach, bei Bewusstsein geblieben. Ein halbes Jahr später konnte ich wieder spielen, aber wegen der Schmerzen hab ich häufiger als zuvor zum Kokain gegriffen, das mir die Polizei natürlich, als sie mich damit erwischte, nicht wirklich als Schmerzmittel durchgehen ließ.

Und dann bin ich einfach nicht zu diesen beschissenen Anhörungen gegangen. Ich hab Angst gehabt! Mir war nicht wirklich klar, dass sie mich deshalb abholen und in den Knast stecken würden. – So ähnlich war es auch beim zweiten und dritten Mal. Und so war es auch bei allen anderen, die ich kannte: Die Polizei kam auf die Partys, durchsuchte dich, nahm dir dein Zeug ab, Geld, Drogen, alles. Und meistens bist du dann im Knast gelandet.

Ich hatte Glück, dass sie erst ein Jahr, bevor ich an dran glauben musste, das verdammte three-strikes law in Kalifornien durchgesetzt haben, aber das weißt du bestimmt besser als ich. Gibt es das überhaupt noch? Dreimal verurteilt und dann lebenslang? Nach der dritten Verurteilung wäre ich also im Knast an AIDS gestorben.

Dass sie dieses Gesetz ausgerechnet nach dem three-strike im Baseball benannt haben, geht mir bis heute nicht aus dem Kopf. Du musst wissen, ich war Pitcher in der ersten Liga, bei den Los Angeles Dodgers. Ich hab 77 die World Series mit ihnen verloren und wurde danach an die Oakland A's verkauft, deren Stern damals schon am Sinken war, nachdem sie von 72-74 die Weltmeisterschaft gewonnen hatten, blablabla. Jedenfalls: Als ich 78 die Küste hoch zu den A's ging, war ich berühmt. Aber weniger wegen meiner Fähigkeiten als Pitcher (ich hab nur zwei Homeruns geschlagen), als vielmehr für eine Erfindung, die sich kurze Zeit später als *High five* etabliert hat. Das musst du dir mal vorstellen. Die Dodgers schmeißen mich raus und geben mich an das Loser-Team der A's weiter, sie downgraden mich, als herauskommt, dass ich schwul bin und mit Spikey, dem Sohn des Managers, abhänge. Aber gleichzeitig bin ich berühmt dafür, dass ich nicht wusste, was ich mit meiner Hand machen sollte, als Dusty Baker seinen dreißigsten Homerun der Saison geschlagen hatte. Ich wusste einfach nicht, wohin mit meiner Freude ,und hab die flache Hand über meinen Kopf gehalten und wollte, dass er *seine* flache Hand nimmt und mich abklatscht.

Ich habe noch zwei Saisons für die A's gespielt. Aber meine Karriere war durch, als sie da auch herausgefunden haben, dass ich schwul bin. Anschließend hab ich noch in der Gay Men's Softball League mit Dragqueens wie Glenda »Boom Boom« Black gespielt und Medaillen im Hundert- und Zweihundertmeterlauf bei den Gay Games gewonnen. Danach kam der Autounfall, dann das Kokain, dann der Knast, dann AIDS. Mit 46 war ich eine Leiche.

Sieh dich um, J-Mac. Jetzt bin ich einer der wenigen, die hier noch immer abhängen. Ich hab mich lange nicht mit dem Gedanken an Erlösung anfreunden können. Ich hab mich bisher einfach nicht getraut, obwohl ich immer einen guten Draht zu Gott hatte.

Komm mit, wir gehen ein wenig zusammen.

Man kann es nicht wirklich gehen nennen, oder?

Aber man kann auch nicht wirklich stolpern, also: Blick nach oben, los! Der orange Himmel über der Bay –

Ich seh' fast täglich, wie sich jemand über das California Memorial Stadium hinten in Berkeley verabschiedet. Du hast es bestimmt auch schon beobachtet: erst der Schrei des Schreckens (oder des Sieges, man kann sich nie sicher sein), dann der Feuerknall, dessen Strahlkraft mein Nachbar George – du hast ihn kennengelernt, er ist Dichter – mir gegenüber mal ganz passend als Materienlichtblüte bezeichnet hat.

Ich verspüre eine gewisse Zuneigung zu allen, die, wie du und ich, geblieben sind, glaub mir.

Und du hast bestimmt schon Virginia kennengelernt.

Nicht? Das alte Kindermädchen von Jack London?! Ist dir noch nie über den Weg geschwebt?!

Wundert mich, weil sie sagt, dass sie nur hier sei, um denjenigen die Entschlossenheit zurückzubringen, die sie verloren haben und deshalb noch nicht *vorangeschritten* sind. Manche glauben ihr, manche nicht. Mit mir ringt sie schon fast seit einem Vierteljahrhundert, haha. Aber ich bin noch immer hier. (Überleg dir das mal! Ich zähl jetzt vierundzwanzig Jahre seit meiner Verlegung in die Holzkiste.)

Bei dir wird es auch so sein: Erst kommen sie noch regelmäßig, dann immer seltener und irgendwann gar nicht mehr und du hast keine Ahnung, ob sie's auch erwischt hat; die einzige

Möglichkeit, das zu erfahren, wäre, dich als Materienlichtblüte zu verabschieden.

Aber eins sag ich dir, der Abschied aus diesem Zwischenreich hier wird immer schwerer, wenn man einmal anfängt, sich Gedanken zu machen. Es ist so, wie wenn du von einer Klippe ins Meer springen willst – mach es sofort oder du machst es nie.

Und deshalb spreche ich mit dir, J-Mac! Hör mir zu! Hier ist JEDER Tag gleich. Noch schlimmer als bei den Lebenden. Tu, was ich dir sage, du bist clean, davon bin ich überzeugt. Verschwinde von hier, solange du noch kannst.

Was?

Warum *ich* so viel Schiss davor habe?

Weil ich dreimal im Gefängnis war, Drogen genommen habe, schwul bin und AIDS hatte. Ich war obdachlos, meine Schwester wurde durch eine geschlossene Toilettentür erschossen, und ich hab mich für den ganzen Scheiß schuldig gefühlt. Unglaubliche Schuldgefühle hatte ich! Und selbst für meine Jahre im Castro, drüben in San Francisco – also für die einzige Zeit, in der es mir wirklich gut ging, in der ich high war –, ausgerechnet für diese Zeit fühle ich mich *noch* schuldiger. Gott mag es mir verzeihen, aber die Menschen nicht. Also: Wenn ich heute endlich als Materienlichtblüte aufsteige, an welchen Toren werde ich dann klopfen? An denen aus Luft oder an denen aus Blut? Im Prinzip ist es egal, aber was passiert, wenn das JENSEITS von Menschen verwaltet wird?!

Virginia hat mir tausendmal versichert, dass meine Seele rein ist, aber ich glaube ihr nicht. Sie war das verfluchte Kindermädchen von Jack London, welche Aufgabe sollte sie *sonst* haben als die, uns davon zu überzeugen, ins Paradies zu flitzen? Vor zwei Tagen allerdings ist etwas Seltsames passiert. Etwas, das mich von meiner Leichenlethargie befreit hat. Inzwischen überlege ich deshalb ernsthaft, ob ich noch einmal einen Versuch wage, von hier zu verschwinden. Es war so (du hast es nicht mitbekommen, das war vorgestern, du bist hinten an den Drehkiefern umhergeschweift), vor zwei Tagen war hier ein Pärchen, es ist plötzlich zwischen zwei freudvoll an mir vorbeischwebenden, gallertigen Kugeln aufgetaucht. (Noch einmal! Das Leben hier ist so was von gleichförmig und ich sehne mich nach jedweder Form von Abwechslung, deshalb entgeht mir nichts!) Der Typ war ziemlich groß und, ohne ihm zu nahe treten zu wollen – obwohl: Ich bin tot und er wird's auch irgendwann sein ... Himmel, scheiß drauf, er war ziemlich *fett*! Er war so groß wie ich, und seine Begleitung war furchteinflößend geschminkt, und wenn ich an Boom Boom denke, dann war sie eine Witznummer dagegen. Jedenfalls: Es kommt ja nicht gerade häufig vor, dass sich ein paar Goths hierher verirren. Und noch viel erstaunlicher ist, dass der große Junge meine Biografie *Out At Home* in der Arschtasche seiner Jeans stecken hatte. Das schöne Buch war von seinem viel zu dicken Hintern schon ganz zerbeult. Ich hab es kurz vor meinem Tod zusammen mit dem Sportjournalisten Erik Sherman geschrieben, und ich kann nicht wirklich sagen, wie es gelaufen ist, aber plötzlich – als diese beiden Teens doch tatsächlich vor *meinem* Grab zum Stehen kamen –, plötzlich überkam mich das Gefühl, dass ich bei den Lebenden eine richtige Berühmtheit geworden sein könnte: ein Heiliger! Ich war absolut versessen darauf, herauszufinden, woher dieser Typ meine Biografie hatte und was das bedeutete. (Mir entging vor lauter Aufregung vollkommen, wie die beiden Freaks einen toten Boxerhund aus einer Decke wickelten und sich betend um ihn setzten.)

Ja, J-Mac, ich weiß, was du denkst, weil ich dasselbe dachte: Ich habe von einigen verlorenen Seelen gehört, die es getan haben. Und auch ich wollte es versuchen, ich wollte dem Dicken ins Rückenmark kriechen und herausfinden, ob ich bei den Lebenden eine Berühmtheit bin. Also wegen des *High fives*, du weißt. Oder vielleicht sogar wegen des Schwulseins. Aber Virginia war in der Nähe, und James, der Schriftsteller. Und die beiden haben mir die Nummer schließlich ausgeredet. Ich habe mich beruhigt, und zusammen haben wir die Goths belauscht. Wir mussten über ihre Worte lachen, und sie haben ihn bestimmt gespürt, den Windhauch.

»Wusstest du, dass es in Amerika mehr Geister gibt, als in Europa?«, hat die Frau gefragt.

»Nein«, hat der schwere Junge geantwortet.

»Ja, beziehungsweise GAR KEINE. Nur in Amerika haben sie die Wahl, also Erlösung oder für immer die Zwischenwelt. Die meisten verabschieden sich aber sofort.«

»Wo hast du das her?«

»Habe ich in einem Roman gelesen.«

Und so weiter und so weiter.

Wir gehschwebten den beiden einige hundert Meter hinterher, folgten ihnen, flüsterten ihnen ins Ohr. Wir hatten lange nicht mehr so viel Spaß. Besser gesagt: noch nie. Und auf einmal war mir klar: Es wird nicht besser. Ich sollte schleunigst verschwinden.

Ich weiß jetzt, dass die zwei Goths ein letztes Zeichen waren, die letzte Aufforderung zur Erlösung. Und ich weiß, dass Virginia aus irgendwelchen Gründen nicht mehr verschwinden kann und dass sich James zum Chronisten berufen fühlt, obwohl er gar nichts aufzeichnen kann und jeden Tag nur lethargischer wird. Und als ich dich gefragt habe, J-Mac, da hast du ja auch gleich den Kopf geschüttelt und mir wurde klar, dass ich nicht berühmt bin und kein Heiliger. Außer vielleicht, und das hat alles geändert, in den Köpfen dieser zwei Freaks. Und das reicht mir, J-Mac, ganz ehrlich.

Was hältst du von meiner Rede? Denkst wohl, ich sei irre. Aber wenn du dir das überlegst: Fünfundzwanzig Jahre! Auf dem Berg unter der Erde. Mach nicht denselben Fehler wie ich. Lass mich kurz *durchatmen*. Aaaah! Schau dich um. Lass uns fliehen. Komm mit mir! Es hat keinen Sinn. Ich will kein Geist mehr sein. Das Größte, was dir hier noch passieren kann, ist, dass dich ein paar Freaks anbeten. Wir wollen uns als Materienlichtblüte verabschieden. Aaaah! Aaaahahaha! Ich will mich *nie* wieder in den Stein legen, wo es nach altem Laub und Schimmel riecht.

LEONHARD HIERONYMI
hat Theaterwissenschaften studiert, er kann Theater nicht ausstehen. Er ist freier Autor. Seine Texte handeln von Speiseeis, Friedhöfen, Jodie Foster und hier zum ersten Mal von Baseball. Sein Roman *Der gute König* erscheint 2023 bei Hoffmann und Campe, Harvestehuder Weg 42.

Kristine Bilkau

ANFÄNGE, CHLORWASSER UND ERINNERUNGEN

Der erste Tag im Freibad nach der Winterpause. Ende Mai, später Vormittag, der Himmel ist bedeckt, das Wasser hat endlich die 18 Grad, die es braucht, damit der Betrieb öffnen kann. Das fünfzig Meter lange Becken ist fast leer, ein Mann mit Brille und zaghaftem Lächeln, eine Frau mit hochgestecktem grauen Haar, darin eine bunte Kunstblume, ziehen langsam ihre Bahnen, die Bademeisterin steht am Beckenrand. Der Mann wechselt zwischendurch ein paar Worte mit ihr. Wie glücklich er sei, endlich wieder hier sein zu können, das Wasser sei kalt, genau richtig kalt, so wäre es doch am schönsten. Kaum dass ich im Becken bin, nickt er auch mir zu und sagt, »einfach schön, oder?« Feierlich, an diesem grauen Tag im Mai, an dem noch etwas Regen in der Luft liegt und der Wind sich nicht wirklich frühlingshaft anfühlen will, aber das Becken in verlockendem, sommerlichem Türkis leuchtet, an diesem Tag geht es zwischen uns, die wir diesen Moment teilen, feierlich zu.

Während der ersten Minuten schwimme ich langsam, fast andächtig. Ich will alles in mich aufnehmen, die hellgrünen Baumkronen, das Licht dieses verhangenen Tages, den Geruch von nassen Blättern und feuchtem Gras, die Stille in diesem fast leeren Bad. Ich schwimme ohne viel Kraftanstrengung, sanft teile ich das Wasser und bewege mich gemächlich fort, nichts kostet Mühe, alles ist leicht. Erst nach der fünften oder sechsten Bahn setze ich die Brille auf und lege an Tempo zu. Brustschwimmen, ich tauche unter und strecke mich, tauche auf und hole Luft, tauche wieder unter. Das Wasser ist heute weich, es bietet mir keinen Widerstand, wie sonst manchmal, wenn das Vorankommen mühsam scheint, auch das Atmen eine Schwere hat, als wäre ich nicht im Wasser, sondern müsste wie eine Bergsteigerin eine Anhöhe bewältigen. Nicht jeder Schwimmtag ist gleich gut. Doch heute, heute mag mich das Element und nimmt mich freundlich auf. Eine Bahn nach der nächsten lege ich zurück und gerate in diesen schwerelosen Zustand. Jede Bewegung geschieht von allein, ich vergesse meinen Körper, bestehe nur noch aus Energie und dieser Leichtigkeit. Fast ist es wie Träumen, wenn sich auch die Gedankenräume von allein öffnen, sich neue, überraschende Verbindungen bilden, ein Gewebe aus Erinnerungen und Ideen, wenn alles eine Sanftheit hat und zugleich kristallklar scheint.

Beim Schwimmen muss ich manchmal an die Freibadstunden im Juni 2020 denken. Dieser einprägsame Sommer nach den langen, seltsamen Wochen und Monaten des Zurückgezogenseins. Als es den meisten von uns zu Hause entweder zu eng oder zu einsam geworden war. Der Juni brachte endlich Erleichterung, die Infektionszahlen waren niedrig und die Freibäder öffneten ihre Türen. Mit einigen Auflagen, damit das Bad nicht überfüllt sein würde. Man musste seinen Eintritt online im Voraus buchen und sich dabei für die Morgenstunden, für den Mittag, Nachmittag oder Abend entscheiden. Die Anzahl der Tickets war für jedes Zeitfenster begrenzt, verfügbar waren sie jeweils für den aktuellen Tag, für den nächsten und übernächsten. Anfangs stieß ich jedes Mal, wenn ich die Webseite aufrief, auf ausgebuchte Tage. Ganz gleich, wann ich mich bemühte, ich war zu spät. Als ich endlich durchschaut hatte, dass man den Shop am besten kurz nach Mitternacht besuchte, wenn das System gerade den übernächsten Tag freigeschaltet hatte, kam ich an die erste Eintrittskarte für das Bad in meiner Nähe. Von da an machte ich den mitternächtlichen Kauf zum Ritual.

Zu Hause fand der Alltag an einem großen Tisch statt, den ich mir mit meinem Kind teilte. Während es lernte, Physik, Latein oder Mathe anhand von ausgedruckten Übungsblättern, Videokonferenzen und YouTube-Tutorials zu bewältigen, versuchte ich, mich auf das Schreiben zu konzentrieren, und im Rückblick sehe ich mich vor allem zwei Dinge tun: Ich schien ständig damit beschäftigt, eine Spülmaschine einzuräumen und wieder auszuräumen, und ich flüchtete so oft ich konnte ins Freibad.

Das Schwimmbecken wurde zu meinem Rückzugsort, an dem ich mich nicht nur bewegen, sondern auch in Ruhe nachdenken konnte. *Ein Zimmer für mich allein*, um es mit Viragina Woolf zu sagen, das hatte ich – wie viele andere auch – während dieser Zeit und, wie sich herausstellen würde, während des kommenden Winters nicht mehr, aber für eine Weile gab es für mich diesen Raum unter freiem Himmel, den ich mir zwar mit anderen teilte, in dem ich aber trotzdem für mich war.

Hin und wieder kam es vor, dass ich mich zu müde fühlte, um Schwimmen zu gehen, oder ich der Meinung war, dass ich es mir zeitlich nicht erlauben konnte, diese ein oder zwei Stunden im Freibad zu verbringen. Und dann überwand ich mich, manchmal nur halbherzig, packte das Handtuch ein und ging los, denn sobald ich einige Bahnen geschwommen war, spürte ich, wie dieses Durcheinander aus Gedanken, Ideen und

Sorgen sich nach und nach beruhigte und ordnete, und wie ich mich wieder meinem Alltag gewachsen fühlte, mit einem Gefühl der Zuversicht. Nachdem ich tausendfünfhundert Meter geschwommen war und an der Leiter aus dem Becken stieg, etwas kühlen Wind auf der nassen Haut, fühlte ich mich wie Wonder Woman. Schwimmen, soviel weiß ich inzwischen, löst keine Probleme, aber es kann für Klarheit und Mut sorgen, um sich ihnen zu stellen.

Am liebsten ging ich bei Nieselregen ins Freibad, denn dann waren weniger Leute als sonst dort. Der weiche, feine Regen sorgte für gedämpfte Stille. Es war ein perfekter Tag zum Schwimmen. Vereinzelt glitt jemand durch das Wasser, verborgen hinter einer getönten Kunststoffbrille, eine Frau trug Neoprenanzug. Es waren vor allem sportliche Leute unterwegs, die konzentriert das Becken durchkraulten. Und während ich ebenfalls meine Bahnen zog, im gewohnten Rhythmus, abtauchen und strecken, auftauchen und Luft holen, wieder abtauchen, sah ich auf einmal meinen Vater. Er schwamm schräg vor mir, langsam kraulend. Ich erkannte seine Arme, sein Gesicht von der Seite, unter Wasser seine Beine und seine blassen Fußsohlen. Ein Mann von Ende Vierzig, Anfang fünfzig, das Alter, in dem er während meiner Kindheit und frühen Teenagerzeit gewesen war. Die Jahre vor der Trennung meiner Eltern.

Mein Vater war, im Sommer 2012, fast achtzigjährig verstorben. Nun schwamm er vor mir her. Genau jetzt, in dieser Zeit, in der in so vielen Familien, Städten, Regionen und Ländern um Covid-Opfer getrauert wurde, um Menschen, von denen oft kein Abschied möglich gewesen war. Eine Zeit, in der sich uns die Bilder von menschenleeren Straßen in Paris, Barcelona oder New York eingeprägt hatten und wir so viele

Geschichten gehört und gelesen hatten, von Menschen, die in ihren Wohnungen vereinsamten, in der auch ich mich ratlos oder erschöpft fühlte und mich der Gedanke an den kommenden Herbst und Winter beklommen machte. In all dem spürte ich auf einmal das stille Wohlwollen meines Vaters. Als würde er sich freuen, mich hier zu wissen, mich, die Tochter im Alter von Mitte vierzig, Mutter eines jungen Teenagers, den er nur als Kleinkind gekannt hatte, Autorin, die er nur als schüchterne Stipendiatin von Literaturwerkstätten erlebt hatte.

Ich stellte mir vor, wie wir uns am Beckenrand trafen und er sagte: *Du schwimmst also noch immer gern. Wie schön! Und überhaupt, mach weiter so!* Nur das, ganz einfach. Und dann begannen wir die nächste Bahn, er ein Stück schräg vor mir, sodass ich ihn weiterhin sehen konnte.

Die nächsten Male im Freibad dachte ich mir meinen Vater ganz gezielt herbei, und tatsächlich, es funktionierte. Nach und nach leuchteten außerdem Momente aus meiner Kindheit auf, Bilder und Erlebnisse, an die ich lange nicht gedacht hatte. Mein Vater am Mittelmeer, wie er im hüfthohen Wasser steht, wie er sich nach vorn beugt und kopfüber eintaucht, seinen breiten Rücken im Meer versenkt, ohne lautes Platschen, ohne große Welle, wie er einige Meter taucht und dann loskrault. Er war ein ziemlich guter Schwimmer.

Und dann, ein verregneter Sommer in Dänemark, in Nordjütland. Ich bin sechs Jahre alt und mein Vater bringt mir das Schwimmen bei, im Hallenbad einer Feriensiedlung, aus der Perspektive des Mädchens in einem endlos großen Becken. Die Siedlung gibt es noch, ich habe mir Fotos angesehen, das Becken ist keine zwanzig Meter lang, doch erstaunlicherweise schieben sich meine Erinnerungsbilder immer wieder vor diese Fotografien. Das Mädchen zappelt und hält entschlossen das spitze Kinn über Wasser, es hört die beruhigende Stimme seines Vaters – *Langsam, nicht so hastig mit den Armen rudern, langsam. Es kann dir nichts passieren* – und spürt seine stützende Hand unter dem Brustkorb. Es strampelt durch das petrolfarbene Wasser, getragen von dieser Hand, hinter den großen Fenstern Dünen und Regenwolken. Und während es weiter hektisch die Arme und Beine bewegt, wie ein kleiner, dünner Frosch, blickt das Mädchen einmal kurz zur Seite und stellt fest, dass da niemand mehr steht und dass da auch keine Hand mehr unter dem Brustkorb liegt. Dieser Moment des Erschreckens, dann der Verblüffung, dann des Glücks: Ich bin geschwommen. Nichts anderes als die Bewegung meiner Arme und Beine hat es bewirkt. Genau, wie es mein Vater mir versprochen hatte. Ihm zu vertrauen war richtig gewesen. Er hatte recht, ich bin nicht untergegangen. Das ist es, das Schwimmen. Oder so, zumindest, beginnt es.

Abtauchen, strecken, auftauchen, Luft holen, den Blick auf die türkisen Kacheln gerichtet, ließ ich die Erinnerungen kommen und ziehen, und es fühlte sich ähnlich an, wie durch alte Familienfotos zu gehen. Bilder der eigenen Eltern, auf den Fotos jünger als man selbst heute, Bilder von Zimmern, eingerichtet mit Möbeln und Kleinigkeiten, die so nicht mehr existieren. Man betrachtet die Gesichter und Gesten, die Kaffeetassen und Bücherregale mit Neugier, man achtet auf die Details, ob man neben dem Vertrauten etwas Neues oder Ungewöhnliches entdeckt, etwas, das man erst jetzt, mit zeitlichem Abstand, verstehen oder einordnen kann oder das im Nachhinein eine kleine Überraschung bietet.

Mein Vater und ich unternahmen früher, an den Wochenenden, oft Ausflüge in Schwimmbäder, ins örtliche Hallenbad oder in weiter entfernte Wellen- oder Freizeitbäder. Als Siebenjährige war es für mich ein seltsamer, ein gewöhnungsbedürftiger Moment, wenn mein Vater und ich uns vor den Umkleidetüren des Schwimmbads trennten und ich allein, mit der Münze in der Hand, den Frauenbereich betrat. Wenn ich mich umgezogen hatte und kurz darauf im Duschraum stand, umgeben von erwachsenen, fremden Frauen, deren Körper ich verstohlen ansah, um dann schüchtern wegzublicken, und wenn ich schließlich ins Hallenbad trat, mich nach meinen Vater umsah und sich jede halbe Minute des Wartens schrecklich dehnte. In unbekannten Bädern erschienen mir damals die langen Flure zwischen Umkleiden, Duschen und Halle wie ein großes Labyrinth.

Ich gebe seinen Namen hin und wieder ins Fenster der Suchmaschine ein, obwohl ich eigentlich weiß, dass nur wenige Treffer erscheinen, mein Vater hat kaum digitale Spuren hinterlassen. Doch einmal tauchte zu meiner Überraschung ein alter Zeitungsartikel auf, ein Datum Mitte der Fünfzigerjahre. Offenbar war ein großer Schwung vergangener Jahrgänge der Zeitung digitalisiert worden, und das Archiv war öffentlich zugänglich. Es war eine knappe Meldung: Mein Vater hatte im Hamburger Hafenbecken jemanden vor dem Ertrinken gerettet und war vom Bürgermeister dafür mit einer Uhr geehrt worden. Erstaunt las ich die Zeilen noch einmal und noch einmal.

Er hatte mir nie etwas davon erzählt. Mitte der Fünfzigerjahre hatte er entweder noch studiert oder war erst seit kurzer Zeit als junger Ingenieur zur See gefahren, was er bis in die Sechzigerjahre getan hatte. Diese Geschichten kannte ich.

Ich versuchte mir vorzustellen, wie die Szene abgelaufen sein könnte. War der Mann ein Hafenarbeiter gewesen, ein Seefahrer oder ein Spaziergänger? Hatte mein Vater an einem der Anleger gestanden und einfach nur im richtigen Moment einen Rettungsreifen geworfen? Oder war er selbst ins Hafenbecken gesprungen? Und was dann? Die zweite Variante, obwohl ich sie selbstverständlich beeindruckender als die erste fand, erschien mir so gut wie unmöglich. Wer an der Elbe aufwächst, weiß, wie gefährlich es ist, in das braune, trübe Wasser mit seinen starken Unterströmungen zu springen, die schweren Frachter mit ihren mächtigen Schiffsschrauben nur wenige Meter entfernt. Umso erstaunter war ich, dass ich nie etwas von diesem Vorfall gehört hatte. Andererseits, es passte zu meinem Vater, zu seiner Zurückhaltung. Er redete nicht viel über sich. Für Aufmerksamkeit, die sich auf ihn richtete, hatte er sich nie besonders interessiert. So wenig wie für Uhren. Eher für Kompasse und Luftdruckmessgeräte – in seinem Arbeitszimmer hatte immer ein Kompass im Regal gelegen und ein Barometer an der Wand gehangen. Auch wenn er mir diese Geschichte von der Rettung eines Menschen vorenthalten hatte, die Liebe zum Wasser zusammen mit dem angemessenen Respekt vor dem Element, das hatte er mir hinterlassen.

An einem Mittag während des Sommers 2020 bestellte ich mir am Kiosk im Freibad eine Portion Pommes, im Hintergrund lief ein Hit aus den Achtzigern, *Words don't come easy*. Ein Song, den ich als Kind im Küchenradio oder auf Autofahrten viele Male gehört hatte, ohne dass ich sagen könnte, wer ihn gesungen hatte. Nun erinnerte ich mich daran, wie ich den Refrain als Kind mit Fantasieworten leise mitgesungen hatte – *Gemurmel,*

Gemurmel, Du-ka-misi –, und für einen kurzen Moment war diese kindliche Perspektive auf einmal präsent. Das sechsjährige Mädchen, das gerade schwimmen gelernt hatte und an einem Samstag im Hallenbad ihr Seepferdchen machte, mit ihrem Vater an der Seite, der sie aufmunterte, als sie in sehr flachem Wasser nach einem roten Plastikring tauchen musste. Meine Mutter nähte das Stoffabzeichen für mich an den Badeanzug, mit groben, ungelenken Stichen, weil sie nicht nähen konnte.

In einem der Kästen mit alten Fotos und Unterlagen, die meine Mutter aufbewahrt hatte, fand ich einen Brief meines Vaters, er hatte ihn etwa ein halbes Jahr nach der Trennung der beiden geschrieben. Das Zuhause des eigenen Kindes aufzulösen und ein neues zu erschaffen, das muss für sie anstrengend gewesen sein, sie wurde von ihrem Arzt zur Kur geschickt. Während der für mich langen Zeit – damals bekam man noch sechs Wochen verschrieben – passte meine Oma auf mich auf.

Der Brief von meinem Vater an meine Mutter ist an die Kureinrichtung adressiert, es ist ein freundlicher und zugewandter, kein dramatischer Brief, meine Eltern waren nicht zerstritten, sondern gingen versöhnlich miteinander um. Ich liebe diese Zeilen, besonders den Teil, in dem er davon erzählt, dass meine Oma ihn zum Essen zu uns eingeladen hatte. Der kommende Sonntag sei nun verabredet, schrieb er meiner Mutter, und dann: *Werde versuchen, Kristine zu überreden, daß wir vorher zum Schwimmen gehen.*

Es ist ein beiläufiger Satz, nichts Besonderes, dennoch macht es mich jedes Mal froh, wenn ich ihn lese. Ich muss etwa zwölf Jahre alt gewesen sein, und wie der Brief andeutet, hatte mein Interesse an den Ausflügen ins Hallenbad wahrscheinlich etwas nachgelassen. Die Teenagerzeit brach an. Aus heutiger Sicht bedaure ich, dass wir dieses Ritual nicht etwas länger beibehalten oder auch später wieder aufgenommen hatten. Aber so ist es nun einmal, ein Mädchen von zwölf, dreizehn Jahren und älter hat andere Dinge zu tun, als mit seinem Vater ins nahe Hallenbad zu gehen. Es lässt sich nicht ändern, beim Großziehen von Kindern gibt es diese letzten Male, es gibt so viele davon, und man bemerkt sie im Alltag nicht einmal, das letzte Mal, wenn das Kind bei einem Gewitter oder Albtraum schlaftrunken ins Elternbett schlüpft, das letzte Mal, dass man sein Kind auf dem Schoß oder auf dem Arm tragen kann, bevor es zu groß dafür ist, das letzte Mal, dass man dem Kind aus einem Buch vorliest, oder das letzte Mal, dass man gemeinsam ins Schwimmbad geht. Und andersherum, ist es mit denen eigenen Eltern nicht viel anders. Das letzte gemeinsame Essen, das letzte Gespräch über ein interessantes Buch oder ein politisches Ereignis, das letzte Telefonat wegen einer Verabredung oder einer Besorgung. Wahrscheinlich ist es besser, über diese unzähligen letzten Male nicht allzu zu oft oder zu lange nachzudenken.

Im Freibad, immerhin, zog mein Vater schräg vor mir seine Bahn, ich konnte seinen regelmäßigen Armschlag und seine Fußsohlen unter Wasser sehen. Bisher war es mir als etwas Selbstverständliches erschienen, dass er mir das Schwimmen gezeigt hatte. Doch während dieser Monate im Sommer 2020, als das 50-Meter-Becken im Freibad zu meinem Rückzugsort wurde und sich Chlorwasser und Kindheitserinnerungen mischten, da fühlte ich mich nachträglich umsorgt und aufgehoben. Jemandem das Schwimmen beizubringen, das ist ein Akt der Fürsorge, manchmal auch der Liebe. Es ist etwas Bleibendes.

KRISTINE BILKAU

geboren 1974, studierte Geschichte und Amerikanistik in Hamburg und New Orleans. Ihr erster Roman *Die Glücklichen* fand ein begeistertes Medienecho, wurde u. a. mit dem dem Hamburger Förderpreis für Literatur ausgezeichnet und in mehrere Sprachen übersetzt. Ihr dritter Roman *Nebenan* erhielt 2021 den Hamburger Literaturpreis und stand 2022 auf der Shortlist für den *Deutschen Buchpreis*. 2023 erscheint *Wasserzeiten. Über das Schwimmen* beim Arche Verlag, ein autobiografisches Buch über ihre Liebe zum Schwimmen. Kristine Bilkau lebt mit ihrer Familie in Hamburg. Bei dem vorliegenden Text handelt es sich um einen Auszug aus *Wasserzeiten*.

Andreas Moster
ALS VATER

Robert machte Frühstück.

Er schnitt Obst und kochte Haferflocken, presste Orangen aus, nahm seine Tabletten. Gerade stieg der Tag über die Häuser auf der anderen Straßenseite, und er sah eine Weile zu, wie der Himmel seine Farben änderte, auf eine hellsichtige Art übermüdet, weil er Ada erst spät in ihrer Wiege hatte ablegen können, in der sie auch jetzt noch im Wohnzimmer schlief. Auch Kara war noch nicht wach. Robert würde sie schlafen lassen, solange es ging. Jede Minute war wertvoll, er kannte es von sich selbst, die Euphorie, wenn er aufwachte und auf dem Radiowecker erkannte, dass er eine halbe Stunde über seine eigentliche Zeit hinaus geschlafen hatte, die Dankbarkeit, dass Kara ihn hatte schlafen lassen, die Verpflichtung, etwas mit jener zusätzlichen Energie anzufangen, die er nach den geschenkten Minuten in sich spürte. Er setzte Kaffee auf, das Gurgeln der Maschine, widerstand der Versuchung, zu schnell, zu heiß zu trinken, setzte sich mit der Tasse an den Tisch und betrachtete den über der schwarzen Oberfläche kräuselnden Dampf. Zwei Trainingseinheiten lagen vor ihm, vormittags Schnellkraft, nachmittags Technik. Noch schienen sie ihm unvorstellbar weit entfernt, unvorstellbar, diesen von der Nacht gelähmten Körper durch die Wiederholung verschiedener Sets an seine Grenze zu führen und in einem letzten Set über die Grenze hinaus in den Bereich des Leistungszuwachs, in einem allerletzten Set diesen Leistungszuwachs zu stabilisieren, und schließlich, in einem wirklich allerletzten Set, zu spüren, wie ihm dieser Körper in eine undurchdringliche Schwärze entglitt, aus der er erst nach ein paar Sekunden wieder zurückkehrte. Unvorstellbar, aber Robert wusste, dass es gehen würde. Im Bad putzte er sich die Zähne, Karas Zahnbürste fehlte, dann zog er sich an und packte seine Tasche, holte die Trainingsklamotten vom Balkon und die Schuhe aus der Garderobe. Karas Jacke fehlte. Er suchte unter den anderen Jacken, hob sie an und schob sie zur Seite, Karas Mantel fiel herunter und blieb liegen. In der Schale, in der das Kleingeld und die Schlüssel lagen, fehlte ihr Schlüssel. Robert öffnete die Schlafzimmertür. Das Bett war gemacht, die Tagesdecke faltenfrei und parallel zum Holzrahmen aufgezogen. Licht fiel in einem breiten Korridor durch die geöffneten Vorhänge, im Halbdunkel der Kleiderschrank und sein Nachttisch, darauf Bücher, Pillendöschen, ein Wasserglas.

Kara fehlte.

Robert zwang sich zu atmen, tief und regelmäßig, schloss kurz die Augen und öffnete sie wieder. Kara machte einen frühen Spaziergang (wozu dann die Zahnbürste?). Kara hatte eine Nachricht erhalten (von wem?) und musste wegen eines Notfalls für ein paar Tage weg (wozu dann die Heimlichkeit?). Sie hatte ihn im Wohnzimmer schlafen lassen wollen (warum dann kein Zettel?), würde ihn gleich anrufen (warum nicht längst?) und ihm sagen, wann sie zurückkäme (wann?). Er ging in die Küche, öffnete den Kühlschrank, sah, dass sie keine Milch abgepumpt hatte. Ada musste gestillt werden, warum also die Zahnbürste? Robert ging ins Bad und suchte im Mülleimer. Er durchsuchte den Mülleimer in der Küche und den Papierkorb im Flur, nahm sein Handy und rief Kara an. Der Teilnehmer war zurzeit nicht erreichbar. Er hinterließ keine Nachricht, legte auf, rief sofort wieder an, sprach nach dem Signalton.

»Hey, ich frage mich, wo du bist, ruf doch kurz zurück, ich muss gleich zum Training und …«

Im Wohnzimmer fing Ada an zu schreien. Roberts Magen zog sich zusammen, und er lief zu ihr, nahm sie hoch und drückte sie an sich, trug sie durch die Wohnung, während er noch einmal vergeblich Karas Nummer wählte. An seiner Schulter bäumte sich Ada gegen seine große Hand. Er versuchte, sie mit Sch-Lauten zu beruhigen, brummte Lieder, Bruchstücke davon, legte sie auf ihre Spieldecke unter den Bogen mit den baumelnden Tieren, tippte den Affen an. Ada, die Augen zusammengekniffen, schrie sich in Rage. Er tippte den Löwen an, tippte das Flusspferd an, ein plumpes, fast rundes Tier, tippte den Elefanten an und spürte in den Sekunden des Ausbaumelns die ganze Vergeblichkeit seiner Versuche, nahm Ada, nachdem alle Tiere wieder still hingen, hoch und trat mit ihr ans Fenster.

Sie musste trinken, und er hatte nichts.

Eine solche Armut hatte er noch nie erlebt. Ohne Mittel gegen den Hunger seiner Tochter hätte er irgendjemand sein können, eine beliebige Person dort unten auf der Straße, ein Fremder für dieses Kind, dem es gegen seinen Willen in den Arm gelegt worden war. Im Licht, das durchs Fenster und die Balkontür fiel, tanzte der Staub fast schwerelos, darin eine gefährliche Lähmung, abzuwarten und die Schreie auszuhalten, bis Ada vor Erschöpfung wieder eingeschlafen wäre. Noch einmal rief er Kara an, dann trug er Ada zum Wickeltisch ins Bad, zog sie in einem langen, erbitterten Kampf aus, wickelte sie, zog sie an. Ada wand sich, trat, zappelte. Wieder nahm er sie hoch und drückte sie an sich, flüsterte ganz nah an ihrem Ohr, bis sie kurz ihr Toben unterbrach und zuzuhören schien, nicht überrascht, sondern für einen Moment beruhigt, als er das Wesentliche noch einmal wiederholte:

»Ich bin bei dir, alles wird gut.«

Mit Ada im Maxi-Cosi fuhr er in die Drogerie, um Milchpulver zu besorgen. Die Kundinnen drehten sich zu ihm um, sahen, was er selbst in den spiegelnden Flächen hinter den Waren sah: Ein monströs Großes und ein verschwindend Kleines, das Kleine gegen sein Verschwinden anschreiend, das Große in seiner Monstrosität fast lächerlich, wie ihm nichts Besseres einfiel, als das Kleine in seiner Schale hin- und herzuschwenken und ihm mit seiner riesigen Hand immer wieder über das Gesicht zu streichen. Er kaufte zwei Sorten Pre-Milch, dazu ein Fläschchen mit unterschiedlichen Saugaufsätzen. Auf der Rückfahrt dämmerte Ada kurz weg, schreckte umso heftiger hoch, als er sie abschnallte und im Maxi-Cosi aus dem Wagen hob. Natürlich die Hoffnung, dass Kara zurück wäre, als er mit ihr die Wohnung betrat. Er rief ihren Namen in den leeren Flur, lauschte mit wild schlagendem Herz, weil er die Konfrontation fürchtete, die auf eine Antwort folgen musste, Vorwürfe und Rechtfertigungen, irgendeine Art von Versöhnung, so hoffte er, auch wenn er sich nicht vorstellen konnte, was um alles in der Welt Kara würde vorbringen können, um ihn zu besänftigen. In der Küche bereitete er die Milch entsprechend der Packungsaufschrift vor. Kochte Wasser im Wasserkocher, gab drei gestrichene Messlöffel Milchpulver in die Flasche, wartete, bis das Wasser etwas abgekühlt war, und füllte die Flasche auf hundert Milliliter auf. Beim Schütteln fühlte sie sich viel zu heiß an, also ließ er kaltes Wasser ins Spülbecken und hielt die Flasche hinein. Ada schrie. Das kalte Wasser betäubte seine

Finger, sein ganzes Empfinden betäubt von dem Gedanken, dass seine Tochter kein Teil von ihm war. Sie existierte nur für sich, erlebte ihr eigenes Leid, von dem er sich lediglich einreden konnte, er spüre es selbst. Dabei spürte er selbst keinen Hunger. Spürte Kara nicht, wie Ada es tat, als eine Mutter, die nicht da war, spürte nicht, auf dem Rücken liegend, die Welt als eine Leere über sich, in der Karas Gesicht wie ein Himmelskörper hätte schweben sollen. Als er sich über sie beugte, war er sich der Enttäuschung bewusst, die er seiner Tochter bereitete. Er bemühte sich umso mehr, sprach umso zärtlicher, hielt sie im Sessel umso sanfter mit der linken Hand, während er mit der rechten die Flasche an ihre Lippen führte.

»Jetzt wird alles gut, meine Kleine.«

Ada verstummte und nahm den Sauger in den Mund, für eine Sekunde interessiert an dem fremdartigen Material, *100 % Latex, der Mutterbrust nachempfunden*, weit geöffnet, wie zwei Fenster in ihr forschendes, tastendes, schmeckendes Bewusstsein, ihre an den Rändern geröteten Augen. Robert lächelte sie an, Ada warf sich zurück. Fast rutschte sie ihm vom Arm, das Gesicht zu einer Fratze verzerrt, aus ihrem Mund ein Brüllen, dem er nichts entgegenzusetzen hatte. Kein Wort, keine Geste.

Ada trank nicht.

Sie trank nicht, nachdem er den Sauger ausgetauscht hatte, trank auch die andere Sorte nicht, die er mit zitternden Händen zubereitete, trank nicht mit Musik oder als er den Sessel vorschob und sich mit ihr vor den Fernseher setzte. Er versuchte es mit verschiedenen Temperaturen und Orten, in der Küche auf einem Stuhl, im Schlafzimmer auf dem Bett, kühlte die Milch herunter und erhitzte sie deutlich über

Körpertemperatur, machte eine Pause und trug sie durch die Wohnung, setzte sich wieder in den Sessel, flehte sie an.

»Bitte, trink doch.«

Er träufelte einen Tropfen Milch auf seinen kleinen Finger und schob ihn vorsichtig in Adas Mund. Sie saugte daran und ihre Därme lösten sich schmatzend, er spürte es an der Hand, roch es eine Sekunde später. Eine Weile saßen sie so da, im Fernseher die grellen Fetzen eines Cartoons, an den Wänden Licht, Unmengen von Licht, die ungehindert durch die Scheiben fluteten.

Nach dem Wickeln fiel Ada in einen unruhigen Schlaf. Er legte sie in der Wiege ab und verließ das Wohnzimmer, wählte im Flur Karas Nummer, während er ihren Mantel aufhob und an die Garderobe hängte. Danach sprach er Torsten auf die Mailbox und entschuldigte sich dafür, dass er beim Training gefehlt hatte. Er werde morgen wieder da sein, spätestens übermorgen, wahrscheinlich morgen, ganz sicher.

Morgen.

Seine Gedanken eilten voraus, über die nächste Nacht in den nächsten Tag, Karas Schritte im Flur, das leise Schließen der Wohnungstür, wie sie die Jacke an die Garderobe hängen und die Tür zum Wohnzimmer einen Spalt öffnen würde, ihr schmales Gesicht körperlos schwebend in der Dunkelheit des Flurs. Robert hätte dort verweilen wollen: Im Moment ihrer Rückkehr, den er sich ganz gegenwärtig vorstellte, frei von allem, was geschehen war und geschehen würde, sodass er weder Angst noch Wut empfand, sondern nur grenzenlose Erleichterung. Es gelang ihm nicht; seine Gedanken hetzten weiter, geradlinig wie Hunde auf einer Spur, rechts und links, aufscheinend und wieder verblassend, Schnappschüsse der nächsten Tage, das Training, das er verpassen würde, Adas abnehmender Zustand, Krankenhausflure und Behandlungszimmer, eine Sonde in Adas Magen, ein Schlauch in ihrem Arm, die Gedanken fliegend so kurz vor dem Ziel, aber Robert riss sie zurück, versagte ihnen die Möglichkeit, die er nicht denken wollte und trotzdem ein einziges Mal dachte. In der Küche schenkte er sich ein Glas Wasser ein. Auf eine einfache, kindliche Art wollte er die Lippen fest zusammenkneifen, wollte nicht trinken, wenn Ada nicht trank, wollte sich weigern, wie sie es tat, wenn er sonst schon nichts tun konnte. Ein Verrat, das Glas anzusetzen und in einem Zug zu leeren, der letzte, nachlaufende Tropfen ewig unterwegs, bevor er über den gerundeten Rand auf seine Zunge fiel. Er stellte das Glas auf der Arbeitsplatte ab, zuckte vor dem Klirren zurück. Alle Geräusche verwiesen darauf, dass Ada gerade nicht schrie, ein Zustand, der ihm schon nach diesen wenigen Stunden unnatürlich vorkam. Die Krankenhausbilder kehrten zurück, tonlos die Maschinen, schweigend die Ärzte, Ada in ihrem Bett, von allen Schläuchen befreit. In der Stille der Wohnung spürte Robert die Verantwortung, seine Tochter am Leben zu halten. Er setzte sich zu ihr an die Wiege und überwachte die Signale, ihren Brustkorb, der sich kaum wahrnehmbar hob und senkte, ihre Augäpfel hinter den fast transparenten Lidern.

Am frühen Nachmittag trank Ada zwanzig Milliliter.

Nachdem sie aufgewacht war und eine Stunde gebrüllt hatte, Arme und Beine zuckend in der Luft, als würde sie fallen, die Milch in allen Varianten verweigert hatte, sich gewunden und aufgebäumt hatte gegen alles, was er versuchte, zunehmend heiser, zunehmend panisch in ihrer Spirale aus Hunger und Verzweiflung, austrocknend, auf der Zunge ein weißlicher Belag, den er nicht kannte, gab Ada plötzlich auf und trank. Robert küsste ihre Stirn, während er die Flasche hielt und mit geschlossenen Augen dem Sauggeräusch lauschte, lobte sie flüsternd, *so ist gut, meine Kleine, so ist es ganz gut*, öffnete die Augen, nickte ihr zu. Das Glück der zwanzig Milliliter durchströmte ihn, als hätte er sie selbst getrunken, bis in die letzte Verästelung seines Körpers eine prickelnde Wärme, wie er sie aus den seltenen Momenten des Ausdauertrainings kannte, wenn das Endorphin ihn seiner Schmerzen enthob und für eine Minute im Einklang mit der Welt schweben ließ. In seiner Euphorie weichten alle Verhärtungen gegen Kara auf. Er dachte daran, mit welcher Selbstverständlichkeit sie Ada direkt nach der Geburt gehalten hatte und Ada an ihrer Brust zur Ruhe gekommen war, ein Ganzes aus zwei Menschen, die in einem anderen Aggregatzustand lediglich fortsetzten, was vor neun Monaten in Karas Gebärmutter begonnen hatte. Er dagegen, ein Fremder im Hintergrund des Kreißsaals, stumm und zurückhaltend, um Ada nicht zu überfordern, und weil er selbst in höchstem Maße überfordert war. Mit einem Blick lud Kara ihn ein dazuzukommen. Trotz der Schmerzen konnte sie schon wieder lächeln, lächelte, bis er neben dem Geburtstisch auf die Knie ging und seine Wange vorsichtig an Adas Rücken legte, ihr Herzschlag ein in die Luft geworfener Kolibri, frenetisch flatternd, obwohl sie selbst ganz still lag. Kara nahm seine Hand und führte sie zu Adas winzigen Fingern, die seinen kleinen Finger umklammerten, ein Reflex, nichts weiter, den alle Neugeborenen besaßen. Sie hielt ihn lange, ließ erst los, als er aufstand und zur Seite trat, damit die Hebamme Ada nehmen und vermessen konnte. Auf Karas Gesicht sah er den Trennungsschmerz. Sie hatte nie darüber gesprochen, was es für sie bedeutete, ein Kind zu bekommen, nur dass sie es von Anfang an wollte, unbedingt wollte, nachdem es nun einmal passiert war.

»It's the right thing for us, baby, trust me.«

»Du weißt, wie es bis Peking sein wird. Noch fast zwei Jahre.«

»Don't worry. I got this. We're gonna be a beautiful Kleinfamilie.«

»Das sagst du jetzt. Now it's still easy.«

»Du bist doch hier. You're home everyday. You're here every night.«

»Was ist mit den Wettkämpfen, den Trainingslagern?«

»Fuck your Trainingslager!«

»Wenn ich weg bin, bist du mit allem allein. Ich kann mich nicht so kümmern wie andere Väter, zumindest am Anfang nicht.«

»Du wirst es gut machen.«

»Vielleicht nicht gut genug.«

»We're gonna be fine. The little jelly bean is gonna be fine.«

Sie hatte ihre Hände auf den damals noch vollkommen flachen Bauch gelegt, begegnete Roberts Blick mit einer solchen Klarheit und Überzeugung, dass er keinen Widerspruch fand. Seine Abtreibungsgedanken sprach er nie aus. Er dachte sie für sich, wenn er mit dem Fahrrad zum Training fuhr, niemals in Karas Anwesenheit, als täte er etwas Verbotenes, das sie ihm vom Gesicht würde ablesen können. Ein kurzer Eingriff und alles würde so bleiben, wie es war. Ein kurzer Eingriff, aber kein kleiner, ein schwerer Eingriff in Karas Körper, um das beginnende Leben herauszuholen und zu beenden. Entlang des Kanals, stadtauswärts unter den Linden, betrachtete er die Kinder, die ihm entgegenkamen, fragte sich, wann das Leben in Karas Gebärmutter zum Kind werden würde, ab welcher Größe, ab welcher Komplexität, welche Organe und Körperteile sich ausbilden mussten, damit er es nicht mehr als etwas Allgemeines wahrnahm, sondern seine Einzigartigkeit erkannte. Eine Hälfte von ihm, eine von Kara, Finger, die sich auf eine charakteristische Weise krümmten und wieder öffneten, ein Gesicht mit unverwechselbaren Zügen, weil Karas und seine Gene sich zu einem neuen Menschen entschlossen hatten. Er wusste es theoretisch, fühlte es nicht. Brauchte er einen Kosenamen, wie Kara ihn ständig benutzte? Jelly bean. Kleine Bohnen aus Zucker, Stärke, Aromen und Farbstoffen, die sie abends vor dem Fernseher in einer festen Reihenfolge aus der Tüte aß, Buttered-Popcorn, Lemon Drop, Cotton Candy, Plum, Buttered-Popcorn, Lemon Drop, Cotton Candy, Plum, bis diese vier Sorten aufgebraucht waren, danach alle roten, Strawberry Jam, Very Cherry, Cinnamon, Red Apple, danach die grünen, blauen gelben, zuletzt, fast widerwillig, die braunen und schwarzen, Chocolate Pudding, Cappucino, Licorice. Unablässig lagerten sich die Zellen in Karas Gebärmutter an. Wenn man das Leben rechtzeitig aus ihr herausholte, würde es keinen Raum in der Welt einnehmen, Karas Bauch würde nicht wachsen, die Proportionen ihrer Beziehung blieben erhalten. Ein kurzer, aber schwerer Eingriff. Mit jeder Fahrt zum Training rückte der Tag näher, ab dem er gesetzlich nicht mehr erlaubt sein würde, und Robert fuhr zugleich darauf zu und davon weg, sehnte sich nach der Endgültigkeit und fürchtete sie, weil sie unumkehrbar nur in eine Richtung wies. Im Sessel sitzend betrachtete er seine Tochter, die nur lebte, weil sie nicht abgetrieben worden war. Aus ihrem Mundwinkel lief Milch, ein dünner Faden, kaum wahrnehmbar auf der blassen Haut, antrocknend, noch bevor er das Kinn erreichte. *My little bean, she's gonna be fine, we're gonna be fine, don't you worry 'bout a thing.*

Sie kämpften sich durch den Nachmittag und den Abend in die Nacht.

Nach den zwanzig Millilitern schrie Ada noch hysterischer als zuvor, unterbrochen von kurzen delirierenden Phasen, in denen sie die Lippen fest zusammenpresste und den Kopf mit geschlossenen Augen immer wieder von rechts nach links warf. Das Wenige war zu viel gewesen und davon viel zu wenig. Mehrfach machte Robert neue Milch und schüttete sie, nachdem Ada sie verschmäht hatte und die Milch abgestanden war, in die Spüle, das Abkippen des Handgelenks zunehmend mechanisch, eine dem Bewusstsein entkoppelte Bewegung, deren Ausführung er komplett seinem Körper überließ und wie von außen beobachtete. Im Ausguss die nachziehenden Schlieren der Milch. Er folgte ihnen in die Tiefen des Rohres, spülte mit Wasser nach, das er viel zu lang laufen ließ. Eine weitere Verschwendung nach der Milch. Für eine Sekunde erlaubte sich Robert seine Erschöpfung, hielt die Hand unter den dichten Strahl, bevor er sie wegzog und das Wasser abstellte. Aus der nächsten Flasche trank Ada fünfzehn Milliliter. Vom Glück, das er auch diesmal empfand, war die Euphorie schon abgeschliffen, ein nüchternes Glück, das ihn weniger kostete, keine Erinnerung, keinen Gedanken daran, wie es gewesen war und sein würde. Er streichelte Adas Wange, küsste ihre Stirn. Wie ein Versprechen lag Karas Gesicht unter Adas Zügen, die

Ähnlichkeit so offensichtlich, dass Karas Mutterschaft nie in Zweifel stehen würde, während er selbst nur behaupten konnte, Adas Vater zu sein. Undeutlich erkannte er sich in ihren Augen, eine Spiegelung, die verschwinden würde, sobald er sich aus ihrem Blickfeld entfernte. Also entfernte er sich nicht. Wiegte sie im Arm und sang ihr Lieder, wickelte sie, zog sie an für die Nacht. Auf der Schulter trug er sie durch die Wohnung, bis sie eingeschlafen war. Die Räume lagen im Dunkeln, eine Stille im ganzen Haus, keine Musik, keine zu laut gestellten Fernseher, keine Nachbarn, die polterten oder sich anschrien. Robert setzte sich in den Sessel und legte sich Ada auf den Bauch, atmete regelmäßig im Rhythmus ihres Schlafes. Erst jetzt spürte er, dass er nicht trainiert hatte. Unter der Haut lagen die Muskeln hellwach, über sechshundert Tiere, nervös, kauernd, vor Unruhe kribbelnd, weil sie nicht wie gewohnt gefordert worden waren. Bei den nächsten Tests am Freitag würde er sehen, was ihn dieser Tag gekostet hatte. Karas Abwesenheit als einbrechende Kurve in den leistungsdiagnostischen Diagrammen, eine Evidenz in den Daten auf Torstens Laptop, die er auch dann noch würde nachvollziehen können, wenn Kara längst wieder zurückgekehrt war. Er schaltete den Fernseher an, stellte den Ton so leise, dass er die Stimmen gar nicht und die Musik nur als Wechsel zwischen tief tönenden Bässen und klirrenden Höhen wahrnahm.

An Bord der *Nostromo*.

In den Hyperschlafkammern erwachte die Besatzung, während Robert Mühe hatte, die Augen offen zu halten, und immer wieder wegdämmerte, hochschreckte, überwältigt von der Fremdheit der außerirdischen Strukturen, die Eier unter einer bläulichen Dunstschicht zugleich fossiliert und fleischig, dicke Schleimhäute, die sich wie Blüten zum Licht öffneten. Er kannte den Film, hatte keine Fantasie zu Ripley, vielleicht weil sie ganz anders war als Kara. Schwarze Locken, ein hartes, kantiges Gesicht. Ihre Ausgestoßenheit ging ihm nahe. Allein mit dem Organismus, treibend unter der Aufsicht von *Mutter*. Ada regte sich auf seiner Brust, und er streichelte sie entlang des Rückgrats, fürchtete im Halbschlaf, die Wirbel könnten sich in einer Art Schwanz fortsetzen, mit dem der Organismus seine Bewegungen stabilisierte und sich an der Decke hielt, bevor er auf Ripley herabstürzte. In den Schächten der *Nostromo* war das Licht nur ein schwacher Trost. Draußen war es dunkel, und Ada lag wieder ruhig, still treibend das Schiff in der unendlichen Schwärze.

ANDREAS MOSTER

geboren 1975 in Bad Bergzabern. Nach einem fruchtlosen Studium der Englischen Philologie, Geschichte und Kommunikationswissenschaft in Münster lebt und arbeitet er seit 2003 als Autor und Übersetzer in Hamburg. Verheiratet, Vater zweier Töchter, deshalb nur bedingt schreib- und gesellschaftsfähig. Sein erster Roman *Wir leben hier, seit wir geboren sind* erschien 2017 im Eichborn Verlag. Im Jahr 2021 erhielt er den Hamburger Literaturpreis als *Buch des Jahres* für seinen zweiten Roman *Kleine Paläste* (Arche Verlag). Teilnahme am *Bachmann-Wettbewerb* mit einem Ausschnitt aus seinem neuen Roman mit dem Arbeitstitel *Als Vater*, der 2024 im Arche Verlag erscheinen wird.

SO EIN VATER WAR MEIN VATER

Herbert Hindringer

MORGEN, ODER: WENN ER EINE NACHT ÜBERLEBT

»Vielleicht tut er ja nur so«, sagt meine Schwester. »Du weißt ja, wie er ist.«

Und ich will antworten, dass ich das nicht weiß. Dass ich ihn nicht verstehe. Dass ich ihn eigentlich nicht einmal erkennen kann ohne Mutter an seiner Seite. Stattdessen sage ich: »Ja.«

Mein Vater stirbt. Seit vielen, vielen Jahren schon. Eigentlich seitdem ich denken kann. Er sprach selbst nie von sich in der weiteren Zukunft, er war immer schon leicht abwesend. Selbst wenn er einem die Hand auf die Schulter legte, war da letztlich nur die Hand. Und man muss sagen, mein Vater machte es sich sehr einfach, das Leben ohne sich. Er bereitete seine Entbehrlichkeit seit jeher vor, indem er sich kaum einbrachte, wenn es um unser Familienleben ging. Vater hinter der Zeitung, Vater vor dem Fernseher, bitte nicht stören. Papa ist in seinem Bastelzimmer. So hieß das, obwohl darin auch nur ein Sessel und ein Fernseher standen, gebastelt hat er nie. Vater ist im Verein, auch das war sehr oft zu hören. Es gab einige Vereine. Die Familie war keiner. Es war immer Mutter, die da stand und sagte: *Kommt her*. Dann gab es etwas zu besprechen, etwas zu essen, etwas für's Herz.

Mein Vater hatte dafür die unkomplizierten Lösungen parat. Wenn ich als Kind beispielsweise Angst vor einer Spinne an der Wand über meinem Bett hatte, sagte er mir, dass Spinnen sich im Dunkeln nicht bewegen und machte das Licht aus, sagte *Gute*, schloss die Tür hinter sich und sagte vielleicht im Flur weggehend dann doch noch *Nacht*.

In der Nacht, da kannte er sich aus. Alles, was er von sich erzählte, spielte in der Nacht. Manchmal sagte er mir beim Frühstück, als ich meine Cornflakes aß, dass er wohl nachts einen kleinen Schlaganfall gehabt hat. Oder einen kleinen Herzinfarkt. »Nicht wirklich schlimm«, sagte er. »Bringt mich nicht um.«

Aber er sah mich dabei an, als könnte es doch sein, dass sich das Leben nachts weiterbewegt und vielleicht zu einem Ende kommt. Wenn er weg ist, dann wäre ich noch da, aber mitten im Nichts. So ein Vater war mein Vater.

Ich dachte mein Leben lang an den Tod meines Vaters. Und dann starb meine Mutter. Vor zwei Wochen. Mitten im August, eine Art Sterbeurlaub zwischen den Krankheitsauswüchsen von Vaters Gehirn, neben gelegentlichen kleinen Schlaganfällen und Herzinfarkten, vor allem nicht zu diagnostizierende und dadurch umso gefährlichere gesundheitliche Probleme. Er ging oft zu seiner Hausärztin. Die war oft verzweifelt und ratlos, sagte mein Vater. Und sehr besorgt, sagte mein Vater. Und wenn er zu einem Facharzt geschickt wurde, dann berichtete er, dass dieser so etwas noch nie vorher gesehen habe.

Mutter hatte dieselbe Hausärztin. Und die hatte sie vorher noch nie gesehen. Mutter war immer gesund und die Person, die das Elternkostüm trug und meinen Vater zwang, immer wieder mal mit darunter zu schlüpfen. Die Diagnose kam, und ab da ging es rasend schnell, der Krebs wurde fast mit jedem Tag schwerer und zog Mutter nach unten ins Grab. Dann war sie weg und wir blieben fassungslos am Rand stehen, ich mit offenem Mund, aus dem ich Tränen spuckte. Meine Schwester mit ihrem starren Blick in den Himmel. Mein Vater versank, bis er bis zu den Oberschenkeln in der Erde stak. Er, der Halb-begrabene.

Bei meinem Vater dachte ich schon im Alter von zehn Jahren jeden Tag daran, dass es möglicherweise das letzte Mal ist, dass ich ihn sehe. Und jetzt ist Mutter tot. Vater lebt. Und meine Schwester kratzt sich am Hirn. Das sagte mein Vater immer, wenn wir uns als Kinder am Kopf kratzten. *Kratzt du dich wieder am Hirn. Mach lieber nicht so fest, das kann böse enden.*

Es endet böse. Meine Schwester sagt: »Du musst Vater helfen, er kackt ab sonst. Du und er, ihr seid euch so ähnlich. Und du hast doch Sozialpädagogik studiert, du kannst das doch, Reden und Zuhören.«

Ich meinem Vater ähnlich? Ich beim Reden und Zuhören, das berühmte Monet-Gemälde, das verschollen ist. Ja, ich habe Sozialpädagogik studiert und dann trotzdem nie in dem Bereich gearbeitet. Ich bin stellvertretender Marktleiter eines Bio-marktes.

Es klingelt an der Tür. Meine Schwester und ich sehen uns an, aber wir beide reagieren nicht darauf. Ich für meinen Teil denke, es könnte irgendein Verwandter sein. Dann denke ich, es ist der Tod. Weil der Vater sucht und immer wütender geworden ist im Verlauf der Jahre. Und nun klingelt er wahllos an allen Türen, die es gibt. Es bellt ein Hund im Fernsehen. Wie bei meinen Eltern läuft auch bei meiner Schwester immer der Fernseher. Wie im Fernsehen ist auch bei meiner Schwester immer der nächste Satz derjenige, der mich ratloser macht als der vorherige.

Ich kratze mich am Kopf und blicke in die Sonne. Aber es ist nur die Sonne im Fernseher, die Sonne, die nicht blind macht. Vor dem Fenster regnet es.

Meine Schwester hat Recht, sagt sie. Sie sagt: »Du musst Vater überzeugen, dass er sich Unterstützung sucht oder, noch besser, ins Heim geht, er kann doch niemals allein leben.«

»Oh, wie Recht ich habe«, sagt sie dann noch einmal. »Bei mir aber würde er das nicht annehmen.«

Es klingelt wieder. Der Oberkörper meiner Schwester zuckt, bewegt sich etwas nach vorne, als wollte sie aufstehen. Aber das ist nur ein Täuschungsmanöver, um mich zu einer Art Reflex zu bewegen, mich meinerseits nach vorne zu bewegen, den Prozess des Aufstehens zu beginnen, fortzusetzen, zu Ende zu bringen und zur Tür zu gehen. Bei mir zuckt es tatsächlich auch kurz in der Brust, wie ein klitzekleiner Herzinfarkt, aber auch ich halte sodann gleich wieder still. Es ist die Wohnung meiner Schwester, nicht meine, ihre Tür, ihre Klingel, ihr Besuch, ihre verrückte Nachbarin mit dem Fleischermesser in der Hand.

In die Stille hinein sagt meine Schwester: »Wie soll das nur weitergehen?«

Ich esse einen Keks.

Ich esse noch einen Keks.

Als ich den siebten Keks gegessen habe, antwortet meine Schwester selbst auf die von ihr gestellte Frage.

»Vater muss einsehen, dass er jetzt allein ist und sich nicht mehr hinter Mutter verstecken kann. Sie hat gelebt und er hat irgendwie mitgemacht. Jetzt muss er es selbst hinkriegen.«

Als wir zwei Tage zuvor bei Vater waren, lief er immer um uns herum, er konnte einfach nicht sitzen bleiben. Immer wieder forderte meine Schwester ihn auf, sich hinzusetzen, aber kurz darauf sprang er wieder auf und lief im Zimmer auf und ab, hin und her. Er hatte dieselben Klamotten an wie letzte Woche. Es stellte sich heraus, dass er den Kleiderschrank nicht öffnen konnte. Weil da auch Mutters Kleidung drin war. Seine Jacke hatte er über Mutters Jacke an der Garderobe gehängt. Und konnte sie nicht mehr wegnehmen. Er schlief im Arbeitszimmer auf einer Luftmatratze und benutzte die Küche nicht mehr, er bestellte sich Essen, Pizzakartons stapelten sich im Flur. Wenn man ihm eine Frage stellte, antwortete er, als wäre er ein in Bedrängnis geratener Bürgermeister einer mittelgroßen deutschen Stadt auf einer Pressekonferenz zu einem mittelgroßen Skandal.

»Papa, warst du schon bei der Bank?«

»Seit dem Unglück ringe ich um Fassung. Und bedaure es sehr, dass ein Drittel meiner Tage für Schlaf vorgesehen ist. Den Schlaf finde ich aber nicht. Ein Drittel des Tages ärgere ich mich darüber. Das letzte Drittel brauche ich, um mich auf den nächsten Schlaf vorzubereiten. Aber den finde ich nicht.«

»Papa, was soll denn mit Mamas Sachen passieren, wollen wir die spenden?«

»Wir kümmern uns erst um die Dinge, die eure Mutter gemacht hätte, geben den Lottoschein ab und gießen die Blumen, vor allem müssen wir bügeln. Es gibt so viel zu machen. Und ich überlege die ganze Zeit, wie sich das am besten umsetzen lässt, ohne dass eure Mutter dabei fehlt.«

Meine Schwester ist resoluter als ich. Sie kann Vater durchaus hart anfassen, wenn er so ist, wie er ist, und nicht so, wie sie ihn gern hätte. Aber dann schweigt er und hört nicht mehr damit auf. Und dann schweigen wir letztendlich auch. Und dann gehen wir. Und er bleibt da.

Meine Schwester nennt mich gern Friedemann, obwohl ich Markus heiße. Friedemann hieß ihr Kaninchen, das sie damals zur Kommunion bekommen hat. Sie nennt mich Kleiner, obwohl ich älter bin als sie, fünf Jahre, größer bin als sie, 17 Zentimeter, obwohl ich es nicht mag, so genannt zu werden. Vorgestern sagte sie zu Vater: »Vielleicht weint dein Kleiner ja endlich, wenn wir aus dem Zimmer gehen.«

»Vielleicht tut er ja nur so«, sagt sie zu mir. Und ich sage: »Ja.«

Und ich verstehe dennoch nicht, wie sie daraufkommt, so etwas auch nur zu denken.

Meine Schwester liebte meine Mutter sehr. Sie liebt auch meinen Vater sehr. Vielleicht darf man dann so denken.

Meine Mutter liebte sie, als wäre die eine Heilige, meinen Vater liebt sie wie eine Heilige.

Es klingelt noch einmal. Dieses Mal will es der Tod aber wissen, er klingelt, als wäre er überzeugt, dass sich in dieser Wohnung jemand befindet, für den es nun aber wirklich an der Zeit ist. Oder eine Nachbarin will sich dringend ein Fleischermesser ausborgen.

Meine Schwester ist auch impulsiver als ich. Jetzt springt sie tatsächlich auf. Flucht, während sie zur Tür geht. Und während sie flucht, esse ich noch ein paar Kekse. Da bei meiner Schwester auch immer der Fernseher läuft, fällt es nicht auf, dass ich dicker werde, seitdem ich da bin.

Meine Schwester und ich duzen uns, weil wir eben Geschwister sind und man das unter Geschwistern gemeinhin so hält. Aber wenn meine Schwester mich mitten in der Nacht aufwecken würde, würde ich wahrscheinlich sagen: »Lassen Sie mich doch noch ein bisschen schlafen. Mein Herz hat noch keine Herzform. Können Sie bitte leise sein beim Rausgehen.«

Meine Schwester und ich sind sehr verschieden. Wenn ihr jemand unaufgefordert eine Antwort gibt, dann stellt sie hinterher noch die passende Frage dazu, der Ordnung halber. Wenn das jemand bei mir täte, würde ich einfach schweigen. Ich rede generell wenig. Es gibt Treffen mit Freunden, ich habe wenige, eigentlich nur einen, die verlaufen so, dass ich mich eher selten treffe mit ihm, alle paar Monate, wenn er darauf besteht. Und wenn wir uns dann treffen, dann passen meine gesprochenen Worte auf einen Anrufbeantworter. Und so sage ich das Treffen manchmal noch ab. Wenn wir uns aber wirklich sehen, nicke ich meistens nur. Mein Freund redet gern. Er redet viel, meistens über sich, und ich frage mich manchmal, was er über mich sagen würde, wenn ihn jemand fragen würde, was ich für ein Typ bin. Er würde wohl sagen, dass ich gut zuhören kann.

Zu meiner Schwester bin ich heute mit dem Bus gefahren. Vier Stationen vor meinem geplanten Ausstieg blieb der Bus stehen, weil jemdand den Knopf für den Haltewunsch gedrückt hat. Die Tür öffnete sich, aber niemand machte Anstalten auszusteigen. Der Moment dauerte zu lang, der Busfahrer schloss die Tür nicht einfach wieder und fuhr weiter, nein, er wartete. Alle warteten. Und da stieg ich aus. Es waren nur vier Stationen. Trotzdem war ich verärgert über mich selbst. Und es regnete. So ein Typ bin ich. Aber das würde ich nicht zugeben.

Meine Schwester fragte Vater gestern: »Papa, wann hebst du deinen Kopf wieder und siehst, was noch da ist.«.

Er antwortete: »Ich möchte nicht, dass die Nachbarn mitbekommen, was passiert ist. Darum werde ich es niemandem erzählen, ich werde den Nachbarn stattdessen berichten, was eure Mutter so macht. Sie wollte ja schon immer gern mal nach Helgoland. Und Felgenkreis. Und …«

»Papa, es heißt Feldenkrais«, korrigierte ihn meine Schwester. Ich mag meine Schwester, würde sie aber wohl dabei siezen, wenn ich ihr das mitteilen wollen würde.

Eine Woche nach Mamas Tod, nachdem er wohl kaum geschlafen, gegessen, getrunken und geatmet hatte, lief Vater nur mit einer Unterhose bekleidet verwirrt durch die Nachbarschaft. Die Polizei brachte ihn in die Klinik. Dort schrie er drei Tage lang, um sich schlagend und strampelnd, dass man ihn doch einfach in Ruhe lassen solle, er sei doch schon gestorben, was man denn jetzt noch von ihm wolle. Drei Tage lang verausgabte er sich als Toter total, war insgesamt vier Tage fixiert und nach fünf Tagen schließlich ganz erschöpft.

»Vielleicht tut er nur so«, hat meine Schwester gesagt.

Er war in der Klinik ein Geist, war zugedröhnt mit Medikamenten und nicht wirklich ansprechbar. Wir versuchten, alles zu regeln. Meine Schwester bestimmte, was alles war und ich gehörte dazu.

Als wir im Auto meiner Schwester vom Bestatter wegfuhren, sagte sie: »Friedemann, du brauchst nicht immer allen Leuten gegenüber dieses traurige Gesicht aufsetzen. Traurig sein kann man auch für sich allein. So einen Bestatter interessiert das außerdem nicht, der kennt ja ausnahmslos nur Leute, die traurig sind.«

»Aber ich habe gar kein trauriges Gesicht aufgesetzt. Ich bin auch gar nicht so traurig gerade, ich bin einfach nicht fröhlich. Ich schaue immer so.«

Sie bog dreimal kurz hintereinander ab und blinkte kein einziges Mal vorher.

»Du blinkst nicht«, sagte ich ihr beim nächsten Mal.

»Na und?«

»Ich würde blinken.«

»Aber du hast doch gar kein Auto.«

Beim nächsten Abbiegen langte ich hinüber, weil ich den Blinker betätigen wollte, aber ich machte stattdessen die Scheibenwischer an. Es regnete nicht. Es war sonnig, blauer Himmel, und es war meine Schwester, die sagte, dass sie froh sei, wenn die Beerdigung vorbei sei, dann gehe es endlich wieder weiter.

Ich fragte sie, ob ihr bei dem Gespräch mit dem Bestatter etwas aufgefallen sei.

»Meinst du, dass er Mundgeruch hatte?«

»Nein.«

»Dann weiß ich nicht, was du meinst. Oh, warte, doch, da war noch was. Er hat statt empathisch emphatisch gesagt.«

»Nein, das meine ich auch nicht.«

»Dann muss ich passen. Außer natürlich, du meinst, dass du ein Gesicht aufgesetzt hast wie ein Volk, das innerhalb eines Jahres drei Königinnen verloren hat.«

»Sehr witzig. Wie gesagt, ich gucke immer so. Nur wenn ich deine Geburtstagsgeschenke auspacke, gucke ich wirklich traurig.«

»Brüderchen, ich bin beeindruckt. Jetzt hast du es mir wirklich gegeben.«

»Ich habe während des ganzen Termins mit dem Bestatter«, sagte ich und machte eine kleine Kunstpause.

»Was?«

Ich wusste, dass meine Schwester ungeduldig ist.

Aber leider schaffte ich es nicht, sie länger zappeln zu lassen.

»Nur zwei Wörter benutzt«, sagte ich dann. Ich schwieg, wollte das wirken lassen.

Obwohl es meine Schwester sicherlich nicht zugegeben hätte, merkte ich, dass sie neugierig, tatsächlich ungeduldig und sogar etwas gestresst war. Sie wollte das überspielen, indem sie blinkte.

»Aha«, sagte sie. »Welche zwei Wörter waren das denn?«

»*Oder* und *genau*«, antwortete ich. »Mit diesen beiden Worten lassen sich ganze Gespräche bestreiten, mit diesen beiden Worten bringt man das Gegenüber dazu, immer weiter zu reden. Das hab ich schon des Öfteren ausprobiert. Und eigentlich hat es jedes Mal hervorragend funktioniert. Außer einmal in der Sauna.«

Meine Schwester wieder mit der Ich-bin-eine-nicht-zu-beeindruckende-Schwester-Stimme: »Naja, das war ja in dem Fall, und ich mag ja gar nicht abstreiten, dass du wirklich nur diese zwei Wörter verwendet hast, keine große Kunst, weil ich ja fast allein das Gespräch mit dem Bestatter geführt habe, wie du dich wahrscheinlich entsinnen kannst.«

Ich ärgerte mich, weil ich das Gefühl hatte, meine Schwester hat mir damit bereits den Wind aus den Segeln genommen, bevor ich dazu ansetzen konnte zu erklären, wie vielfältig man die beiden Worte *oder* und *genau* einsetzen kann. In meinem Kopf führte ich das Plädoyer für meine Schlauheit weiter aus, wurde aber von ihr unterbrochen.

»Friedemann, ich frage mich wiederum, ob dir etwas aufgefallen ist bei unserem Termin mit dem Bestatter?«

Ich sah sie an und plötzlich wurde mir etwas flau im Magen, weil ich diesen leichten Anflug eines Lächelns in ihrem rechten Mundwinkel sah.

»Äh, was meinst du«, fragte ich. Und trauerte jetzt erst recht meinen nicht gemachten Ausführungen über meinen *Genau-oder*-Clou hinterher.

Meine Schwester antwortete: »Ich habe während des gesamten Gesprächs mit dem Bestatter, das, worauf wir uns sicher einigen können, ich fast im Alleingang bestritten habe«

Und dann kam eine Kunstpause, die fünfmal Abbiegen ohne Blinker, eine Zigarette und drei Schweißausbrüche auf meiner Stirn dauerte. Eine Kunstpause, die in einem bedeutenden Museum einer europäischen Hauptstadt hängen könnte, war das.

Ich schluckte, als hätte ich ein ganzes halbes Hähnchen im Mund.

»Alle Worte, die ich gesprochen habe, alphabetisch aneinander gereiht.«

»Was? Ich verstehe nicht«, sagte ich.

Sie wiederholte: »Ich habe während des gesamten Gesprächs nur in Sätzen gesprochen, die aus alphabetisch aufeinanderfolgenden Wörtern bestanden haben.«

Das traf mich ins Mark und fieberhaft überlegte ich, ob das wirklich sein konnte, das wäre brillant. Ein Meisterstück. Meine Schwester hatte wie immer viel geredet bei dem Termin mit dem Bestatter. Ich war sehr konzentriert auf mein Manöver mit den genau platzierten *Oders* und *Genaus* gewesen, aber ihr Gespräch mit dem Bestatter lief flüssig, das konnte ich auf jeden Fall bestätigen, ohne viel vom Inhalt mitbekommen zu haben. Aber konnte das sein, konnte das Gespräch so gelaufen sein, wie sie gerade behauptet hatte?

»Zum Beispiel:«, sagte sie. »Aber bei christlich durchgeführten Exhumierungen fehlen gewiss haltbare Indizien jeglicher konkreter Lebhaftigkeit, mögen neben offensichtlich peinlichen quatschigen Räuberpistolen sonst tiefsinnigere Unwahrheiten verwendet werden, x-mal yuppiemäßig zelebriert auf Basis chemischer Deformationen eines fiesen gerontologischen halbwahren Indizes, ja, keiner leugnet minimale neurologische oder psychologische Querschläger restlicher Synapsen trotz unmöglich vorhandener Wahlmöglichkeiten x-beliebiger Yogimeister Zentralasiens. Aber Beileidsbekundungen christlicher depressiver Einsiedler fehlen genau hier im Jenseits kolossal, man nehme ohne Parodie quasi Reste seelenloser Trauer …«

Ich guckte sie an wie einen Bus, in dem ich saß und der gleichzeitig auf mich zuraste, die Warnblinker an.

»Obwohl die Sätze bei xyz immer ziemlich schwächeln, überspiele ich das mit einem Tonfall der Überzeugung und mit Geschwindigkeit«, sagte meine Schwester. »Das kann ich eigentlich blind«, behauptete sie. »An blinde Chihuahuas denken erdet, falls Gott hier im Jenseits kleine Leberwürste mit Nabelschnüren oberhalb pekinesischer Qualitätsstandards reichhaltig spendiert, trotz unverhältnismäßig vager Widerspenstigkeiten …«

»Halt«, rief ich. »Es ist genug.«

»Nein«, meinte meine Schwester. Da war wieder dieses schiefe Lächeln.

»Das war noch nicht alles«, sagte sie.

Ein kleiner Schlaganfall meinerseits. Brachte mich nicht um, aber war trotzdem ein Grund, für längere Zeit, die Luft anzuhalten. Bis sie endlich weitersprach. Aber das dauerte. Sie fuhr so lange geradeaus, bis die Welt zu Ende war.

Dann: »Außerdem habe ich während des ganzen Gesprächs mit dem Bestatter mit meiner rechten Zeigefingerspitze auf die Tischplatte tippend simultan in Morsezeichen übersetzt, was er gesagt hat. Das kann ich dir natürlich nicht beweisen jetzt.«

HERBERT HINDRINGER

geboren 1974 in Passau, lebt seit Silvester 2005, 18.33 Uhr in Hamburg. Arbeitet als Sozialpädagoge in den 1950er-Jahren. Schreibt Gedichte und Kurzprosa, manchmal auch Bücher, die vor Humor nur so triefen (*111 Gründe, Hamburg zu hassen* unter dem Pseudonym Uwe Uns). Bei dem vorliegenden Text handelt es sich um einen Auszug aus der gleichnamigen Erzählung, für die er 2022 den Hamburger Literaturpreis erhielt.
www.distanzschule.de

Valeska Schraknepper

KIRSCHEN UND SCHNEE

Es gibt die guten und die schlechten Orte. Tankstellen zum Beispiel gehören zu den guten Orten. Sie fühlen sich wie Heimat an und erinnern mich an meinen Vater.

Ich mag den Geruch von Benzin und das Gefühl von Freiheit und Abenteuer. Wer tankt, ist in Bewegung und kommt überall hin. Und wer überall hinkommt, der kommt auch irgendwann von dort wieder zurück.

Nach der Schule bog ich auf dem Heimweg an der Kreuzung so gut wie nie rechts zum Kloksi ab, sondern lief einfach weiter geradeaus, am Supermarkt vorbei und über den Parkplatz. Dahinter war ein Trampelpfad, der auf der Rückseite der Tankstelle endete.

Ich setzte mich auf die kleine Mauer am Bahndamm, das Rattern der S- Bahn im Rücken, die Tankstelle im Blick. Ich atmete den Geruch von Benzin ein und dachte an an meinen Vater. Ich musste nur warten und geduldig sein. Also aß ich meinen labbrigen Toast, trank Leitungswasser aus einem alten Gurkenglas und ließ die Beine baumeln. Manchmal schenkte mir der Tankwart einen Schokoriegel oder ein Eis, und ich zeigte ihm ein Foto von meinem Vater, das in meiner Schultasche steckte.

Er schüttelte den Kopf und schob sein Käppi zurecht.

»Nö, hab ich noch nie hier geseh'n. Aber iss ma dein Eis, dass du was auf die Rippen kriegst …«

Ich saß auf der Mauer und beobachtete die Autos, die an mir vorbeifuhren. Das war alles, was ich tun konnte. Irgendwann würde mein Vater mit seinem beigen Sprinter vor der Zapfsäule halten und wie früher aus dem Auto springen. Mit einem Satz. Er würde auf mich zulaufen, sein Grübchenlächeln lächeln und mich fragen, ob wir meine Mutter mit ein paar Blumen aufheitern wollen.

»Aufheitern zwecklos«, rief ich früher dann immer, aber mein Vater fuhr trotzdem auf die Tankstelle, zog die Handbremse an und sprang bei laufendem Motor aus dem Wagen. Er griff nach einem Blumenstrauß, der in einem schwarzen Eimer zwischen Grillkohle und Kanistern mit blauem und pinkem Kühlwasser stand, das ich als Kind immer so gerne trinken wollte, weil ich die Farben der Kühlflüssigkeit mit dem Geschmack von Zucker, Früchten und Wassereis verband.

Ich hörte dann sogar seine Stimme und wie er auf seine ganz eigene Art Kükchen zu mir sagte. Kükchen mit sch statt ch, und das sch klang wie das gemütliche Plätschern eines Wasserhahns.

Den Strauß legte mein Vater wie etwas sehr, sehr Kostbares und Zerbrechliches auf den Rücksitz. Ich fand, dass die Blumen immer ein bisschen Ähnlichkeit mit meiner Mutter hatten. Sie waren in zerknitterte Plastikfolie gewickelt und ließen die Köpfe hängen.

Ich trieb mich viel rum, weil ich mich zu Hause nicht mehr wohlfühlte. Und wenn ich nicht auf der Mauer an der Tankstelle saß, geisterte ich durch die Treppenhäuser unserer Siedlung, sammelte Kieselsteine am Fluss oder stromerte durch die Stadt.

Meine Mutter wiederum stromerte durch das bunte Vorabend-programm. Sie ließ sich aus unserer Siedlung hinaustragen in eine Welt voll Reichtum, die aus akkurat geschnittenen Vorgärten, aus Cocktailkleidern und Sektempfang bestand. Aus Märchen und Schaumblasen. Und am Ende waren immer alle so glücklich und zufrieden, dass sie mit ihren roten Mündern in die Kamera lächelten und ihre Zähne zeigten, die allesamt so gerade und weiß waren wie Zuckerwürfel.

Meine Mutter und ich, wir fühlten uns an so unterschiedlichen Orten wohl, dass wir uns so gut wie nie begegneten.

Aber weil ich nicht alleine sein wollte und weil er es mir so freundlich anbot, zog ein großer, schwerer Stein bei mir ein, der auch heute noch in meinem Körper wohnt. Er befindet sich nicht immer an derselben Stelle. Er wandert. Er ist auch nicht immer gleich groß. Manchmal spüre ich ihn kaum, dann ist er nur so eine Ahnung von Stein, manchmal ist er ein kleiner Kiesel, mal zwickt er mich ein bisschen und manchmal ist er riesig und schwer, dass ich mich nur noch mühevoll von A nach B schleppen kann.

Heute existiert die Tankstelle nicht mehr. Sie wurde vor einiger Zeit abgerissen. Dort, wo der Eingang war und wo die Eimer mit den Blumen und dem Kühlwasser standen, befindet sich jetzt nur noch hügeliges Brachland, umgeben von einem zerbeulten Zaun. Die Mauer ist noch da, der Bahndamm auch. Sonst nur vertrocknete Erde, aus der kümmerlich ein bisschen Grünzeug sprießt.

Und der ganze Rest: nur noch Vergangenheit.

VALESKA SCHRAKNEPPER

geboren 1974 in Freiburg im Breisgau, arbeitet als selbständige Logopädin in Hamburg und schreibt in ihrer Freizeit gern Geschichten. Sie erhielt 2018 den *Förderpreis des 13. Harder Literaturwettbewerbs*. Beim *25. Münchner Kurzgeschichtenwettbewerb* 2019 gewann sie den Jurypreis und belegte den 2. Platz bei der Publikumslesung. Bei dem vorliegenden Text handelt es sich um einen Auszug aus ihrem gleichnamigen Romanmanuskript.

Sara Spilker

DIE VERSCHIEBUNG DES LICHTS

1

Ich konnte ihre Hände nicht anfassen.

Und jetzt denke ich ständig an ihre Hände und wie gern ich sie noch berührt hätte, die kraftlose, faltige Haut, die so fremd wirkte und doch unverkennbar ihre war, die abgebrochenen Nägel, den abgeplatzten Nagellack.

Dass ich bloß meine Hände vors Gesicht schlug und mich überwand, sie überhaupt anzusehen, in dem Raum, in dem sie sich befand, ganz nah an ihren Körper zu treten, *ist Nähe nicht normalerweise warm?*, dass ich meine Jacke auszog, auf einen der beiden Stühle legte und blieb, mit ihr allein blieb, das war alles, was ich konnte.

Fühlen, wie kalt sie war, das konnte ich nicht.

(...)

5

Es gibt dieses spezielle Licht, wenn die Dämmerung in die Nacht kippt und ich mit den Augen versuche, das, was ich sehe, heller zu machen, es ist eine Art Versuch des Sehnervs, das Auge scharf zu stellen, weil mein Kopf glaubt, die heraufziehende Dunkelheit ließe sich mit dem Scharfstellen der Augen kompensieren. Aber da beginnen längst die Dinge, die vor mir liegen, an den Rändern auszufransen, ihre Kontur zu verlieren und es ist, als würde sich ein Schleier des Unwirklichen darüberlegen, dabei ist es nur die Nacht, wie sie jeden Tag aufs Neue hereinbricht und nur, weil sie dunkel ist, glaube ich, es geschähen darin Ungeheuerlichkeiten, die der Tag niemals bereithielte, weil im Sonnenlicht alles so klar scheint, und ich meine, nur was klar ist, wirklich begreifen zu können. Die Dunkelheit zeigt sich wie eine verborgene Bühne, eine Spiegelfläche für tiefe Gedanken, die in Kostümen gekleidet auf ihren Auftritt warten. Und wenn ich nachts nicht schlafen kann, ist mein Geist an ebendieser Grenze zwischen Dämmerung und Nacht, und das wenige Licht schafft einen Raum, von dem ich geneigt bin, ihn als Traum zu deuten. Wie froh ich bin, morgens aufzuwachen und festzustellen, ich habe doch nur geträumt. Häufig weiß ich es schon im Schlaf, inmitten der Traumbilder, dass sie nicht wahr sind, obgleich sie wahr scheinen.

Es ist die Nacht, die diese Grenze verwischt.

Zuweilen sind es mehrere Nächte am Stück, in denen ich nicht schlafen kann, erfüllt bin von Unruhe, seit ich Mutter bin noch mehr, jedes kleinste Geräusch weckt mich auf. Und wenn A weg ist und erst spät nach Hause kommt, dann komme ich mir vor wie ein Tier, das unruhig vor seiner Höhle auf und ab geht, um das Kind zu bewachen und den Mann von der Jagd zu empfangen, um erst dann, wenn alle wieder beisammen sind, zusammengerollt, einer neben dem anderen, im Schutz des Baus, in den Schlaf zu finden.

So war es auch in jener Nacht, ich schlief zunächst ein und kurz darauf wachte ich wieder auf, weil mich Wellen der Übelkeit lähmten. Ob ich etwas Falsches gegessen hatte? Ob ich Migräne bekam? Mitten in der Nacht? A war mit Freunden unterwegs und noch nicht zu Hause. Ich lag still und versuchte zu atmen, nicht sicher, ob ich aufstehen und ins Bad gehen sollte. Irgendwann sah ich aufs Handy. Wie spät mochte es wohl sein? Es musste weit nach Mitternacht sein, zwei Uhr war es, wie die Ziffern verrieten, und da sah ich, dass mitten in der Nacht mein Vater angerufen und eine Nachricht hinterlassen hatte.

Und natürlich wusste ich, dass etwas passiert sein musste.
Dass genau in diesem Augenblick die Nacht riss,
dass damit all das Ungeheuerliche nicht mehr mit einem Wimpernschlag zu heben sein würde,
und in den Tag floss.

6

Wenn man sich ins Gras legte, das nicht weich war, sondern von Disteln durchzogen, die durch die Löcher der Sandalen pikten, und gerade dort, wo man bäuchlings auf der Erde lag, durch das dünne T-Shirt und in die Knie, und den Blick auf Höhe der Stengel richtete, dann spannten sich die rot-schwarzen Blüten darüber auf wie elegante Schirme. Manche von ihnen reckten ihre Stempel, Kelche für das Sonnenlicht, in den Himmel, andere neigten verwegen ihre Köpfe zur Seite und wiegten sich im Wind. Hob ich den Blick und richtete mich ebenso auf wie die Blumen, dann lagen die Mohnblüten im Nachmittagslicht, das weniger intensiv schien, und dennoch hell und kräftig war, wie ein roter Teppich unter dem tiefblauen Himmel.

Eine schiefe Steintreppe mit eingetretenen Stufen führte zu diesem Feld, das sich dort wie zufällig ausbreitete, und der seltene Anblick des roten Mohns, der hier so üppig wuchs, zog mich wie magisch an. Das Feld endete jäh im Himmel, so schien es, denn es wuchs auf einer Anhöhe, die am Horizont nicht etwa mit einer Mauer oder einem Geländer eine Begrenzung fand, sondern an dessen Ende die Erde plötzlich abbrach und es steil hinab ging. So lag in dem Anblick zugleich eine Gefahr, die ich wohl selbst nicht spürte, nur mein Vater, der uns vehement ermahnte, nicht so nah an die Kante zu gehen und diese Ermahnungen immerzu wiederholte sowie wir uns auf Balkonen, an Treppengeländern, auf Brücken oder anderen Orten mit Aussicht von oben befanden.

Mehrere Sommer verbrachten wir an dem kleinen Ort an der Côte d' Azur, in einem Ferienhaus nahe des Mohnblumenfeldes. Die Luft roch nach Lavendel, der Vater schüttete Spiritus in den Grill, auf keinen Fall sollte ich meine Hand in einen Busch stecken (»Vorsicht vor giftigen Schlangen«), es gab Paella mit Riesen-Garnelen, und eine schwarz-weiß gestreifte Katze stieg unaufhörlich auf den Tisch, bis mein Vater sie am Schwanz packte und hinunter warf. Mein gelbes T-Shirt reichte fast bis zu den Knien, es gab einen verwunschenen Obstgarten neben dem Haus mit alten, wild gewachsenen Reben und Beeten, die durch winzige Mauern aus kleinen Steinen voneinander getrennt waren, reife süße Aprikosen, die man ohne Widerstand vom Baum nehmen konnte, deren Schale sanft nachgab, wenn man hineinbiss. Ich ging alleine zum Bäcker (»une baguette s'il vous plaît«), ich lernte schwimmen im Meer, ich entdeckte einen orange-leuchtenden Seestern auf dem Meeresgrund, spürte zum ersten Mal, wie Salzwasser in den Augen brannte und behielt sie dennoch unter Wasser auf, weil ich den Anblick für ein Wunder hielt und das Tauchenkönnen ebenso; ich paddelte mit meinem Vater in einem Kanu auf der tiefblauen Meeresoberfläche, deren kleine Wellen in der Sonne glitzerten wie abertausend Edelsteine, in eine verstecke Bucht mit einem feinen weißen Sandstrand, der so hell war, dass man die Augen zusammenkneifen musste, und später malte mein Vater diese Szene in mein Poesiealbum.

In dieser alten Zeit bin nur ich. Meine Schwester ist dort nicht – natürlich weiß ich, dass sie auch da war, und ich finde zwar Bilder von ihr, aber keine Szenen mit ihr. Ich weiß, dass sie ein rosa-weiß gestreiftes Kleid trug, in der Hand ihr Nilpferd aus Frottee, dass ihr blondes Haar bis zu den Ohren reichte und der Pony halb die Stirn bedeckte, wie sie ihr Gesicht verzog unter den Wassertropfen, mit denen sie sich selbst nass spritzte, wie sie versuchte, den roten Federballschläger zu halten und doch zu klein dafür war.

Doch weiß ich dies nur, weil es Fotos davon gibt.

Wohin all die anderen Erinnerungen aus dieser frühen Kindheit sind, das weiß ich nicht. Als seien sie wie eine volle Festplatte einfach überspielt worden. Ob es so gehört, dass Kinder in ihrer Wahrnehmung glauben, die Welt drehte sich nur um sie und deshalb die Erinnerung so getrübt ist, unter dem egozentrischen Blick, der den Raum ringsherum im ständigen Bezug auf sich selbst erfasst.

10

Kleine Kinder zerstören mit einem großen Enthusiasmus Dinge der sie umgebenden Welt, Bücher, Spielsachen, Lebensmittel. Sie haben noch kein Verständnis vom Wert der Dinge, sie versuchen sie in einer unbändigen Neugierde bis ins Kleinste zu ergründen. So wenden sie alle ihnen zur Verfügung stehenden Techniken an, sie reißen, schlagen, beißen, schmecken, ziehen, um die Gegenstände in bester Weise auseinanderzunehmen, ihre Belastbarkeit zu prüfen und dadurch das Wesen der Dinge, das sich durch den Augenschein allein nicht fassen lässt, zu begreifen.

In späteren Phasen empfinden Kinder Vernichtungsängste, die von der Angst vor Verlust und der eigenen Versehrtheit geprägt sind, in denen sie, um dieser Angst Herr zu werden, die vermeintliche Vernichtung der Spielpartner oder Fantasiefiguren inszenieren, um sie sogleich durch ein »War doch nur Spiel!« wieder zum Leben zu erwecken. Es ist eine Form, durch das Spiel mit der Zerstörung, seine Angst beherrschbar zu machen.

Die Lust an der Zerstörung zur Erkenntnis sowie zur Selbstbehauptung wohnt also schon von Anbeginn unseres Lebens in uns. Doch später kommt uns das Spiel, das spielerische Erkunden abhanden, es steht uns nicht mehr zur Verfügung, obwohl wir noch immer zum Kern der Dinge, die wir noch nicht ergründet haben, vordringen müssen, obwohl wir uns noch immer Ängsten stellen müssen, obwohl wir noch immer verstehen wollen, was unser Leben begrenzt. Das Denken alleine hilft uns nicht weiter, wir müssen es fühlen. Und wenn uns das nicht gelingt, uns selbst zu spüren, tritt an die Stelle des Selbstgefühls Wut.

In ihr wuchs eine unbändige Wut. Sie schminkte sich schwarz und kräftig, sie war unübersehbar und laut, sie zog kurze Röcke und tief ausgeschnittene Oberteile an, sie stieg in einen anderen Körper und keiner gewährte ihr, einfach so zu sein. Sie fing an, Extreme zu suchen, in den Grenzüberschreitungen ein Gefühl, sich selbst endlich spüren zu können, das gelang ihr nicht, nicht unter den Klingen, oder nur dann, nicht in ihrer Aggression, oder auch nur dann, aber nicht bleibend, das war, als wäre etwas in ihr verschlossen, an das sie selbst nicht herankam. Und dann kamen die Drogen und der Alkohol und öffneten ihr *endlich* vermeintlich eine Tür zu ihr selbst.

Es war, als sei ein Schalter umgelegt, von außen zumindest wollte man glauben, dass es so war, unsere Eltern suchten Krankheitsbilder und betonten immer wieder, dass trotz allem noch ein Winston Churchill oder Mozart aus ihr werden könne.

Für mich war es – ohne, dass ich verstand, woher er rührte – einfach ein Schmerz, der in ihrer Seele lag, der unermesslich wuchs.

Es war etwas, das sich schleichend ausbreitete, sich Raum nahm in ihr, doch wir alle um sie herum, wir waren so bemüht, an dem festzuhalten, was gemeinhin als normal, konform und richtig galt, dass sie einfach nicht den Raum auch außerhalb ihrer selbst fand, *sein zu können,* wie sie in dem Moment eben war. Man versuchte fortan dem Unangepassten Schranken zu setzen, sie in Bahnen zu lenken und tat es im Zeichen der Fürsorge, der Liebe.

Doch Liebe allein ist kein Garant für ein glückliches Leben, weil Liebe nicht automatisch Freiheit bedeutet. Liebe kann ebenso Enge bedeuten. Und die Liebe, die Kinder brauchen, ist bedingungslos und frei von Vorstellungen darüber, wie die Dinge oder gar sie selbst zu sein haben. Die Liebe unserer Eltern war immer bedingungslos, aber niemals frei von Vorstellungen, weshalb sie uns wohl auch nicht die notwendige Freiheit bot. Und so war sie lange Zeit wie ein Korsett, stützend und begrenzend zugleich, was ich freilich erst begriff, als ich älter wurde und begann, eigene Wege beschreiten zu wollen.

(...)

12

»Die Sonne macht mich krank«, sagte sie, als sie dann für mehrere Wochen den Himmel nur durch ein festverriegeltes Fenster sah, von einem festverriegelten Zimmer aus, in Räumlichkeiten, in denen Jugendliche mit Medikamenten sediert wurden, und nur eins im Kopf hatte: den nächsten Rausch. Wir trafen uns in einem Raum, der durch zwei Türen betreten werden konnte – eine von außen, durch die ich kam, und eine von innen, die sie nahm, und die beide hinter uns zugeschlossen wurden für die Zeit, in der wir an einem Tisch saßen und sprachen und ich, bei gleichzeitiger Unterdrückung eines klaustrophobischen Gefühls, meine Worte mit Bedacht wählte, um ihre Aggression nicht unnötig zu schüren. Ihr Blick, der von dunklen Augenschatten gerahmt war, und den sie nicht einmal zum Fenster richten wollte, war müde und wütend.

Die Beklemmung nach den Besuchen bei ihr.

Einmal, nach einem weiteren Klinikaufenthalt, nahm sie, meine kleine Schwester, mich in den Arm und sagte:

»Du hättest auch nie geglaubt, dass es einmal so weit kommen würde, oder?«

(...)

15

Es ging über schmale gewundene Straßen durch die schier endlos hügelige grüne Landschaft.

Der graue Himmel hing so tief, dass einem der Abstand zu den darunterliegenden Hügeln, die selbst ja gar nicht hoch waren, so gering vorkam, das Unten und Oben so nah beieinander, als wäre dazwischen nur ein schmaler Firnis, den man bloß gebückt und mit schief gelegtem Kopf durchqueren könnte.

Unzählige Schafe grasten dort, obgleich man nicht mit Sicherheit sagen konnte, ob sie grasten, ihre Bewegungen waren kaum merklich, vielleicht standen sie auch still mit ihren zum Gras herabgesenkten Köpfen, fast regungslos. Eine seltsame Ruhe lag in diesem Anblick, und es kam mir vor, als könne ich dieser Ruhe nicht trauen, als umschlösse sie bereits etwas, das noch nicht sichtbar war, wie ein heraufziehender Sturm, der sich ankündigt in kleinen, sich langsam türmenden Wolkenbergen, die fast unmerklich schwarz anlaufen, sich aufbäumen und mit zunehmender Geschwindigkeit über den Himmel ziehen, begleitet von einem Wind, der mit einem Handstreich die Blätter vom Boden hebt, sie raschelnd in Häuserecken treibt, Fenster zuschlägt, in denen dann eine Gardine klemmt und noch mit einem Ende im Wind flattert. Dabei lag es wohl nicht an der Landschaft selbst, dass sich bei mir dieses Gefühl einer heraufziehenden Dunkelheit einstellte, eher daran, dass sie etwas dorthin mitgenommen hatte, das etwas mit dieser Kulisse machte. Als umrahmte die Natur gerade das, was man glaubte, bändigen zu können, als böte ebendieser ruhige Boden den nötigen Raum, dass sich exponieren konnte, was gar nicht da sein sollte. Für mich war es wohl die Dopplung des Fremden, dass die fremde Umgebung, zu der ich kein Gefühl hatte, das Raue darin, das Fremde in ihr verstärkte.

Wir übernachteten drei Tage bei der Leiterin des Sozialprojekts. Am Abend, als wir alleine waren, tranken wir Dosenbier und guckten *Jalla! Jalla!*, wir lachten uns kaputt, wir rauchten am Küchentisch und sprachen über sie. Sie hatte den Pullover ausgezogen und zu den Striemen, die bereits vernarbt waren, von den Unterarmen bis zu den Oberarmen große Schnitte, die breites Narbengewebe bildeten, waren neue gekommen, die erst frisch verkrustet waren.

Ich dachte, du machst das nicht mehr.

Sie hatte tiefe Schatten unter den Augen, ihr Körper war ihr egal.

Wenn man hier aus dem Fenster blickte, erschlug einen gleichermaßen das Grau des Himmels wie das Grün der Wiesen, ich konnte ein bisschen verstehen, dass man dem etwas entgegensetzen wollte.

Abends knobelten wir wie früher, als wir noch klein waren und beieinander in den Kinderzimmern übernachteten, wer wem zuerst den Rücken massieren sollte. Wir sprachen über unsere Eltern, das Gefühl im Elternhaus, das teilten wir beide, das Unverstandensein, das Missfallen des Tons, das Unbehagen, die fehlende Freiheit, wir selbst sein zu können. Denn so kam es uns immer vor, dass alles, was wir taten, unablässig kommentiert wurde. Sie provozierte es, sie war mutiger, sie versuchte es viel lauter als ich, sie selbst zu sein. (»Mensch, die Hose sitzt zu tief, die Schminke ist zu stark, solche Poster hängst du nicht in deinem Zimmer auf, die kommen da jetzt wieder runter, schmatz nicht, setz dich gerade hin.«).

Schön, dass du hier bist, ich hab dich vermisst.

Sie war fünfzehn, sie war rau, sie war traurig und lebenshungrig zugleich, sie strotzte vor Leben, sie glaubte, dass alles erst am Anfang war und wohl nicht, dass sie imstande sein würde, sich selbst zu zerstören.

Wir gingen ans Meer, wir umarmten uns, wir lachten, und als sie mich zum Bus brachte, gab sie mir einen Brief (oder ich ihr?) und wir weinten zum Abschied.

Und zum letzten Mal waren wir uns dort wirklich nah gewesen.

SARA SPILKER

geboren 1984 in München mit einer kroatisch-deutschen Familiengeschichte, studierte Politikwissenschaft, Theaterwissen-
schaft und Neuere Deutsche Literatur. Sie lebt heute als Redak-
tionsleiterin eines Fachverlags und als freie Autorin mit ihrer
Familie in Hamburg. Veröffentlichungen von Texten in Zeitschriften und Anthologien. Bei dem vorliegenden Text handelt
es sich um einen Auszug aus der gleichnamigen Erzählung.

Marie-Alice Schultz

WELLENSITTICHE AM GRENZÜBERGANG

Es gibt keine Akte über uns. Mein Vater spricht leise, fast meine ich, eine leichte Enttäuschung in seiner Stimme zu hören. *Wie?* Mein Unverständnis äußert sich in einem einzigen Wort. Ich kann es nicht glauben, war auf alles vorbereitet, nicht aber auf die Leere, die seinen Worten folgt. *Haben sie auch richtig gesucht?*

Mein Vater wiederholt seinen Satz: *Es gibt keine Akte. Weder über mich noch über meine Eltern.*

Aber du bist damals verhört worden!, wende ich ein.

Das schon.

Es wurde doch sicher irgendwo aufgezeichnet!

Wir stehen im Wohnzimmer, mein Vater hält den Brief in der Hand, dessen Eintreffen er mir bis dahin verschwiegen hatte und aus dem hervorgeht, dass nichts folgen wird. Unser Fall endet hier. Es gibt keine Spur. Nichts wurde verzeichnet. Folglich erhalten wir keine Akteneinsicht, reisen nicht nach Schwerin, um durch staubige Gänge schließlich zu einem kleinen Pappschuber geführt zu werden – so stelle ich es mir zumindest vor –, in dem unsere Familiengeschichte liegt, fein säuberlich auf Schreibmaschine getippt.

Ich bin enttäuscht. Was machen wir jetzt, da wir ohne etwas dastehen, vor dem wir uns eigentlich fürchteten?

Lange hatten mein Vater und seine Geschwister gewartet, hatten es vermieden, einen Antrag auf Akteneinsicht zu stellen. Vielleicht waren sie besorgt, lesen zu müssen, welcher Nachbar etwas über sie ausgesagt, schlecht über sie gesprochen hatte. Menschen, die nichts von der geplanten Flucht gewusst hatten und plötzlich mit Fragen der Stasi konfrontiert wurden. Das ahnungslose Kindermädchen, das über Nacht seinen Arbeitgeber verlor. Meine Großeltern hatten nicht gewagt, sie einzuweihen, aus Angst, sie könne sich verplappern. Es gab nur eine Nachbarin, die Bescheid wusste und bei der im Vorfeld Fotoalben deponiert wurden. Alles, was nicht ins Auto passte. Meine Familie gab vor, nach Österreich in den Urlaub zu fahren. Tatsächlich war dies das erste Ziel. Doch, was die Grenzbeamten nicht wussten, dieser Urlaub sollte nie enden. Keine Rückkehr vorgesehen. In der Tasche meines Opas war bereits ein Arbeitsvertrag mit der Firma Philips in Hamburg.

Seit ich denken kann, wird bei der Anschaffung technischer Geräte in meiner Familie dieser Hersteller bevorzugt. Eine seltsame Dankbarkeit, die sich in Alltagselektronik ausdrückt. Während ich die Haare föhne und es nach verkohlten Drähten riecht, empfinde auch ich eine merkwürdige Verbundenheit.

Als die erste Anfrage meines Vaters ergebnislos blieb, wollte ich dies nicht hinnehmen und rief bei der zuständigen Stelle an. Der Frau am anderen Ende – ein Schweriner Anschluss, was auch an der Färbung der Stimme zu hören war – konnte ich jedoch nur spärliche Informationen zu unserem Fall geben. Ich wollte sie und ihre Fragen also direkt an meinen Vater weiterreichen, der sich im Nebenzimmer befand. Doch als ich die Tür öffnete, wandte er sich seltsam ab, unwillig zu sprechen. Fordernd hielt ich ihm den Hörer hin, den er schließlich annahm. Später behauptete er, es sei besser, schriftlich zu kommunizieren. Eine Kopie seiner Mail an die Sachbearbeiterin schickte er mir zu, sie beginnt mit den Zeilen:

zunächst bedanke ich mich für das »kunden«-orientierte telefonat.

ich sehe mich nicht als stasi-geschädigter, mein interesse ist also nicht existentiell, sondern ein zeit- und familiengeschichtliches. hinzu kommt, dass meine tochter Marie-Alice Schultz (roman: »Mikadowälder«) für einen neuen roman zeitgeschichtliche quellen verwenden möchte.

Da es sie nicht gibt, unsere Akte, oder da keiner sie findet, beschließe ich, selbst eine anzufertigen. Sie soll beinhalten, was das Familienkollektiv gespeichert hat: Anekdoten, irgendwo eingraviert zwischen Leber und Herz, faserwarm. Fern der Behördensprache gehe ich nicht chronologisch vor, diese Akte sortiert sich auf andere Weise. Jede Familie hat ihren eigenen Dialekt in Sachen Weltwahrnehmung.

ARM / Wenn mein Vater auf dem Rücken schläft, liegt sein rechter Arm über der Stirn, so als wolle er sich vor etwas schützen, das jederzeit auf ihn niederstürzen könne.

BART / Eine Anekdote, die sich in einer Kneipe zugetragen haben muss oder in einem Postamt, so genau weiß ich es nicht, sagen wir: an einem öffentlichen Ort. Meine Tante, etwa fünf Jahre alt, entdeckte an der Wand ein Bild von Walter Ulbricht und rief aus: *Ah, der Ziegenbart!* Meine Oma erschrak, packte sie am Arm und verließ sofort das Lokal. Von Kindern lässt sich auf Eltern schließen, so sagt man.

COMIC / Mein Vater erzählt mir von Comicheften, die er zurücklassen musste. *Mosaik*, ein Klassiker in der DDR. Stattdessen habe er sich für Karl-May-Bände entschieden, eine aus heutiger Sicht völlig falsche Entscheidung.

FORMULARE / Offizielle Schreiben lösen eine Angst in mir aus, noch ehe der Briefumschlag geöffnet ist. Immer fürchte ich, wichtige Unterlagen nicht fristgerecht eingereicht zu haben. Alle Arten von Formularen verunsichern mich. Die gestelzte Sprache, die leeren Felder. Nie weiß ich, wo sich wichtige Zeugnisse befinden. Mein Ablagesystem folgt keiner Logik. Bei jeder Einreichung beginne ich von Neuem. Ich denke mir einen Staat, der anders funktionieren würde. Ohne jegliche Schriftstücke. Könnte er bestehen?

FRAGEN / Noch immer warten wir auf eine Antwort. Geben die Hoffnung nicht auf, es könne sich eine Akte zu uns finden. Ein Freund meines Onkels soll kurz nach der Wende bei seiner Arbeit für das Stasi-Unterlagen-Archiv auf sie gestoßen sein. Er berichtete, *eine dicke Akte* zu meinem Opa gesehen zu haben. Als ich der Frau am Schweriner Telefonanschluss davon erzählte, sagte sie nur, unser Nachname sei sehr verbreitet, vielleicht läge ein Irrtum vor.

Ich bitte meinen Onkel, seinen Freund zu kontaktieren, möglicherweise könne dieser seinen damaligen Fund bezeugen. Doch mein Onkel lehnt ab, der Kontakt sei abgebrochen. Genau will er sich nicht äußern, doch es scheint ein Streit vorgefallen zu sein.

GEBURTSTAG / Es gab ein Fest, zu dem mein Vater von einem Klassenkameraden eingeladen wurde, dankend nahm er an, als wäre nichts, jedoch wissend, dass er nicht mehr daran teilnehmen würde. Nächste Woche würden sie schon im Westen sein.

GRAS / Nach der gelungen Flucht, kurz nach dem Grenzübergang, soll mein Opa abrupt das Auto gestoppt haben. Seine Hände zitterten. Er ließ sich ins Gras fallen, lag eine Weile so ausgestreckt da, bis die Anspannung nachließ. Mein Opa trug Stoffhosen, ich weiß nicht, ob diese Anekdote bis ins Detail stimmt. Doch ich stelle ihn mir gern liegend vor. Ungeachtet möglicher Flecken auf dem feinen Gewebe. Ein Marathonläufer hinter der Zielgeraden, der alle Gliedmaßen von sich streckt.

HALSTUCH / Bei einer Ausstellung sah mein Vater ein Foto von Jungpionieren und wunderte sich über die Farbe ihrer Halstücher. Es musste eine Verwechslung vorliegen: Sie waren rot. Mein Vater hatte nur die Blauen gekannt. Später erfuhr er, dass es einen Wechsel in der Farbzuweisung gegeben hatte. Zu lange war er schon nicht mehr im Land gewesen, hatte nicht miterlebt, was dessen Bewohner erlebten: Selbst in totalitären Systemen gibt es Veränderung.

HERZ, DAS KALTE / Unvergessen die Kinderbücher, die mir mein Vater von seinen Reisen in den Osten mitbrachte. Das Papier war grau und brüchig, die Illustrationen bunt. Tage konnte ich mit ihnen verbringen, immer wieder in ihnen blättern. Besonders beeindruckte mich *Das kalte Herz*, eine Geschichte, die auch verfilmt worden war. Ich weiß noch, dass meine Kindergartenfreundin im Kino neben mir weinte, als der Held verletzt wurde, und wie ihre Mutter aus der Reihe hinter uns flüsterte: *Anna, das ist doch nur Ketchup!*

KAPITALISMUS / Wann immer ich mir etwas gönne – womit ich keinen ausufernden Einkauf meine, sondern solide Anschaffungen des täglichen Gebrauchs, teils auch überflüssige, jedoch in ihrem Preis heruntergesetzte, Kleidungsstücke –, kommentiert mein Vater dies mit demselben Satz: *Kauf nicht zu viel!*

LIMONADE / Am Tag der Ausreise soll eine unglaubliche Hitze auf den Autobahnstreifen gedrückt haben. Tschechische Beamte brachten den Kindern am Grenzübergang Limonade, um die Wartezeit zu verkürzen, so erinnert sich mein Onkel. Mein Vater erinnert sich an keine Limonade. *Vielleicht habe ich auch alles erfunden*, lacht mein Onkel. Mein Vater erzählt stattdessen, wie er als ältester Sohn meinen Opa zum Grenzhäuschen begleitete. Die auszuführenden Waren sollten aufgelistet werden. Im alten Reisepass meines Opas stehen einige der Gegenstände verzeichnet, die er damals mitnahm: *Aspektar, Zelt mit Zubehör, Penti, Admira, Exakta, Fernglas, Schreibmaschine »Erika«, Admiral, Kofferradio Stern, Voigtländer…* dann enden die Aufzeichnungen aus schwarzer Tinte abrupt. Dem Grenzbeamten sei es zu viel geworden.

NASE / Ich erinnere mich an lange Autokolonnen, als wir in den Achtzigern in die DDR fuhren. Am Grenzübergang standen wir aufgrund des französischen Passes meiner Mutter noch länger als gewöhnlich. Sie musste den Anlass ihrer Einreise detailliert begründen und eine bestimmte Summe in Ostmark umtauschen. Ich saß auf der Rückbank und fragte mich, was das für ein Land sei, in dem die Zeit sich unglaublich dehnte und Warten wie eine Art Volkssport praktiziert wurde.

Noch heute liegt in unserer Fotosammlung ein Bild, das meine Mutter in dieser Zeit aufgenommen haben muss. Ein kleines, hastig mit schwarzem Filzstift hingekritzeltes Tag an einer Wand: *Ich muss die Nase meiner Ollen an jeder Grenze neu verzollen.*

OFEN / Der Kachelofen in der alten Wohnung, hinter dem der Kopf meiner Tante klemmte, immer wieder wird mir davon erzählt. Dass es ihr nicht mehr möglich war, den Weg zurückzufinden. Im Spalt blieb sie stecken. Der Rest der Familie gab Anweisung, forderte meine Tante auf, den Winkel zu verändern, in dem sie ihren Kopf hielt. *Das Kinn nach rechts, höher, jetzt langsam zurück!* Ein fünfjähriges Kind, das von seinen Verwandten angefeuert wird und verkrampft. Vor sich nur weiße Wand. Erst als keiner mehr guckte, gelang es ihr, ihn sachte herauszuziehen. Der Schreck habe jedoch, so bemerkt mein Vater trocken, nichts an der Neugier meiner Tante geändert. Noch immer stecke sie ihre Nase in alles.

Als ich fünf Jahre war, suchte ich das Gesicht meiner Tante nach Spuren dieser Aktion ab. Ich trat ganz nah an sie heran, fand jedoch keinen Abdruck der Ofenkacheln der geheimnisvollen Wohnung im Osten.

PUNKTE / Mein Vater und mein Onkel sitzen auf meinem Sofa. Beide halten einen gestreiften Becher in der Hand, der mit Kaffee gefüllt ist. Obwohl mein Vater etwas kleiner ist, wirken sie mit ihren gewellten Haaren und Brillen sehr ähnlich. Als verliefe eine Spiegelachse durch den Raum und teile das Sofa in zwei Hälften. Die Brüder erzählen von einem Punktesystem, das bei der Rohstoffsammlung in ihrer frühen Jugend galt. Noch heute kennen sie die genaue Punktzahl, die als Belohnung dem jeweiligen Stoff zugeordnet war. Papier: 4. Lumpen: 5. Buntmetall: 20. Mein Vater vergisst manchmal mein Geburtsdatum. Diese Zahlen jedoch rattern mit einer Genauigkeit aus seinem Kopf, die keinen Zweifel zulässt. Es gibt Systeme, die überdauern alles.

RADIO / Mein Opa ließ nicht nur ein Haus zurück, er war auch Besitzer eines Rundfunkgeschäfts. In einem braunen Fotoalbum gibt es Fotos mit zahlreichen weißbekittelten Männern, die sich über Elektrogeräte beugen.

Mein Vater erzählte mir stolz, unsere Familie sei die erste in der Straße mit einem eigenen Fernseher gewesen. In seiner Mail nach Schwerin findet der Beruf meines Opas Erwähnung: *ergiebiger scheinen mir mögliche berichte zu meinen eltern zu sein. mein vater hatte einen handwerksbetrieb in güstrow von 1949 bis 1961 und war mehrere jahre lang obermeister für das rundfunkmechanikerhandwerk der kreise güstrow, bützow und sternberg und später bezirksobermeister.*

SÄTTIGUNGSBEILAGE / In den Achtzigern aßen wir einmal in einem ostdeutschen Restaurant. Ich erinnere runde Tische, gelblichen Stoff und wieder die gedehnte Zeit. Es dauerte unendlich lange, bis unsere Bestellung serviert wurde. Ich weiß noch, wie ich mit einer Fliege spielte, die ich unter einer gestärkten Serviette zu fangen versuchte.

Zum Hauptgang hatte der Kellner gefragt: *Und als Sättigungsbeilage?* Ein Wort, das meinen Vater schmunzeln ließ und meine französische Mutter in tiefes Erstaunen versetzte. Nie hatte sie im Zusammenhang mit Kulinarischem etwas so Pragmatisches gehört.

In unserer Hamburger Wohnung wurde die Frage des Kellners auch Jahre später vor Mahlzeiten gern zitiert, woraufhin meine Eltern in Lachen ausbrachen.

STERN / Als mein Onkel 1972 mit einem Freund erneut in die DDR einreiste, nahm er die neueste Ausgabe des *Stern* mit. Er hatte die Zeitschrift auf die Hutablage seines Autos gelegt. Sie wurde von den Grenzbeamten unmittelbar konfisziert. Die Begründung für die Wegnahme: *Die Einfuhr westlicher Zeitungen in die Deutsche Demokratische Republik ist verboten. Wir haben die Zeitschriften deshalb eingezogen und der Vernichtung zugeführt.*

Wenn mein Onkel die Geschichte erzählt, lächelt er, als sei er wieder zwanzig und schiebt hinterher: *Willst du wissen, wie der Titel der Ausgabe lautete? »Sex in der DDR.«*

STRÜMPFE / Meine Großeltern waren nach der Flucht enteignet worden. Als ihnen ihr Haus in Güstrow nach der Wende rückübertragen wurde, schwang eine Befangenheit mit. Längst bewohnten neue Menschen das einstige Zuhause. Ich erinnere mich an eine Mieterin, auf deren braune Nylonstrümpfe ich lange starrte. Etwas zog meine Aufmerksamkeit auf sich, war es die Form ihrer Füße? Sie bemerkte meinen anhaltenden Blick, fragte mich, was ich so genau observierte. Ich blieb ihr eine Antwort schuldig. Besitz, der plötzlich zurückkehrt, ist ein fragwürdiges Geschenk.

VERHÖR / Ich halte mich am Verhör fest, dem mein Vater bei einem Besuch in der DDR unterzogen wurde. Er selbst nennt es Gespräch. Es muss Aufzeichnungen dazu geben. Und wo Aufzeichnungen sind, kann auch eine Akte nicht weit sein.

Mein Vater schreibt in seiner Mail nach Schwerin:

da ich beim verlassen der ddr im sommer 1961 13 jahre alt war, habe ich als möglichen anhaltspunkt für etwaige stasiberichte nur ein gespräch, das ich bei einem verwandtenbesuch ende der sechzigerjahre in der wohnung meiner tante mit einem mitarbeiter eines »informationsbüro« hatte. er hatte sich dort eingeladen und wollte, so war mein eindruck, meine berufliche perspektive und meine politischen einstellungen abklären. (nachteilige folgen sind weder der familie meiner tante noch mir dadurch entstanden.)

WELLENSITTICHE / Das Auto, in dem meine Familie die Grenze überquerte war ein grau-blauer Wartburg, vollgestopft mit Gegenständen. Neben Diskusscheibe und Federballspiel seien auch Lady und Sir an Bord gewesen, erzählt mein Onkel, seine beiden Wellensittiche im Vogelbauer. Die Grenzbeamten zeigten eine gewisse Verwunderung angesichts des halben Hausstandes, der da in den Urlaub mitfahren sollte. Ruhig fiel die Antwort meines Opas aus: *Wir nehmen all das mit, damit die Leute sehen, wie gut es uns hier geht.*

ZUG / Als mein Onkel wenige Jahre nach der Flucht in einem Zug zurück in Richtung Osten saß, um Freunde zu besuchen, kamen ihm plötzlich Zweifel. Je näher er der Grenze kam, so erzählte er mir später, desto stärker wuchs eine diffuse Angst in ihm, die in blanker Panik mündete. Am letzten Bahnhof auf westdeutscher Seite angelangt, sprang mein Onkel auf und verließ den Zug, der ohne ihn weiterfuhr. Was genau seine Angst ausmachte, weiß er auch heute nicht zu sagen. Es wäre unwahrscheinlich gewesen, dass man ihn vor Ort befragt oder gar verhaftet hätte. Längst besaß mein Onkel einen westdeutschen

Pass. Doch sein körperlicher Widerwillen war stärker als jedes Argument.

Anlage W / Lady und Sir blieben nach der geglückten Ausreise nicht mehr lange bei meiner Familie. Kaum in Hamburg angekommen, sind sie getürmt.

MARIE-ALICE SCHULTZ

geboren 1980 in Hamburg, studierte Theaterwissenschaften und Germanistik in Berlin sowie Bildende Kunst in Wien. Für die Arbeit an ihrem Debüt *Mikadowälder*, das 2019 im Rowohlt Verlag erschien, wurde sie mit dem Hamburger Förderpreis für Literatur ausgezeichnet. Ihr zweiter Roman, *Der halbe Apfel* (FVA, 2022), war 2022 als Hamburger *Buch des Jahres* nominiert. Im Rahmen der Inszenierung *Neue ungehaltene Reden ungehaltener Frauen* war ihr Textbeitrag *Faustdick. Rede an meine Hand* 2022 am Berliner Ensemble zu sehen. Bei dem vorliegenden Text handelt es sich um einen Auszug aus der gleichnamigen Erzählung.

Verena Carl

DIE LIEBE IST EIN GANG ÜBER KROKODILE

Das Mädchen ist einige Wochen alt, als Wolfgang es zum ersten Mal sieht, ein stramm in Decken gewickeltes Paket in neutralem Weiß. Es liegt in einem Körbchen auf der verglasten Veranda im Haus von Romys Eltern. Vor dem hohen Fenster, draußen auf dem Rasen, streiten sich zwei Amseln. Der Kirschbaum blüht.

Es war nicht Romys Wille, zu Mutter und Vater zurückzukehren, sie wäre mit dem Kind auch allein in ihrer hübschen Mansardenwohnung geblieben. Hätte am Ende nicht einmal ihren Beruf aufgegeben, sogar eine Kinderschwester eingestellt, wer weiß. Doch gegen ihre Mutter und ihre Schwester hatte sie keine Chance. Man muss ja an das Kindlein denken, das arme, vaterlose, das dort so selig schläft.

Wolfgang bleibt stumm bei der ersten Begegnung mit seiner Tochter. Romy hat verlangt, dass er eine Stoffwindel vor Mund und Nase hält, damit er es nicht mit seiner Erkältung ansteckt. Ihm läuft die Nase, viel zu tun bei der Arbeit, und die Eisheiligen haben ihrem Namen Ehre gemacht und den Rest besorgt. Unsicher beugt er sich über das Kind und legt die Hände auf dem Rand des Körbchens ab. Rechts glänzt sein neuer Ehering.

Er hat dem Kind keinen Namen gegeben, seinen Nachnamen nicht, auch nicht den Vornamen. Romy hat ihn noch aus dem Krankenhaus angerufen, hat ihm gesagt: »Es ist ein Mädchen«, und ihm danach mitgeteilt, wie es heißt. Elisabeth.

Es gibt kein Bild von dieser Begegnung. Auf den ältesten Fotos, die das Kind mit seinem Vater zeigen, steht es in einem roten, wattierten Anzug im Schnee. Zu der Zeit wird es schon anfangen haben zu sprechen, wird die ersten Worte herausmeißeln aus dem kindlichen Singsang, aus den noch ziellosen, harten Lauten, die nach außen wollen, den Mund explodieren lassen: Pa, Pa, Pa, und den weichen, die die Lippen nach innen ziehen wie zum Kuss oder beim Füttern: Ma, Ma, Ma.

Zufällig werden Namen dabei sein, Mama wie Papa, aber gehört werden, verstanden werden, wird nur das erste. Keiner hat darauf gewartet, dass das kleine Mädchen Papa sagt, keiner hat es aufgefordert, es gibt keine Verwendung dafür. Wenn die Mutter vom Vater spricht, spricht sie vom Wolf. Aber sie spricht nicht oft von ihm.

Auch den eigenen, viersilbigen Vornamen verkürzt das Kind zu einem zweisilbigen Klanggespann, vorsichtig angestupst mit der Zunge am Gaumen: Ti-Ti. Wie alle Kinder in seinem Alter hat es noch nicht gelernt, Ich zu sagen, spiegelt sich noch ganz in den Blicken der anderen, existiert, weil diese es sehen und lieb haben. Aber es dreht sich um, wenn jemand seinen Vornamen nennt, genau wie es auf die Kosenamen hört, das Herzekind, den Goldschatz, das Engelchen, oder, wie es die Freundinnen der Großmutter in ihrem weichen Dialekt sagen: das Engele.

Das Engele im roten Anzug steht aufrecht und blickt stoisch auf den Mann im braunen Anzug mit beigefarbener Tupfenkrawatte, der neben ihr Schnee zu Kugeln formt. Noch weiß es zu wenig, als dass es ihm seltsam vorkommen könnte: Ein junger Mann, noch nicht einmal dreißig, in der Uniform eines Handelsreisenden, von Kopf bis Fuß auf alles eingestellt, nur nicht auf einen Tag im Schnee mit einem Kleinkind, zerdrückt das kalte Weiß in seinen bloßen Fingern, rollt tapfer Kugeln, bis noch mehr Gefrorenes an ihnen haftet, presst sie aufeinander, zeigt seinem Kind, wie man etwas baut aus der Kälte. Ein Schneemann, schau.

Der Goldreif am rechten Ringfinger hat mittlerweile eine Delle ins Fleisch getrieben. Tief genug, dass er den Ring nicht mehr ablegen kann, ohne dass sein Finger ihn verrät. Auf der Innenseite ein Datum und ein Name, und es ist ihm angenehm, dass Romy nichts davon sieht. So trägt er Regine an seiner Haut, so kann er sie beschützen und alles, was ihnen gehört.

Das Kind versteht nicht, wer der Mann ist. Es weiß gar nicht, was das sein soll, ein Vater. Es kann unterscheiden zwischen denen, die es auf dem Schoß wiegen, ihm singen und erzählen, immer wieder, und den anderen mit ihrer unverbindlichen Freundlichkeit, die Geschenke bringen und wieder gehen. Zu denen gehört der Mann mit dem lauten Lachen, den schnellen Worten, der sich selbst manchmal beim Sprechen überholt.

Er spielt mit ihr, spielt Vater, so wie es viele Männer tun, auch mit den eigenen Kindern: Einer, der fröhlich Schneebälle formt, im Vorübergehen seiner Kleinen etwas zuwirft wie einem Hündchen oder ihr ebenso flüchtig den Kopf tätschelt. Er hat keine Erfahrung mit Bilderbüchern, weiß nicht, wie viele Geheimnisse sich verbergen hinter der einfachen Zeichnung eines Bären, und sind die Bücher mit Text, liest er zu schnell.

Er ist gerührt, das schon. Vom Engele, von der Lisa, seinem kleinen Abbild mit den fedrigen, hellen Haaren unter der Wollmütze und den Kirschäuglein, den dunklen, den seinen. Und ist nicht minder froh, wenn er sie ihrer Mutter wieder in den Arm drücken kann.

Vielleicht zeigt er auf einen der blauen Bergrücken des Schwarzwaldes und erzählt ihr: Schau, der Sendemast dort oben, der macht, dass du fernsehen kannst! Oder er zeigt auf eine aufgerissene Straße, die Rohre, die weiter unten im Sand verlaufen, Bauarbeiter, die eine mannshohe Kabeltrommel bedienen, und sagt: Sieh her, da kommt das Wasser her, der Strom, das Telefon! Er kennt sich aus mit Technik, nicht mit einem kleinen, unberechenbaren Wesen wie einem Kind, das man nicht auseinandernehmen und nachsehen kann, warum es jetzt weint. Vielleicht, weil es in den aufgerissenen Bauch der Erde schaut, die Grube unter dem Asphalt, und versteht, wie dünn der Boden ist, auf dem es steht. Vielleicht, weil seine Fingerchen frieren, weit weg von seinem Herzen.

***

Das Kind wächst in einer weiblichen Welt auf. Doch sobald es laufen und sprechen kann, kreist es unermüdlich um den einzigen Mann, der darin lebt: den Großvater.

Der Großvater ist da, der Vater nicht.

Das Element des Vaters ist die Luft, die Schallwellen, die Übertragung von Signalen. Des Großvaters Element ist das Wasser. Den Krieg hat er überstanden, schuldlos schuldig wie so viele, hat das System gestützt als Experte für Ver- und Entsorgung, was ihn zwar nicht vor der Kriegsgefangenschaft bewahrt hat, aber ihm nach seiner Rückkehr ohne Umwege den Rückweg in die Mitte der Gesellschaft geebnet hat. Da gehört er hin. Er hat einen weiten und gewundenen Weg zurückgelegt von der Elbe an die Elz, doch ein Fluss ist ein Fluss, und alle streben demselben Meer zu.

Jetzt konstruiert und plant er eben Kläranlagen im Süddeutschen. Ein Zufallstreffer, eine Vorkriegsfreundschaft, das Angebot, hier Geschäftspartner zu werden. Die Ingenieure waschen alles rein, lassen verschwinden, was fault, gärt und riecht, machen aus Schlammbrühe klare Flüssigkeit und verdienen gut daran. So gut, dass er schon bald nach Kriegsende das Grundstück kaufen konnte mit prächtigem alten Baumbestand, mit Apfel und Pflaume, Haselnuss und Süßkirschen. Dort hat er das Haus bauen lassen, in das nun seine jüngere Tochter wieder eingezogen ist, die Rebellin. Mutter und noch immer ledig.

Als nichts wurde aus einer Hochzeit, hat er sich herausgehalten aus den Gesprächen der Frauen, hat sich sogar heimlich gewünscht, dass das Röslein seinen Kopf durchsetzt und fortbleibt. Sie war immer die stärkere seiner beiden Töchter, und auch wenn er Ortrud und Gisela nie in den Rücken gefallen ist, hat er dem Röslein am Esstisch doch manchmal so einen Blick zugeworfen, dass sie verstehen musste: Ich bin auf deiner Seite.

Aber nun ist er doch froh, nicht nur der Tochter wegen. Denn endlich ist wieder ein Kind im Haus, die jüngste Enkelin, das einzige Mädchen, und er selbst weiß ja, die Ärzte sind ehrlich, er wird nicht mehr lang sein.

Rose kann es nicht lassen. Seitdem sie wieder in ihr Elternhaus eingezogen ist, schmiedet sie schon wieder ihre eigenen Pläne, spricht von durchbrochenen Wänden und mehr Licht. Überdeutlich, dass der Beruf ihr fehlt. Nicht nur, weil da keiner ist, der für sie sorgt. Er ist sicher, wenn er nicht mehr ist, wird sie alles umbauen lassen in diesem neuen, durchlässigen Stil, passend zu diesem neuen Jahrzehnt, in der es keine Grenzen mehr geben soll, zwischen Esszimmer und Küche, zwischen Ländern, zwischen Schichten, ja, selbst die Männer tragen das Haar lang und die Frauen das Haar kurz und Hosen dazu. Er fremdelt mit dieser neuen Welt, und bedauert doch, dass sie nicht mehr die seine sein wird. In ihr wird Lisa groß werden.

Der Großvater wird freigiebiger mit seiner Zeit, je mehr sie zu Ende geht, zwischen den Aufenthalten im Krankenhaus, die ihn schon lang nicht mehr gesund machen. Er setzt sich mit dem Herzekind neben einen Haufen gemähten Grases, das Kind hat ein Bilderbuch mitgebracht, und er jault wie das Tier darin, wie der Wolf, da lacht es. Er nimmt es auf den Schoß, und es greift nach dem Stoff seines Hemdes.

***

Die Mutter bewirbt sich schließlich auf eine Halbtagsstelle in einem neuen Architekturbüro, drei Jahre, nachdem mit der Schwangerschaft ihre letzte Anstellung endete. Ihre honigblonden Haare trägt sie streng zurückgekämmt und hochgesteckt, keiner soll etwas ahnen von der Flut, die sich löst, wenn sie die Spangen entfernt. Das macht etwas mit den Männern und das passt nicht hierher, all dieses Zuviel an ihr. Schon immer fand man sie zu laut, zu schön, zu selbstbewusst.

Sie erwähnt das Kind nicht, aber würde es auch nicht verschweigen, wenn einer nach ihm fragte. Lisas Foto wird sie besser nicht auf ihren Schreibtisch stellen, sonst denken die Kollegen, es könnte sie von der Arbeit ablenken. Bei ihnen, den Männern, ist das etwas ganz anderes. Einem Mann gibt ein Familienbild Kraft und Konzentration für sein Tagewerk, einer Frau entzieht es sie.

Wolfgang hat sie kürzlich ein neues Foto geschickt, da steht Lisa barfuß in einer Pfütze und strahlt. Sie hat auch einen Abzug davon, den hat sie gerahmt und auf ihren Nachttisch gestellt. Aber sie weiß, er wird es nicht rahmen, nicht auf seinen Nachttisch stellen und schon gar nicht in sein Büro in der Firmenzentrale, wo jeder es sehen kann.

Zu ihrem ersten Arbeitstag im neuen Büro schenkt ihr Vater ihr eine Kamera, Super Acht, dazu ein Schneidegerät, einen Projektor, eine Leinwand. Kinder werden so schnell groß, Farbfilme können das Leben festhalten und wiederholen. Die Vormittage, an denen nun die Großeltern auf das Kind aufpassen werden; Lisa, wie sie durch den Garten rennt, wie sie den Kopf in den Nacken legt, auf die Schwälbchen deutet, die bei der Dachluke aus- und einfliegen, und dabei fast umfällt vor Glück.

Und auch die gemeinsamen Momente kann man jetzt festhalten, an die man sich gern erinnert. Bunte Ostereier, noch im Schnee, ein Sommertag am See, Lisa, wie sie nach einem Apfel vom Baum greift. Lisa an den Händen der Mutter und der Großmutter, wie die beiden Frauen loslaufen und das Kind in die Luft schwingen an seinen ausgestreckten Ärmchen, man kann es beinahe an ihren Lippenbewegungen ablesen: Engele, Engele, flieg!

Über Jahre wird Lisa immer wieder nach Filmabenden verlangen. Ein Ritual, zu dem die Leinwand aufgerollt, die volle und die leere Spule eingelegt, der Projektor ausgerichtet, schließlich das Wohnzimmer verdunkelt wird. Im Lichtstrahl tanzt Staub, es riecht nach warmem Zelluloid und Lösungsmittel, während die Bilder sirrend zu leben beginnen. Immer ein paar zu wenig pro Sekunde, so dass die Bewegungen darauf eckig und hektisch werden. Aber eine Stelle gibt es, die selbst im Film von großer Ruhe ist.

Es ist der Weihnachtsmorgen. Lisa trägt ein grünes Dirndl mit roten Blumen und einem roten Schürzchen. Reglos sitzt sie auf einem Holzklotz, aus dem ein Holzstab emporragt, der ein Vogelhäuschen trägt. Es ist Winter, aber noch liegt kein Schnee; dennoch suchen die Vögel aufgeregt nach Nahrung. Lisa sitzt und sitzt, die Stirn an den Holzstab gelehnt.

Nach einer Weile kommt der Großvater ins Bild. Er bleibt stehen, stutzt, sein Gesichtsausdruck im Halbdunkel ist nicht zu erkennen. Dann greift er seine Enkelin unter die Arme, hebt sie hoch und setzt sie andersherum hin.

Nun hat sie nicht mehr das Brett vor dem Kopf, nun hat sie plötzlich freie Sicht, auf alles, den Garten, die kahlen Bäume, das Satteldach des Nachbarhauses, den Himmel. Der Großvater nickt zufrieden. Dann geht er.

Eine Woche später fällt der erste Schnee, weiche Flocken legen sich auf das Vogelhäuschen. Eine weitere Woche später kommt der der Großvater zum letzten Mal ins Krankenhaus.

Zu Ostern ist er tot.

VERENA CARL

geboren 1969 in Freiburg, lebt als freie Journalistin und Autorin in Hamburg. Sie veröffentlicht ihre Texte u. a. bei *ZEIT online* und in der *BRIGITTE*, schreibt Hörspiele, Sachbücher (u. a. BELTZ Verlag) und Romane (zuletzt bei S. Fischer). Mehrere Preise und Auszeichnungen, u. a. Hamburger Förderpreis für Literatur 2000 und 2007. Bei dem vorliegenden Text handelt es sich um einen Auszug aus dem gleichnamigen Romanmanuskript. www.verenacarl.de

Tanja Schwarz

VATERS STIMME

1.

Wenn ich Ron abends in der Küche mit seiner Tochter sprechen hörte, war seine Bassstimme mehr zu spüren als zu hören, ein Mitschwingen der schweren Hölzer und Fundamente,
das ich im Nebenzimmer sitzend an den Fußsohlen spürte.

Ich stellte mir dann vor, ich selbst hätte nach einem Schul-
tag im Gymnasium ein solches Bad in tiefen Tönen nehmen
können. Den Generalbass für mein schwankendes Selbst hätte diese Stimme allem unterlegt, was ich tat und dachte. Vielleicht wäre ich eine andere geworden, hätte ich einen Vater
gehabt, einen mit einer Stimme wie Ron.

Verstohlen funkelte ich Lara an, wenn ich die Küchentür
öffnete und in das Gespräch hineinplatzte, um mir etwas aus
dem Kühlschrank zu holen. Sie blickten gemeinsam zurück,
der Vater und seine Tochter, aufeinander eingestimmt, die Dis-
sonanz, das eingeworfene Riff verkörperte ich.

Ich lebe nicht mehr dort. Dennoch denke ich regelmäßig an
diese Szene, wenn ich auf dem Teppich am bodentiefen Fenster liege, das auf die Elbe und den Baakenhafen sieht, und mich
in meinem Alleinsein wälze.

Ich habe Lenny bei Ron zurückgelassen. Dieser Umstand erzeugt in mir ein Geräusch des Berstens und Reißens wie bei
einer starken Überdehnung, wahrscheinlich bricht mein Herz
in einer ins Endlose gestreckten Zeitlupe.

Mir wird bewusst, dass das Vorbeifahren eines Schiffes, weit unter mir vor dem schallgedämpften Fenster, das Rollen der Schiffsmotoren im schweren Wasser, eine körperliche Empfindung ähnlich der von Rons Stimme in mir erzeugt.

Die Wohnung in der Überseeallee ist einerseits genauso, wie ich sie mir vorgestellt habe: vor dem Fenster die Helligkeit, das Farbspektrum aus Blau und Grau, der Himmel, das Wasser, die Lichtreflexe auf den gewölbten Bullaugen der Elbphilharmonie, in glitzernder Korrespondenz mit den Wellen.

Es gibt aber auch die Ödnis am Grund der Straßenschluchten, die lähmende Kälte, die vom dunklen Wasser aufsteigt und die Mauern emporkriecht. Auf dem Boulevard ist kaum ein Mensch zu sehen, es gibt nur vom Wind leer gefegte Räume, die man frierend durcheilt, und ein paar Touristen.

Wenn Lenny an jedem zweiten Wochenende bei mir ist, aalt er sich vor den bildfüllenden Fenstern auf dem Teppich, der auf dem von der Fußbodenheizung erwärmten Estrichboden liegt, und beobachtet die vorbeiziehenden Schiffe, die Baggerarbeiten im Baakenhafen, das Beladen der weiß-gelben Frachter mit Autos, die winzig wie Ameiseneier scheinen, am anderen Ufer. Schon beim Kauf dieses Teppichs habe ich mir ausgemalt, es käme genauso, Lenny wäre bei mir und wir lägen gemeinsam dort wie zwei Katzen.

In Wahrheit bleibt die Fußbodenheizung die meiste Zeit ausgeschaltet, kommt Lenny nicht am vereinbarten Tag, weil er krank ist oder zu einer Übernachtungsparty eingeladen. Auch gelingt es mir nicht immer, den Zweiwochenrhythmus einzuhalten, weil ich unterwegs bin. Dann stelle ich Tauschanträge bei Ron, auf die er sich selten einlässt. Ihm ist es recht, wenn ich mich ins eigene Fleisch schneide. Ich sehe Lenny oft nur einmal im Monat.

Mit der frei gewordenen Zeit kann ich meist nichts anderes anfangen, als ohne ihn auf dem Teppich zu liegen, dann aber sehe ich nichts von den Schiffen und Lichtern, starr liege ich da und alles bleibt schal.

Wenn ich auf Lenny warte, gehe ich die Gegenstände in meiner Wohnung durch. Zuweilen öffne ich die Schiebetüren des Einbauschranks und begutachte das Inventar. Ich verstehe mein neues Leben, auch wenn ich oft leide, besser als das mit Ron.

So auch an diesem Freitagabend. Lenny liege mit einer Mandelentzündung im Bett, schreibt Ron in seinem Text, und könne nicht mit mir telefonieren.

Ich habe nach der Trennung nicht allein mit Lenny bleiben wollen. Um seinetwillen wollte ich verhindern, dass er ohne Vater aufwächst. Manchmal quält mich der Gedanke, dass Ron um Lenny nicht in gleicher Weise gekämpft hätte wie damals mit seiner ersten Frau um Lara. Ich habe es nicht darauf ankommen lassen.

Der Job, die Wohnung, der Teppich am Fenster auf den Kehrwieder hinaus: Eins hat sich zum anderen gefügt, alles zusammen ergibt ein Bild, es schien mir unter den gegebenen Umständen als das beste.

Der Arbeitsdruck presst mich in meine Businessgarderobe, die mir wieder passt, die Blazer und Hosen sind Panzer für mein weiches, pulsierendes Inneres.

Auf dem Tischchen, das aus einem einzigen, in einem unbegreiflichen Verfahren geformten Teil besteht und aussieht, als ob es kniete, surrt mein Telefon. In einer umständlichen Bewegung, mit einem marsupilamiartig verlängerten Arm, greife ich danach.

Etwas mit meiner Mutter, am entgegengesetzten Ende der Republik. Wie immer in den letzten Jahren, wenn die Nachrichten bedrückend werden, höre ich das Blut in meinen Ohren rauschen. Ich habe Mühe, der Stimme der Krankenschwester zu folgen.

Wie lange ich weiter bewegungslos auf dem Teppich liege, bis das Telefon wieder vibriert, registriere ich nicht.

Ein Telefonat mit der Leiterin meines Teilprojekts wird von mir abgespult. Meine eigene Stimme höre ich wie aus einem Radio, das im Nebenzimmer läuft und mich stört.

Tief unten im Grund spüre ich die Stöße der mächtigen Gerätschaft, die den U-Bahntunnel unter dem Fluss vorantreibt.

2.

»Ist das Hotel so schick wie das in Lausanne?«

Meine Freundin Sidonie stellt sich mein nomadisches Dasein als nie endes Abenteuer vor. Ich liege auf dem Doppelbett, vierhundert Kilometer von Lenny, fünfhundert von meiner Mutter entfernt, und habe Sidonies Stimme auf Laut gestellt.

»Nicht ganz.«

Wir tauschen einige Belanglosigkeiten aus.

»Was macht Lenny?«, fragt Sidonie.

»Er wird größer. Ich vermisse ihn.«

Ich höre meine eigene Stimme, als wäre ich unter Wasser.

»Hat er die Haare noch so lang?«

Ich weiß so etwas nicht, habe ihn zuletzt vor Wochen gesehen, will ich blaffen. Ich habe es im vollen Bewusstsein aufgegeben, so etwas über mein Kind zu wissen.

»Ich werde es an seinem Profilbild sehen.«

Nachdem Sidonie aufgelegt hat, ziehe ich meine Sportsachen über – eine zugleich tierhafte und technoide Zweithaut, in der ich mich beweglich und praktisch unverwundbar fühle, zusammen mit den federnden Schuhen –, durchquere die nach Teppichboden muffende Zimmerflucht und renne hinaus.

3.

Lenny ist bei mir. Er hat keinen Hunger, will sich nicht setzen. In den Arm nehmen lassen auch nicht. Das Wiedersehen ist ein Moment, in dem sich widerstreitende Gefühle zusammenballen. Das Vermissen erzeugt etwas Eigenes, es kommt, wenn es nachlässt, nicht ausschließlich Wiedersehensfreude heraus. Ich spüre, wie Lenny mich beäugt, als wolle er sich nicht verschenken, erst einmal abwarten, was ich ihm anbiete. Er steht im Flur in einer mir noch nicht bekannten Jacke, die mir missfällt, sie sendet eine modische Botschaft aus, zu aufdringlich für ein noch unausgeprägtes Kind, mein Kind.

Warum steht er immer noch so verstockt herum? Ich spüre eine Ungeduld aufsteigen, die zu unterdrücken mir schwerfällt.

»Wolltest du heute nicht herkommen?«

Lenny zuckt kaum merklich mit den Schultern.

»Hättest du lieber etwas anderes gemacht? Mit einem Freund?«

Er reagiert gar nicht mehr, sieht nur geradeaus, seine dichten, gebogenen Wimpern senken sich kein einziges Mal um zu blinzeln.

»Mit Ron? – Lenny!«

Er entzieht sich mit einer ruckartigen Bewegung meiner Hand, die gerade noch auf seiner Schulter lag.

»Du bist wütend auf mich. Richtig wütend.«

Seine Augen verdüstern sich noch mehr. Er rennt zur Tür, öffnet sie, findet im Hausflur den Weg zu den Treppen nicht. Ich bekomme ihn am Arm zu fassen.

»Lenny!«

Am Handgelenk ziehe ich ihn zurück in die Wohnung. Wir kämpfen, ringen wortlos, er ist stärker, als ich es für möglich gehalten habe, und ich gewinne ihn zurück, indem ich mich besiegen lasse. Liegend ergebe ich mich auf dem von der Fußbodenheizung gewärmten Teppich. Er kniet über mir, leicht erhitzt und außer Atem. Das Eis zwischen uns ist gebrochen.

Wenig später plappert er muntere Sprechblasen in die Luft. Sein anfänglicher Unwille, sich auf mich einzulassen, scheint vergessen. Ich serviere selbst gemachten Eistee und klein geschnittenes Obst.

»Das Ding ist, ich würde ja öfter bei dir schlafen, wenn ich hier was mit meinen Freunden machen könnte.«

Er weist mit einem vielsagenden, zugleich mahnenden und befriedigten Ausdruck zu der Kranlandschaft vor dem Fenster hinaus.

»Das ist doch wohl ohne Worte!«

Er sieht nicht so aus, als verstimmte ihn der nicht weiter benannte Missstand, im Gegenteil.

»Es gibt einen Fußballplatz, den habe ich dir gezeigt. Und den Spielplatz mit den Riesenschaukeln. Es gibt …«

»Aber das ist es nicht, Mama. Man kann einmal zu einem solchen Spielplatz gehen. Aber das Ding ist, wir kennen das hier nicht. Also wollen wir nicht hier sein.«

Meinen perplexen Blick, die Machtlosigkeit darin, muss er wahrgenommen haben.

»Ich komme ja trotzdem zu dir. Aber mit meinen Freunden bin ich von hier aus lieber online.«

Er stellt das als vollkommen logische Folge dar.

»Bei Papa darf ich sowieso fast gar nichts.«

Ich fühle mich von seinen Argumenten auf eine Schiene gedrängt, von der ich nur diffus ahne, wohin sie führt.

»Sprich, fast nichts Digitales.«

Nach jedem Satz lässt er mir Zeit, die sich herauskristallisierende Auflösung selbst zu erkennen.

»Ich wohne dort viel mehr als hier, dort sind auch meine Freunde. Aber ich bin bei vielen Sachen ausgeschlossen, weil Papa so ein, so ein Boomer ist. Überhaupt keine Ahnung hat der von der heutigen Zeit.«

»Lenny, Ron hat ein Tonstudio. Was er an Computern da stehen hat, das ist mehr als alle …«

»Das meine ich nicht. Das ist ja seine Arbeit. Ich meine, was man als Kind heutzutage braucht. Was einfach total normal ist.«

»Und was wäre das deiner Meinung nach?«

Er sieht mich an, als überbrächte er mir eine überfällige, aber für mich sicher unerfreuliche Nachricht.

»Eine Playstation oder X-Box.«

Ich habe es kommen sehen.

»Ich so: Habe ich Probleme in der Schule? Nicht mehr als andere. Dazu lese ich Bücher. Freiwillig! Bin ich ein Psycho oder foltere ich meinen Hamster oder habe ich sonst überhaupt keine Hobbys, ich meine …«

Ich spüre den Impuls, ihn in den Arm nehmen, das Einzige, was mich abhält, ist die Angst, ihn zu erdrücken.

»Papa lässt sich aber von gar nichts überzeugen. Er ist so, so« – ihm fehlt das Wort.

»Stur.«

Diese Einschätzung teile ich, will Lenny das aber nicht wissen lassen.

»Ja. So unendlich stur.«

An seinen plötzlich dunkleren Haaren an den Schläfen bemerke ich, dass er schwitzt. Wie es scheint, wähnt er seine Sache auf der Erfolgsspur. Er holt nochmal Luft, um nachzulegen.

»Manchmal ist Papa einfach« – er rollt mit den Augen, stellt mimisch etwas dar zwischen hoffnungsloser Fall und Leonid Breschnew.

Er schaut mich an, vor einer Sekunde hat er noch mit aller Kraft für eine bis vor Kurzem undenkbare Anschaffung geworben, nun füllen sich zu seiner eigenen Überraschung, wie es scheint, seine Augen mit Tränen. Selbst am Rand der Auflösung, umschlinge ich ihn mit den Armen.

»Ich hab dich so lieb«, schluchzt er kaum artikuliert in meine Sweatjacke. Ich kraule seinen Hinterkopf wie einen Hund.

Dass ich Lennys Wunsch erfüllen werde, gegen Rons Willen und ohne mich mit ihm abzusprechen, ist ebenso klar wie bereits zur Nebensache geworden.

4.

Einen Zweiwochenzyklus später sitzen wir beim Essen. Ich weiß, dass Lenny das Gericht eigentlich gern mag. Er stochert jedoch in seiner Schüssel herum, isst kaum und fährt bald nur noch mit dem Löffelstiel die Maserung der Tischplatte nach. Er wirkt gedankenverloren.

»Ich möchte meinen Opa kennenlernen«, sagt er wie beiläufig.

»Wen?«

»Meinen Opa. Hans. Er heißt doch Hans?«

Lenny wirft mir einen kurzen, prüfenden Blick zu. Er meint meinen Vater. Den habe ich einmal in meinem Leben gesehen, für insgesamt kaum mehr als eine Stunde. Das Treffen liegt fünfundzwanzig Jahre zurück. Es ist um Geld gegangen. Ich überlege, ob Lennys Augenfarbe – ein intensives Blaugrau – eventuell von meinem Vater stammt. Ich erinnere ich mich nicht an seine Augen, will mich gar nicht daran erinnern.

»Ja, sicher. So heißt er. Hans.«

»Ich möchte ihn anrufen.«

»Den können wir nicht einfach so anrufen.«

»Du hast doch gesagt, er steht im Internet.«

»Ja, schon«-

»Ich hab ihn gefunden.«

Lenny zeigt mir auf seinem Smartphone einen Telefonbucheintrag, der tatsächlich der richtige ist, der volle Name meines Vaters und seiner jetzigen Frau, ihre Adresse. Lennys Daumen schwebt über »Anruf«. Draußen ertönt das langgezogene Signal eines dem Klang nach riesigen Schiffes.

»Das geht zu schnell. Du weißt gar nicht, ob er mit uns sprechen will.«

Lenny sieht mich verunsichert an.

»*Mir* geht das zu schnell. Weißt du, er ist mein Vater und hat mich mein ganzes Leben nicht angerufen.«

Lenny erschlafft in seinem Elan, beobachtet mich weiter.

»Es ist eine gute Idee, Lenny, aber Anrufen kommt zu plötzlich. Nach so langer Zeit.«

Seine Augen verdüstern sich.

»Ich will ihn aber kennenlernen! Irgendwann ist er gestorben.«

Ich nehme ihn in den Arm und schlage vor, einen Brief zu schreiben. Wenig später liegen wir bäuchlings auf dem Teppich.

»Lieber Hans«, schreibt Lenny in seiner unruhig auf- und abspringenden Schrift, »ich heiße Lenny (kommt von Leonard) und bin dein Enkel. Ich bin 10 Jahre alt. Mein Hobby ist Fußball. Ich wohne meistens bei meinem Vater« –

Die tiefe Schiffshupe ertönt noch einmal, diesmal länger, es klingt, als stieße sie vor einer langen, ins Ungewisse führenden Reise diesen urweltlichen Ruf aus.

5.

Es ist Anfang Mai in Luzern, als meine Kollegin Esther und ich in einem vietnamesischen Restaurant beim Essen sitzen. Ich hantiere mit meinen Essstäbchen, als Lenny anruft.

»Mama!«, ruft er, »ich hab mit ihm gesprochen! Mit meinem Opa, mit Hans!«

Ein soßengetränktes Mangostück entgleitet meinen Stäbchen und trifft auf den Blazer in Höhe der Brust. Was Lenny gerade gekräht hat, kommt mit einiger Verzögerung bei mir an.

»Er hat mich angerufen! Dich noch nie, oder? Er spricht komisch. Man versteht ihn fast nicht. Ich bin im Bus. Ich war beim Fußball.«

Seine Freude, sein Redefluss sind so süß wie der Geruch seines Schlafanzugs, den ich nach einem Wochenende mit ihm vom Fußboden sammle, um am Abend beim Einschlafen mein Gesicht hineinzugraben.

»Weißt du was, er hat auch Fußball gespielt! Genau wie ich! Und er hat einen Hund. Ich mag Hunde. Ich will ihn bald besuchen.«

Das Mangostück hat einen schleimigen Fleck hinterlassen. Möglicherweise sind meine Augen feucht. Ich blicke, Lenny am Ohr, durch die Scheibe auf den Boulevard hinaus, nehme nichts wahr, nur leises Tastengeklapper: Esther hat zwischen abgegessenen Tellern und Schalen den Laptop aufgestellt. Sie wirkt auf eine so natürliche Art kompetent, ich hingegen habe immer etwas Verbissenes. Mit der Serviette wische ich auf dem Fleck herum und mache alles noch schlimmer.

»Mama! Ich hab dich was gefragt.«

»Was denn?«

»Wann wir ihn besuchen. Meinen Opa.«

»Das weiß ich noch nicht, mein Schatz. Dein Papa hat ja auch schon vieles geplant. Ich muss mit meiner Arbeit schauen. In den Ferien fliegen wir nach New York. Nur du und ich.«

»Ich will lieber zu meinem Opa.«

Lenny und mein Vater, an den ich nur eine undeutliche Erinnerung habe, wirken nach einem kurzen Telefonat schon wie ein eingeschworenes Team.

»O nein!«

»Was denn?«

»Ich hab die Haltestelle verpasst.«

»Dann legen wir jetzt besser auf. Du musst aussteigen und auf der anderen Seite –«

Plötzlich klingt es, als würde der gerade noch so glückliche Lenny von den Hintergrundgeräuschen verschlungen, Stimmen, Wind, Motoren. Ich muss dagegen anschlucken, dass ich nicht bei ihm sein, ihn nicht gegen die Verlorenheit beschützen kann.

Die Verbindung bricht ab. Esther zeigt mit der Nase, eine fast unmerkliche Kopfbewegung ausführend, Richtung Tür. Im Gegensatz zu ihr, die so gesund und sauber aussieht, so ehrlich bereit sich anzustrengen, fühle ich mich durch rätselhafte Hemmnisse gebremst.

Beim Hinausgehen lege ich heimlich eine kleine Tube Handcreme, die ich in meiner Tasche fand, dem Buddha des Hausaltars zwischen seine Räucherstäbchen und Früchte, etwas Besseres habe ich nicht.

Die Nachmittagssitzung ist zu Ende, ich stehe am Straßenrand im leichten Wind, ich habe ein Uber bestellt. Wann immer es geht, übernachte ich bei Bekannten oder suche eine Unterkunft von privat. Ich habe mich außerhalb in einem ehemaligen Bauernhaus einquartiert, mit Blick auf einen unbedeutenden See.

Kaum bin ich in meiner Bleibe angelangt, auf Strümpfen die enge Holztreppe hinaufgestiegen und habe den Türcode eingetippt, als mein Telefon summt und eine mir unbekannte Nummer aus Deutschland anzeigt. Die schwergängige Stimme eines älteren Mannes. Schwäbischer Dialekt. Mein Vater.

»Also. Nina. Das war ja die größte Überraschung. Dass der Lenny mir geschrieben hat. Mit mir gesprochen. Also, das kann ich wirklich kaum fassen.«

Ich spüre die Fugen der Bodendielen an meinen Füßen. Draußen stößt eine Kuh ein langgezogenes Muhen aus, es klingt wie die Schiffshörner am Kehrwieder. Ich finde nicht gleich Worte, die ausdrücken, was ich empfinde.

Das Überraschendste für mich ist die Tatsache, dass ich gar nicht so überrascht bin. Die mir ja praktisch unbekannte Stimme meines knapp achtzigjährigen Vaters erscheint mir vertraut. Sie zu hören läuft mir ins Ohr wie Öl, sie ist immer schon da gewesen. Ich lasse mich auf den Flickenteppich sinken. Wieder tönt die Kuh.

»Eins muss ich dir noch sagen. Ich hab es für ganz unmöglich gehalten, Hamburg, und dass der Lenny wirklich mein Enkel ist. Es gibt ja vieles heutzutage, davor wird ja oft gewarnt. Ich bin also zur Polizei. Die werden auch noch anrufen.«

Ich bin so mit Hans' Stimme beschäftigt, ihrer Wirkung auf mich, dass mir der Inhalt des Gesagten fast ganz entgeht. Lennys mit heißem Herzen geschriebener Brief. Die Polizei. Der Gedanke kommt auf und fliegt im Aufwind des Augenblicks davon.

Ich bin ruhig, so ruhig wie seit Jahren nicht mehr, ruhig wie noch nie. Ich bekomme Informationen, die immer fehlten. Das Wort Informationen scheint zu flach dafür. Etwas wird aufgewirbelt, schlingt sich als Doppelhelix umeinander, setzt sich wieder, neu sortiert. Ist komplett. Und was ich bis dahin nicht für möglich gehalten hätte: Ich sträube mich dagegen nicht, sondern lechze nach mehr. Unglaublich. Ich bin wieder in der Lage zu sprechen.

»Ja, also. Hans. Das ist wirklich eine Überraschung. Es war Lennys Idee. Er wollte das unbedingt.«

Hans erzählt. Tonnenweise weitere Informationen werden hereingetragen und fürs Erste auf einen Stapel gestellt. Auspacken, sortieren werde ich später.

Ich erfahre, dass ich einen älteren Halbbruder gehabt habe. Der aber schon gestorben sei. Frau und Kind hinterlassen habe. Die Frau sei es gewesen. Wegen der habe der Andi – der Satz wird nicht beendet.

Ich horche und horche. Ein anderer Teil meiner selbst hätte Fragen gestellt. Dieser Teil ist aber ganz zugestapelt worden. Ich höre nur die Stimme meines Vaters. Nehme alles, was er sagt, unterschiedslos an und stelle es zu den anderen Kartons.

Zu dem Enkelkind in seiner Nähe gebe es keinen Kontakt. Wegen der Frau.

Meine Augen folgen dem Pendel der Quarzuhr, die an der Wand hängt, wie zwei synchrone Katzen. Das große Endlich und Richtig steht über allem, egal, was er sagt. Staunend spüre ich dem nach, eine belebende Injektion zirkuliert in meinem Blut, die ist gut, die ist nicht zu spät, kommt nicht vom Falschen.

»Also, Nina«, sagt Hans in einem erhobenen Ton, als wäre er soeben aufgestanden, um zu gehen, »jetzt hoffe ich eins. Dass wir nicht nur dieses eine Mal gesprochen haben. Das tät ich mir wirklich sehr wünschen.«

»Ich mir auch.«

»Der Lenny ist ja erstaunlich.«

»Ja, das ist er.«

»Und er ist gerade nicht bei dir?«

»Bei seinem Vater.«

»So. Na, die Hauptsache ist, dass ihr vernünftig miteinander umgeht.«

»Ja.«

Man hätte auch darauf vieles entgegnen können. Aber ich stehe jenseits solcher Impulse. Wird das so bleiben? Sein Ton wirkt genau so, wie ich ihn in dem Moment brauche: eine feste, tiefe Stimme, die über dem Tagesgeschehen steht. Ich höre schon Sidonie spotten.

Ich beobachte meine bestrumpften Zehen bei ihrer Lockerungsgymnastik, auf einem Webteppich sitzend, und sehe zu, wie sich in meinem Inneren Risse schließen. Etwas in mir wird ganz.

Er kann buchstäblich erzählen, was er will. Sein Stimmen-Balsam wirkt trotzdem. Zum zweiten Mal scheint er Anstalten zu machen, das Gespräch zu beenden.

»Nina, so viel hab ich schon lang nicht mehr gesprochen. Also. Bleibt gesund. Adé.«

Noch lange spüre ich ein Nachrauschen in meinen Ohren. Von draußen tönt wieder das falsche Schiffshorn. Meine Wangen bleiben heiß, auch als ich mich umgezogen, einige Zeit am Fenster gestanden und in den ländlichen Abend gehorcht habe, an dem erwartungsgemäß nicht viel geschieht.

Nach einer Dusche gehe ich ins Bett, wo ich ohne zu lesen oder etwas anderes zu tun unter dem Deckbett liege. Ich spüre das Rauschen, das zirkulierende Blut, und sehe mich gleichzeitig selbst aus einer weit entfernten Perspektive dort liegen, das Bett unter dem Dach unter dem weiten Himmel.

Am nächsten Nachmittag, als Esther und ich unsere Koffer über die spiegelblanken Gänge im Züricher Flughafen ziehen, kommt es zum ersten Niederschlag des Geschehens im Smalltalk.

»Ich bin nur kurz in Hamburg«, sagt sie, ich bemerke ihr praktisch unsichtbares Makeup und ihren Hosenanzug aus weich fallendem Stoff. Mir gefällt, wie sie geht, ein positives Federn.

»Morgen fahre ich weiter zu meinen Eltern. Mein Vater wird sechzig.«

»So jung«, bemerke ich, und kann auf die Gegenfrage, wie alt mein Vater sei, prompt antworten – ohne die übliche Anmerkung, dass ich das alles nicht weiß, meinen Vater nicht kenne, et cetera. In unserem Telefonat ist von seinem achtzigsten Geburtstag im nächsten Jahr die Rede gewesen.

»Er lebt im Südwesten mit seiner zweiten Frau.«

Meine Mutter habe ich dabei nicht mitgezählt. Sie war ja wohl eher eine Episode.

»Hat dein Sohn ein gutes Verhältnis zu ihm?«

»O ja«, sagte ich, mein Rollkoffer läuft ein wenig unwuchtig, zieht von mir weg. »Ein sehr gutes.«

TANJA SCHWARZ

geboren 1970 in Hechingen, aufgewachsen in Reutlingen. Studium am Deutschen Literaturinstitut Leipzig. Lebt mit Familie in Hamburg. Erhielt mehrere Stipendien, z. B. das *Arbeitsstipendium des Berliner Senats, Aufenthaltsstipendium in Schloss Wiepersdorf, Heinrich-Heine-Stipendium Lüneburg*. Mitglied im *Forum Hamburger Autorinnen und Autoren*. 2019 erschien von ihr *Weltroman*, im Textem Verlag, 2021 erschienen ihre Erzählungen *Im neuen Licht* bei hanserblau. Bei dem vorliegenden Text handelt es sich um einen Auszug aus dem Roman *Vaters Stimme*, der 2023 ebenfalls bei hanserblau erscheint.

Cornelia Manikowsky

MEIN VATER IST GESTORBEN

mein Vater ist gestorben, es ist Sommer und heiß, die Luft riecht nach Blüten, nach trocken-staubiger Erde und verdorrtem Gras, und ich stehe in der Küche, ich backe eine Aprikosentarte, die Früchte sind dunkelgelb und saftig, nicht mehlig, wie sie es meistens sind, sie haben einen leicht säuerlichen Nachgeschmack und die Haut klebt pelzig im Mund, haftet am Gaumen wie eine zweite Haut und ein Fremdkörper zugleich – immer stirbt jemand und jemand wird geboren, jetzt ist mein Vater gestorben, er lebt nicht mehr und ich stehe in der Küche; ich wusste, dass er stirbt, wir haben darüber gesprochen; erstmal wird noch Zeit sein, Aufschub, und dann wird es plötzlich schnell gehen, mit einem Mal wird man den Verfall sehen können, er wird von Tag zu Tag weniger werden und dann sterben, wir wussten es und jetzt ist es passiert, das Sterben hat aufgehört, dachte ich erleichtert, es ist vorbei – gerade hat er noch Tarte gegessen und Käsekuchen und Himbeertorte und Kaffee hat er getrunken und Cognac und Wein – doch jetzt lebt er nicht mehr, mein Vater ist tot!, er wird nicht mehr essen und nicht mehr trinken und sprechen wird er auch nicht mehr, der Tod wird nicht aufhören oder zu Ende gehen, wie das Sterben und die Krankheit und das Leben; ich lege die Früchte auf den Boden der Tarte, ich rühre den Guss an und denke an das Foto mit meiner Tochter in den Dünen an der Nordsee, ein Nordseeurlaub mit Großvater, sie hat zwischen den Beinen meines Vaters gesessen, ein schönes Erinnerungsfoto, dachte ich, als ich wenig später das Foto sah, Großvater und Enkelin in den Dünen, sie lachen in die Kamera, ich wusste schon damals, dass es ein schönes Erinnerungsfoto ist, wir haben Drachen steigen lassen und Sandburgen gebaut und dann sind wir Eisessen gegangen oder vielleicht haben die Erwachsenen auch Kaffee getrunken – später mochte er nicht mehr fotografiert werden, er mochte nicht mehr essen und nicht mehr trinken und seine Enkelin wollte er auch nicht mehr sehen und dann verschwanden die Wörter und die Sätze, alles geriet durcheinander, die Wörter fielen aus der Reihenfolge und dann auch die Buchstaben und die Laute, nichts passte mehr zueinander, die Welt ist auseinandergefallen, und ich stehe in der Küche und backe eine Tarte, die Aprikosen sind reif und es sind so viele, plötzlich sind sie alle reif geworden, es ist Sonntag und vielleicht kommt Besuch oder es kommt doch keiner und ich esse sie ganz allein, während die Hummeln von Blüte zu Blüte fliegen, laut und ungelenk, sie haben so viel Blütenstaub an den Beinen, dass sie von Blüte zu Blüte torkeln und sich nur langsam und schwankend in die Luft erheben – wir konnten ihn nicht mehr verstehen, wenn er sprach, einige Buchstaben waren schon vor der Zeit gegangen, ausgefallen, und die Wörter waren auch verschwunden und mussten durch andere ersetzt werden, die ähnlich klangen, wir haben verstanden, wie die neue Sprache funktionierte und haben sie doch nicht entschlüsseln können, trink noch einen Kaffee, habe ich gesagt, als er noch Kaffee trinken konnte, iss ein wenig, ich habe versucht, ihn zu beruhigen und abzulenken, habe versucht das Sterben auszuhalten, das Auseinanderfallen und Durcheinandergeraten, die Verzweiflung und die Auflehnung und die Angst und die Wut – ich backe Aprikosentarte und trinke Kaffee, die Hummeln fliegen schwankend von Blüte zu Blüte, ich denke an die Witze, die er über den Schuhanzieher gemacht hat, ich hatte noch versucht, ihn zurückzubiegen, geradezubiegen, und dabei die bereits vorhandenen Knicke weiter verstärkt, man hätte den Fuß verdrehen müssen, um ihn zu benutzen, und so habe ich ihn schließlich fortgeworfen und ihm dann hinterhergesehen, in den Mülleimer, der Hals zugeschnürt, obwohl es nur ein verbogener Schuhanzieher war, den ich längst nicht mehr benutzte und der jetzt zwischen Kaffeesatz und Papiertüchern im Abfall lag – jedes Mal, wenn er gegangen ist, hat er Witze über den Schuhanzieher gemacht, ein Witzritual beim Abschiedsritual; mein Vater stand auf der Fußmatte, nahm den Schuhanzieher vom Haken, drehte ihn um, um seine Schuhe mit dem gebogenen Griff zu sich heranzuziehen, dann kam die Bemerkung über den Schuhanzieher, den Knick und das verbogene Ende – sobald er den Arm ausstreckte, würde er etwas über den Schuhanzieher sagen, dass wusste ich, ich erwartete es bereits – jedes Mal dachte ich, dass ich einen neuen kaufen müsste, um es dann doch wieder zu vergessen, bis zum nächsten Mal, bis er das nächste Mal auf der Fußmatte stand und mit dem Schuhanzieher die Schuhe zu sich heranzog – jetzt ist er gestorben, es wird kein nächstes Mal mehr geben, und ich habe den Schuhanzieher weggeworfen und dann in den Mülleimer gesehen, dem Schuhanzieher nachgesehen, wie ich meinem Vater nicht nachgesehen habe, als der Bestatter mit dem Sarg kam, weil ich den Sarg nicht sehen wollte und das leere Bett und den Moment des Hineinlegens und Zudeckens und Sargschließens und Durch-das-Treppenhaus-Tragens und In-den-Wagen-Schiebens und dann Wegfahrens und Um-die-Ecke-Biegens und Weg-Seins und Wie-nie-vorgefahren-Seins, während die Vögel zwitschern und die Sonnenblumen blühen und auch die Stockrosen und die Margeriten und Ringelblumen und der Rittersporn – ich bin aus der Wohnung gelaufen, ohne aufzusehen, wollte niemandem im Treppenhaus begegnen und auf der Straße, wollte die Autos nicht sehen und auch nicht die Vögel und die Blumen und die Bäume – meine Tochter konnte nicht mehr aufhören, zu weinen, sie war die einzige, die auf der Beerdigung weinte, ohne Maß und ohne Ende und obwohl er alt war und krank, obwohl er nicht mehr leben wollte, nicht mit dieser Krankheit und nicht mit diesem Schmerz – es ist nur ein knapper Esslöffel Zucker im Teig und dann natürlich die Süße der Früchte und des Marmeladengusses und die Butter, die viele Butter im Teig, die den Zucker überflüssig macht, der Guss kommt erst zum Schluss; erhitzte und mit Wasser glatt gerührte Aprikosenmarmelade, die auf den säuerlichen Früchten verteilt wird und mit dem Abkühlen eine feste Masse bildet – es gab besseres Essen, wenn er kam, besseres und teureres, weil ich wusste, wie gern er aß, wie sehr er sich freute, wenn der Tisch reich gedeckt war – jetzt kann ich den Schinken selber essen und den Rohmilchkäse und die Trauben und dann wird es Tarte geben, Aprikosentarte mit buttrigem Boden und säuerlichen Früchten und süßem Guss.

CORNELIA MANIKOWSKY

geboren 1961, schreibt für Erwachsene und Kinder. Zuletzt veröffentlichte sie die BuchDruckKunstWerke *Kleine Dinge* (2021) und *Alles* (2017), beide mit Lithografien von Muriel Zoe und erschienen in der Verlagsgesellschaft der Stiftung Historische Museen Hamburg. Cornelia Manikowsky erhielt mehrere Preise und Stipendien.
www.manikowsky.de

AM RAND DER BE- WOHN- BAREN WELT

Ingvar Ambjørnsen

ROTES TOTEM

übersetzt von Gabriele Haefs

Es gibt so viele Visionen und Träume, geheimnisvolle Räume zwischen Schlafen und Wachen. In letzter Zeit sah ich jedesmal, wenn ich die Augen schloss und schlafen wollte, langbeinig leuchtende Wesen durch einen Wald laufen. Gelbe. Rote. Orange. Eine Art Lichtecho des niedergebrannten Feuers, an dem ich, ehe ich einschlief, immer meine Blicke ruhen ließ. Eine Erinnerung an das, was unter der weißen Asche ruhte. Aber die ganze Nacht schlief ich tief und traumlos und erwachte erst, wenn sich das Licht zwischen den Kiefern senkte. Es war Ende März. Im Wald lag immer noch Schnee, und in Tälern und Mulden war es ebenfalls nass. Ich blieb lieber auf den Anhöhen, wo ich trockene Wege und Pfade fand. Ich ging mit leichtem Sinn und großer Energie dahin. Ein langer Winter hatte endlich seinen Zugriff gelockert, jetzt konnte ich fast gehen, wo ich wollte.

Eines Abends bekam ich Mondschein, und ich beschloss, in dieser Nacht aufzubleiben, ich hatte einen schönen, trockenen Weg erreicht, er lag vor mir in dem blauen Licht wie ein Geschenk. Es war ein warmer Frühlingstag gewesen, und ich hatte mich in Ruhe gehalten, hatte geflickt und repariert. Nun ging ich weiter im Schein des Himmelssteines, ich würde die ganze Nacht lang gehen, und darin lag eine große Freude.

Plötzlich kam mir das Gefühl, dass jemand mich beobachtete, wie das ja oft passiert, wenn man im Wald unterwegs ist, und der Grund kann so einfach sein, dass wirklich jemand den, der durch den Wald streift, im Auge behält. Vögel. Insekten und kleine Kriechtiere. Sogar die Bäume spüren anderes Leben, wenn es vorübergeht. Der Wald hat tausend Augen und Ohren.

Aber das hier war anders. Eine Art hartnäckiger Wille. Der jählings losließ, um dann eine Weile zu verschwinden. Dann meldete er sich zurück. Direkt hinter mir. Ein bisschen zur Seite. Es war ein wenig wie Psilocybinpilze, aber dieses Spiel hatte ich nun schon lange nicht mehr gespielt, ich hatte seit dem vergangenen Sommer keinerlei Stoff angerührt, ich war clean, so kristallklar wie als kleiner Knabe.

Aber etwas folgte mir.

Ich nahm das nicht weiter wichtig. So ist es, wenn man durch den Wald geht, vor allem in der Nacht, und wenn man dabei allein ist, habe ich gemerkt, dass das Gehirn sich oft Gesellschaft holt, ohne den Wirt zu fragen, ob das gelegen kommt. Auf diese Weise bekommt der Mensch Reisegefährten und Besuch von Wichteln und Elfen.

Mir macht das nichts aus, wenn mir nur die Menschen erspart bleiben. Nun hatte ich seit über einer Woche niemanden von dieser Sorte gesehen. Nur hatte ich jetzt so gut wie nichts mehr zu essen und war bereit, ein oder zwei Hütten zu knacken, um keine Dörfer oder Ortschaften aufsuchen zu müssen. Ich hatte etwas Geld, wollte aber keine Leute sehen. Der lange Winter hatte mich scheu und abweisend gemacht, die meiste Zeit hatte ich auf einem Gebirgshof verbracht, zusammen mit einem alten Mann, der fast immer schlief.

Plötzlich stolpere ich, als ich einen Bach durchquere. Im einen Moment trete ich sicher und fest auf die Steine, die dicht unter der Wasseroberfläche liegen, im nächsten liege ich mit offenem Mund auf dem Rücken. Alle Luft ist aus mir herausgeschlagen worden. Der Rucksack hat meinen Rücken geschützt, aber mein Hinterkopf ist mit irgendeiner anderen Kugel zusammengestoßen. Ich sehe Sterne, die in der Dunkelheit tanzen, sie sehen aus wie Leuchtkäfer, sind aber leuchtend weiß.

Das Wasser ist so kalt, dass mir schon nach wenigen Sekunden alles wehtut.

Geschehnissen wie diesem sollte man ausweichen, wenn man von der Sorte ist, die im Wald am liebsten ohne Gesellschaft ihrer Wege geht.

Ich denke: Ja gut, das war also meine Gesellschaft in den letzten Stunden. Denn ich komme nicht auf die Beine. Ich liege da und spüre meinen eigenen Tod.

Ja, ja. Eines Tages wird man sich selbst und alles sehen, was zu einem gehört. Es ist gut möglich, dass es jetzt so weit ist. Meine Mutter hat Klavier gespielt, sie war vielleicht nicht besonders tüchtig, aber ich habe sie als ehrliche Ausübende erlebt. Sie spielte die Mondscheinsonate und Für Elise, und ich lag mit dem Kopf vor ihren Füßen und sah zu, wie sie die Pedale bearbeitete. Das Spiel der Füße und der Finger. Und des Gehirns, aus dem ich niemals schlau wurde. Jetzt liege ich hier und bin erwachsen genug, um zu sterben. Das kann aber auch egal sein. Ja, so kommt mir das vor. Dass es egal sein kann. Hier liege ich, und da oben über den Wipfeln steht der Mond und strahlt.

Aber dann will ich doch noch leben. Ist das nicht seltsam. Man will trotzdem leben.

Die Zeit löst sich auf. Wird zu einer anderen als die, die man kennt.

Dann stehe ich triefnass am Ufer. Mehr weiß ich nicht.

Es ist so kalt, dass es gefährlich ist. Einige Grad unter null. Ich war schon einmal in dieser Gegend, aber das ist lange her, ich kann mich nicht erinnern, wie es mit Hütten oder irgendeiner Bebauung in dem Terrain aussieht, das hier vor mir liegt.

Zuerst Feuer. Das ist das Gesetz. Ich reiße mir den Rucksack herunter, dann die Jacke, ich betrete einen Tunnel aus Notwendigkeit, alles, was ich tue, geschieht rein automatisch, ohne Gedanken oder Planung irgendwelcher Art. Ich zerbreche trockene Zweige und Rindenstücke, ich zittere und bebe, ich muss ganz schnell Feuer machen, ehe ich die Kontrolle über meine Hände verliere, Stahl schlägt auf Feuerstein, und ich blase vorsichtig in die schwache Glut, bringe sie dazu, zu leuchten wie einer der Sterne, die ich vorhin, als ich im Bach lag, gesehen habe, ich füttere die winzige Flamme, die in diesem Moment geboren wird, mit kleinen, trockene Zweigen und Gras vom vorigen Jahr, das Feuer greift um sich, und es ist geschehen, das hier kann ich, Reisig liegt genug hier am Bach, trocken und gut ist es auch, ich raffe rasch einen brauchbaren Anfang zusammen, dann ziehe ich mich aus und fange an, mit größeren Zweigen und Holzstücken hin und her zu laufen.

Eine halbe Stunde später reicht das rote Feuer mir bis zur Mitte der Brust. Meine Kleider dampfen, wie sie da an einem toten Ebereschenast hängen. Ich drehe und wende mich, und immer, wenn ich dem Feuer den Rücken kehre, sehe ich das Morgenlicht über die Wipfel im Osten steigen, und ich denke, dass es heute Nacht wirklich um Haaresbreite war, und dann denke ich, dass es eigentlich die ganze Nacht um Haaresbreite ist, und das weiß ich am Leben ja gerade zu schätzen, dass der Tod nie mehr als einen Millimeter, einen Herzschlag entfernt ist. Egal, wie stark wir sind, das Leben in uns ist nur gerade so vorhanden.

Aber nun muss ich unter Dach und Fach. Ich muss in ein Haus mit Essen und mit einer trockenen Decke, unter die ich kriechen kann, die Strapazen haben mir einen Bärenhunger gemacht und ich friere noch immer, als ich die noch nicht ganz trockenen Kleider anziehe. Ich gehe schnell, um warm zu werden, aber der triefnasse Rucksack hängt mir die ganze Zeit wie ein Eisklotz am Rückgrat, das Wasser dringt durch Jacke und Pullover, und ich kann den Rucksack auch nicht in die Hand nehmen, das hier fängt an, mir die Laune zu verderben, ich habe mich von Sturz und Kälteschock noch nicht erholt, und inzwischen habe ich auch Kopfschmerzen.

Von einem Hügelkamm aus ahne ich unten zwischen den Bäumen einen kleinen See. Und zwei Dächer. Kein Rauch. Ganz still. Ich habe keine Uhr, aber ich tippe, dass es so ungefähr acht Uhr ist. Wenn da unten Leute wären, müssten sie jetzt auf den Beinen sein.

Ich nehme den Rucksack ab und schiebe ihn unter eine Kiefer. Dann laufe ich.

Wenn ich träume, sehe ich die roten und gelben Läufer direkt aus den Flammen springen und um das Feuer herumtanzen, lautlos, mit stummem Schrei aus den offenen Mündern, die Gesichter verzogen zu seltsamen Grimassen und Masken. Lange, dünne Glieder, manchmal brennende Astlochgestalten, immer wieder um das Feuer herum, mit leuchtenden, flammenden Gliedern, ehe sie eins nach dem anderen in den nachtdunklen Wald stürzen, sodass die Funken nur so stieben.

Und ich selbst am Feuer. Splitternackt. Ruhig. Ich kann deutlich meine Mutter die Mondscheinsonate spielen hören, und ich höre den Bach, der im Hintergrund plappert. Als ich aufwache, bleibe ich mit geschlossenen Augen liegen und spüre die Wärme, die sich in meinem Körper verbreitet hat. Das schwache Pochen im Hinterkopf. Es ist nicht mehr gefährlich. Jetzt liege ich hier in einem fremden Bett, das ist vertraut.

Meine Kleider sind noch immer nicht trocken. Ich habe sie mir einfach vom Leib gerissen und in dem winzigen Schlafzimmer verstreut, ich war wohl schon halb eingeschlafen, ich kann mich nicht einmal daran erinnern. Ich lege im Ofen nach und hänge die nassen Sachen über zwei Stühle, die ich zum Feuer hindrehe. Auf dem Tisch steht eine leere Konservendose mit braunen Soßeresten. Auch daran kann ich mich nicht erinnern. Das Einzige, woran ich mich erinnern kann, ist das frühe Morgenlicht, gerade in diesem Moment hatte die Sonne sich aus den Wipfeln gelöst, und ich brach ins Haus ein, indem ich eine der kleinen Fensterscheiben im Windfang einschlug. Als ich die Tür einen Spaltbreit öffne, sehe ich die Scherben auf dem Boden liegen und im Sonnenschein funkeln wie Diamanten und Eis.

Ich lege mich wieder hin und schlafe, bis es dunkel geworden ist.

Hinter einem Hüttenfenster auf dem anderen Seeufer brennt Licht. Ich habe in meiner Eile nicht einmal registriert, dass dort eine Hütte liegt, aber jetzt fällt mir wieder ein, dass ich vom Höhenzug aus mehrere Dächer gesehen habe. Ich stehe draußen und lausche auf den Wind, der in den Wipfeln spielt. Schaue mich in der Dunkelheit um. Wenn es auf diesem Ufer noch andere Hütten gibt, dann sind sie leer. Und ganz dunkel. Nur Licht in dem einen Fenster am anderen Ufer.

Ich gehe ins Haus und blase die Kerze aus, die Flamme, die zitternd auf dem Küchentisch stand. Die große Swarovski-Figur finde ich im Eckschrank. Normalerweise würde ich so etwas mitnehmen, aber diesmal ist das anders. Aus dieser Hütte nehme ich nichts mit. Ehe ich aufbreche, will ich eine Holzplatte ins Fenster setzen. Anstelle der aus Glas, die ich eingeschlagen habe, um hereinzukommen.

Draußen gibt es noch immer nur den Wind, der zum Tanz aufspielt.

Ich gehe zum Ufer des schwarzen Auges im Wald und setze mich auf einen Stein. Durch das Fernglas sehe ich das gelbe Quadrat auf dem anderen Ufer. Hände, wie in einer Bewegung, diese Hände haben etwas Belehrendes, Befehlendes. Und ein Gesicht. Es ist ein Junge, der dort sitzt und glotzt.

Ich gehe zurück und zünde die Kerze an. Lege im Ofen Holz nach. Denke: Das war eine Frau. Es waren Frauenhände, da bin ich fast sicher. Wer werde ich dann? Ich denke den ganzen Abend über diese Frage nach, aber ab und zu unterhalte ich mich mit einem alten Kartenspiel. Als ich schlafen gehe, bin ich mir noch immer nicht sicher, was meine eigene Rolle angeht, aber als ich die Augen schließe, stellen die leuchtenden Waldgeister sich nicht ein. Stattdessen sehe ich meinen eigenen Schatten einem Weg um den See folgen.

Am nächsten Tag hämmert sie gegen die Wand. Nicht gegen die Tür, sondern direkt gegen die Wand vor dem Schlafzimmer. Ich sehe die Bewegung der Hände am Vorabend vor mir.

Jetzt eine rote, geballte Faust, die gegen das Holz schlägt. Ich ziehe die Hose an und denke, dass ich bei der Wahrheit bleiben kann. Dass ich aus purer Not eingebrochen bin. Dass ich sonst erfroren wäre. Aber dann denkt ein anderer in mir, wenn sie schon so mutig ist … Und will ich wirklich der sein, der die Vernunft ins Haus getragen hat, und ihr nichts Besseres anbieten? Was ist denn das für ein Kerl?

Ich reiße die Tür auf und sie fährt zurück. Fünfzig? So ungefähr. Ich denke, dass sie aussieht wie eine, die im Büro eines Landrichters arbeitet. Dafür kann ich nichts. Eine, die dich bittet, noch einen Moment zu warten, bis sie so weit ist. Eine, die die Konservativen wählt und Sex nur mit ihrem Mann hat. Ich kenne die Sorte. Die sitzen auch in den Sozialämtern überall im Land. Und bei der Polizei.

Der Junge, halb versteckt hinter ihrem Rücken, glotzt noch immer. Dreizehn. Vielleicht vierzehn. Zurückgeblieben.

»Was machen Sie hier?«

Laut. Schrill.

»Nichts Besonderes«, sage ich. »Gerade eben habe ich geschlafen. Kann ich irgendwie behilflich sein?«

Sie ist sich nicht so sicher. So etwas sehe ich. Ihr Blick, von der eingeschlagenen Scheibe zu meinem Gesicht. »Ich gehe davon aus, dass dieser Besuch nicht mit Andersen abgesprochen ist.«

Nicht Andersens. Andersen. Wie gesagt. Die Sorte kenne ich. »Stimmt«, sage ich. »Ist das der Besitzer?«

»Ich muss schon sagen. Ja, das muss ich wirklich! An Unverschämtheit fehlt es Ihnen nicht!«

»Und Sie haben sehr viel Mut«, sage ich. »Meinen Respekt. Einige von uns sind gefährlich.«

Sie fährt zusammen, als wäre ihr das noch gar nicht bewusst gewesen.

»Sune«, sage ich und reiche dem Jungen die Hand. Er nimmt sie sofort und blökt: »HARRAH!«

»Harald«, sagt sie erschrocken.

»Ihr trinkt doch eine Tasse Kaffee?«, frage ich. »Harrah?«

»Das wird mitgeteilt«, sagt sie und zeigt mir ihr Mobiltelefon. Ein Nokia, sehe ich. Silberfarben. Funkelt im Sonnenlicht.

Harrah möchte einen Kaffee. Das ist leicht zu sehen.

Sie zieht ihn mit sich. Hart am Arm. Mit der anderen Hand betätigt sie routiniert das Nokia.

Harrah dreht sich um und starrt mich über seine rechte Schulter mit offenem Mund an.

»Ja, hallo. Hier ist …«

Ich hebe den Daumen für ihn, während sie gleich zur Sache kommt. Sie ruft an, um einen Einbruch in eine Hütte zu melden. Kirsten Sandboe. Ja, S-a-n-d-b-o-e.

Sie kommen nicht. Sie kommen nie. Fast nie. Es ist einmal in Gol passiert, als sie ohnehin gleich um die Ecke die Hunde trainierten. Sympathische Burschen. Ich kann übrigens durchaus auch sympathisch sein, wenn es darum geht, ein oder zwei Stunden totzuschlagen. Andersens? Andersen? Die sind so alt. Drinnen an der Wand hängt ein Bild von ihnen. Ihre Gesichter sehen aus wie zwei lächelnde Rosinen. In dieser Bude soll klar Schiff gemacht werden, ehe ich sie verlasse. Das steht fest.

Ich esse ein Suppentüten-Frühstück und trinke starken schwarzen Kaffee. Drehe mir eine Zigarette und singe ein kleines Lied.

War ich im Wald unterwegs und habe Menschen vermisst, ohne es zu wissen?

Nein. Als ich in den Spiegel schaue, sehe ich, dass es nicht so ist. Dass es sich komplizierter verhält.

Aber es macht Spaß, draußen auf der Türschwelle zu sitzen und die beiden mit Andersens Fernrohr zu beobachten. Sie hat heftige Bewegungen, fällt mir auf. Holz hacken kann sie auch.

Die fertig zerteilten Birkenscheite hüpfend durch das Heidekraut. Harrah holt einen nach dem anderen und versucht, sie an der Hüttenwand aufzustapeln, was ihm aber nicht so richtig gelingt. Das Kunstwerk fällt immer wieder in sich zusammen. Es stimmt schon so: Bei solchen wie ihm sind die Fähigkeiten auf ganz andere Weise verteilt. Das steht jedenfalls fest.

Nach einer Weile schleudert er ein Holzscheit gegen die Wand und verlegt sich aufs Brüllen.

Und sie rennt hinter ihm her durch das Unterholz.

Ein Boot habe ich auch, wie sich dann herausstellt. Zuerst finde ich im Schuppen Ruder und Angelsachen, später das Boot selbst, eine kleine Plastikjolle, versteckt unten in einem Weidengestrüpp. Es ist ordentlich für den Winter eingepackt, und wenn ich mich nicht irre, liegt es hier seit mindestens zwei Jahren. Wieder sehe ich die beiden lächelnden Rosinen an der Wand vor mir.

Jetzt wird Sune aus dem Wald euch eine helfende Hand reichen, ob ihr nun lebt oder tot seid, denke ich.

Ich säubere das Boot von innen, mit Wasser, das ich auf dem Herd in der Hütte aufgewärmt habe. Der Seifenschaum stiebt um mich herum auf. Ab und zu sehe ich die anderen am Rand meines Blickfeldes, sie stehen auf dem jenseitigen Ufer und sehen zu, was ich hier mache. Sie können diese Gleichung nicht lösen, weder die Normale noch der Zurückgebliebene. So wird die Rolle des Einbrechers nicht gespielt, nicht im normalen Leben und nicht in der Karikatur.

Plötzlich ein Aufflackern der Unruhe. Kann sie noch andere angerufen haben, außer den Arm des Gesetzes?

Das glaube ich nicht.

Eigentlich glaube ich, dass sie überhaupt nicht angerufen hat. Und wenn das stimmt, dann führen wir hier oben im Wald ein richtig gutes Theaterstück auf.

Später lasse ich mich auf dem funkelnden See treiben. Ein bisschen, weil ich hier sicherer bin, sollte jemand auftauchen; vor allem aber wohl, weil es schön ist, hier zu sein. Ich sitze auf dem Boden der Jolle, ich habe ein Sofakissen als Nackenstütze mitgenommen. Alles ist so still. Nur hier und da ein Vogel. Das Glucksen des Wassers gegen den Bootsrumpf. Mein eigener Atem. Ich denke an den alten Mann, mit dem ich den langen Winter verbracht habe, und daran, dass er zum Sterben ins Dorf hinuntergezogen ist. An den Hof, der jetzt verlassen ist, wie eine leere Hülse nach dem Leben mehrerer Generationen. Ja. Ich lasse mich herumtreiben und mache mir ein paar Gedanken über Leben und Tod und Aufbruch. Wie lange werde ich übrigens hierbleiben? Ich habe Essen für drei Tage. So lange bleibe ich nicht.

Oder vielleicht doch.

Ich probiere die Angelrute aus, die ich neben den Rudern im Schuppen gefunden habe. Ein Glasfaserteil für ein Kind, mit einer schlichten und ziemlich verrosteten Spindel. Na gut, denke ich, für eine Stunde kann ich ja wohl auch ein Kind sein, ich versuche es mit einem kleinen Spinnköder, den ich auf der Fensterbank gefunden habe.

Ich werfe die Angel acht-, zehnmal aus. Nichts.

Sie gehen in die Hütte, lassen die Tür aber offenstehen. Klirren von Tellern und Besteck.

Ich tausche den Spinnköder gegen einen mit drei Fliegen und ein kleines Bleigewicht aus. Halte mich dicht am Ufer und ziehe die Angel am Bachufer vorbei.

Da beißt sie an. Eine feine kleine Forelle zum Braten, rund und schön. Ein einziger nasser und zitternder Muskel, der in meiner Hand liegt und vor Leben strotzt. Ich breche ihr das Genick und lege die Forelle vorsichtig unten ins Boot.

Und ich erwische noch fünf, dann wird es still.

Da steht er. Ein bisschen zu weit am Rand der schwimmenden Grassoden.

Ich zeige auf eine ein Stück entfernt liegende Felskuppe. Eine Zunge aus grauem Granit, die sich ins Wasser streckt. »Geh auf den Stein da draußen, dann kannst du dein Glück versuchen.«

Aber er steht nur da und starrt mich an.

Sie steht jetzt in der Tür. Hat es eilig, sowie sie sieht, wo er sich befindet.

Ich bitte sie, stehenzubleiben und außerdem nicht dauernd Harald zu rufen. Weiche vorsichtig in Richtung des Granits zurück.

Nun folgt er.

Ich gehe an Land und schneide einen dünnen Birkenzweig ab. Spieße vier Fische darauf und mache eine Schlinge. Als die beiden kommen, lege ich das Fischbündel auf ein Grasbüschel.

»Zwei für jeden«, sage ich.

Dazu sagen sie nichts. Sie setzt sich ein Stück entfernt auf eine Glasfläche und ich zeige ihm die allereinfachsten Handgriffe.

Die nicht einfach genug sind.

Ich bewege heftig seinen Arm, führe seinen Finger, als er die Angelschnur einholt.

Wir finden nichts, aber es macht Spaß, so dazustehen.

Ich habe zwei Jungen in diese Welt gebracht, weshalb ich mich ab und zu schäme.

Am folgenden Tag unterhalte ich mich mit einem großen Espenstamm, der dort, wo die Bäche in den See münden, im Moor liegt. Der Stamm ist durchzogen von braun-lila Moorwasser und bleischwer. Ich breche ihn aus Moos und Gestrüpp heraus und schiebe ihn zum Ufer unterhalb der Hütte. Es ist nicht das beste Holz aller Zeiten, eher ist das Gegenteil der Fall, aber mit irgendetwas muss man den Tag doch füllen. Dort liegt der Stamm jetzt, und hier bin ich. Der Holzschuppen fast leer. Nach dieser Anstrengung schlafe ich eine Stunde, dann fange ich noch vier Forellen. Beschließe, dass die Konservendosen ihre Ruhe haben können, solange die Gottheiten des Waldes so großzügig sind wie jetzt.

Ich sehe die beiden den ganzen Vormittag nicht, aber als ich in der Dämmerung angeln gehe, stehen sie wieder da. Ich gebe ihnen alle vier. Das war nur so ein Impuls.

Sie glauben nicht an meine Gottheiten, und dafür können sie nichts.

Ich träume von großen bunten Fischen, die still zwischen den Bäumen eines hohen, alten Waldes schwimmen. Ich erlebe das nur selten, aber dieser Traum wiederholt sich mit ungefähr einem Jahr Abstand in kleinen Variationen. Das hier sind die laufenden Lichtwesen, die sich in anderen Formen inkarniert haben. Nicht ein Laut. Karpfenartige Geschöpfe, die zwischen den Bäumen segeln, und über Lichtungen, wo sich das Sonnenlicht lagert wie goldener Honig. Rote. Gelbe. Leuchtend Blaue. Ich bin ein Baum. Ich stehe da und bin Wald mit anderen Bäumen, wir sehen die bunten Karpfen mit Tausendjahresblick vorübersegeln. Dem Blick der Steine. Des Felsgrundes. Es ist wie der Tod tief im Leben.

Nichts passiert.

Aber als ich aufstehe, liegt auf dem Tisch eine Zeichnung einer Forelle.

Sie sitzen auf dem Baumstamm und schauen mit dem Rücken zu mir auf den See hinaus. Der Wind fegt ihre dunklen Haare hin und her über den Bogen des Nackens. Und über die weiße Haut. Der triefnasse Baumstamm, denke ich. Ihr Hintern.

Er hält ein Stück Holz oder einen Nagel in der Hand und ritzt ein Muster in das weiche Holz.

Mit der linken Hand, sie sieht es nicht.

Sie tragen Regenkleidung.

Die Wolken jagen über den Himmel.

Die Forelle hat er mit doppelten Strichen gezeichnet. Einer grün, einer lila. Die Striche kreuzen einander in seltsamen Schleifen und unerwarteten Winkeln. Eine Technik, die ich noch nie gesehen habe. Eigentlich total abstrakt, aber das

Ergebnis ist nicht misszuverstehen. Er hat eine der Forellen gezeichnet, die ich für ihn gezeichnet habe.

Darüber liest man ja in Büchern oder sieht es im Kino. Der geniale Idiot. Meine Erfahrung mit zurückgebliebenen Personen ist, dass sie zurückgeblieben sind.

Naja. Genial ist er wohl nicht gerade. Aber er hat einen eigenen Ausdruck. Etwas, das nur ihm gehört.

Wenn er also wirklich die Zeichnung auf dem Tisch angefertigt hat.

Wenn nicht die Sozialtante in Wirklichkeit eine verkleidete Künstlerin ist.

Als ich aus der Tür trete, fährt sie zusammen. Sie springt auf und sieht mich unsicher an. Der Junge bleibt sitzen. Er benutzt einen rostigen Nagel als Graviernadel. Das gleiche komplizierte Muster. Eine Schlange, die sich um den Baumstamm windet. Eine Maske, halb verborgen von Blättern. In dem eisenhaltigen Moor muss mit dem Baumstamm irgendein Wunder geschehen sein, denn wenn er mit dem Nagel in der silbergrauen Oberfläche ritzt, erreicht er eine fast weinrote Schicht.

»Er hätte nicht ins Haus gehen dürfen«, sagt sie. »Aber ich war unten am Wasser und kam nicht mehr rechtzeitig. Manchmal hört er eben nicht auf mich.«

Ich habe eben deinen Hintern bewundert, denke ich. Und den weißen Nacken.

Ich sage, dass ich meine Intimsphäre nicht für sonderlich verletzt halte.

Sie lächelt. Das hätte ich ihr nicht zugetraut.

Als ich mich neben ihn setze, hört er mit Ritzen auf. Bohrt den rostigen Nagel vorsichtig in die Haut seiner rechten Handfläche.

»Hör auf damit«, sagt sie. »Harald!«

Als ich das Messer hervorziehe, hört er auf.

Ich ritze eine Linie parallel zu seiner, aber schräg und tiefer, sodass sich die Schlange als Relief hervorhebt. Aus dem Roten herauswächst. Ich erreiche ein lila, fast schwarzes Feld.

»Jetzt haben wir vier Farben«, sage ich. »Osten, Westen, Norden und Süden.«

Nun lacht er. Doch. Ich glaube, es ist Lachen.

»Eine für jeden der vier Geister, die im Wald hausen.«

Als sie gehen, bedanke ich mich ganz betont nicht für die Zeichnung.

Ich hole den Rucksack, das hätte ich schon längst tun müssen. So bin ich eben. Ich schiebe auf. Verdränge. Oder mache mich davon. Ich gehe die steilen Hänge hoch und denke, dass ich hierbleiben muss, bis alles im Rucksack getrocknet ist.

Eine ungewohnte Situation. Ich will das sonst nicht. Leute, so dicht in meiner Nähe. Ich kann natürlich noch heute Nacht mit dem nassen Sack weitergehen. Mir eine andere Hütte suchen. Aber ich merke, dass die Situation in mir zur Ruhe gekommen ist. Dass es mir nichts ausmacht, dass die beiden auf dem anderen Seeufer sind.

Als ich oben am Hang ankomme, kann ich sie sehen. Ich setze mich auf einen Baumstumpf und drehe mir eine Zigarette.

Sie sitzt unter einer Decke vor der Hüttenwand, sie scheint zu lesen. Er steht auf der Felszunge und schaut hinaus auf das Wasser. Das schwarze Auge im Wald.

Wie sieht er die Welt?

Wie sehen alle anderen die Welt? Welchen Wegen folgen ihre Gedanken?

Die, mit der ich noch immer verheiratet bin, sagt, dass sie meine Sprache nicht mehr versteht.

Ich weiß nicht, ob ich je nach ihrer gesucht habe.

Wieder unten bei der Hütte angekommen, verteile ich den Inhalt des Rucksacks im Gras. Die Kleider lege ich beiseite und bringe sie dann ins Haus. Ich habe über dem Ofen eine improvisierte Wäscheleine angebracht. Den Rucksack und den restlichen Inhalt lasse ich einfach liegen. Noch einige Stunden Sonne.

Der Baumstamm weist neue Illustrationen auf. Fische. Vögel. Fabeltiere und Blumen.

Ich setze mich rittlings auf den Baumstamm und schneide tief in das farbenreiche Holz. Denke, dass er das will. Dass ich in und unter die Striche gehe, die er zieht.

Auf diese Weise habe ich noch nie ein Totem gemacht.

Ein Selbstmörder hat mich gelehrt, im Wald Totempfähle und andere Holzfiguren zu errichten. Nicht zu schnitzen, das konnte ich immer schon, das liegt in meinen Genen väterlicherseits. Aber sie zu hinterlassen, oft an unzugänglichen Orten, weit von den Menschen entfernt. Er hat oft Figuren oder Reliefs aus Wurzeln geschnitzt und sie in Wind und Wetter stehenlassen, um zu verfallen. Um zersetzt zu werden, vielleicht ungesehen von anderen als ihm selbst. In den schweren Phasen schnitzte er und meinte, im Arbeitsprozess liege eine Linderung. Ich kenne eine Stelle im Wald, wo es eine ganze Galerie für den Schmerz gibt, den er in sich trug, der ihn am Ende zersetzt hat.

Das hier will ich am Waldrand oberhalb der Hütte aufstellen, wo die Abendsonne mit den Farben im Holz spielen kann, bis Wind und Wetter sie verzehrt haben. Wenn sie es wegnehmen, spielt es für mich keine Rolle. Ich werde nie wieder hierher zurückkehren.

Zwei Tage vergehen. Ich sehe nicht viel von ihnen, ich bin im Wald und im Gebirge unterwegs und kehre erst in der Abenddämmerung zurück. Aber jeden Tag war er mit seinem rostigen Nagel da und hat neue Details und Einfälle eingeritzt.

Eines Vormittags richte ich den Baumstamm am Waldrand auf.

Er steht da wie ein Pfahl. So etwas kann ich.

In dieser Nacht sitzt sie auf der Türschwelle, als ich zurückkehre, ich weiß nicht, woher, ich war meistens tief in Gedanken versunken. Man wird nicht klug davon, auf diese Weise im Wald umherzugehen, aber man fängt an, anders zu denken. Ich setze mich neben sie und drehe mir eine Zigarette. Sie will nicht ins Haus, das kann ich in ihren Augen lesen.

»Kann ich auch eine haben? Es ist so lange her.«

Ich drehe auch für sie eine. Gebe uns beiden Feuer.

»Ich werde nicht schlau aus dir. Das habe ich versucht.«

»Das verlangt ja auch niemand«, sage ich.

»Doch«, sagt sie. »Jemand schon. Wenn sie erfahren, dass ich hier war, als du eingebrochen bist.«

Ich lache.

»Ja«, sagt sie. »Ich habe nur so getan. Ich habe nicht angerufen.«

»Da siehst du's. Niemand weiß davon. Nur er. Ist das deiner?«

»Ja. Das ist meiner. Aber nicht ich habe ihn in die Welt gesetzt.«

Wir schweigen eine ganze Weile. Der Wind streicht durch das Schilf vom Vorjahr. Eine Feldmaus huscht über das feuchte Laub. Bleibt stehen. Horcht auf die Welt. Läuft weiter in Richtung ihres eigenen Todes.

Das hat sie vielleicht auch gedacht, denn sie sagt: »Und ich werde ihn hinausbegleiten.«

»Dann wird er sich wohl kaum verpfeifen, stelle ich mir vor.«

Sie schüttelt den Kopf. »Er weiß nicht mehr, was das ist.«

»Er war also nicht immer so.«

»Nein. In seinem Kopf gibt es eine Knospe, die sich jetzt öffnet. Er wird vor Weihnachten sterben.«

Ihre Haare duften nach Wald.

Wir sitzen aneinandergelehnt wie zwei zusammengewachsene Baumstümpfe im Wald. Manchmal ist es mit den Menschen, denen man begegnet, so, wie es sein soll. Fast nie, aber manchmal.

Aber als ich am nächsten Morgen in meiner geliehenen Hütte aufwache und seine Schritte im Gras vor dem Schlafzimmerfenster höre, weiß ich, dass er den roten Totempfahl am Waldrand entdeckt hat.

Und dass ich aufbrechen muss, sowie es dunkel wird.

INGVAR AMBJØRNSEN

geboren 1956 in Tønsberg, Norwegens kneipenreichster Stadt, aufgewachsen in Larvik. Nichtvollendete Gärtnerlehre und mancherlei Jobs in Industrie und Psychiatrie. Erste Buchveröffentlichung 1981, seitdem zahlreiche Romane. Lebt seit 1985 in Hamburg. Ingvar Ambjørnsen wurde 2012 mit dem *Willy-Brandt-Preis* ausgezeichnet. Mit seinen *Elling*-Romanen gelangte er zu Weltruhm; sie wurden mit zahlreichen Literaturpreisen ausgezeichnet und in über dreißig Sprachen übersetzt. Die Verfilmung *Elling* war 2002 für den Oscar als bester fremdsprachiger Film nominiert.

www.ingvar-ambjoernsen.de

Kaspar Peters
ULTIMA THULE

Es ist falsch zu sagen: die Nacht bricht an. Die Nacht ist immer schon da, in unseren Augen hat sich die Nacht längst eingenistet, in unseren Augen ist immer Nacht, die Nacht ist das Glas, durch das wir in den Tag spähen. Der Tag ist allenfalls ein geduldeter Gast: Er stellt für ein paar Stunden die Welt vor uns hin wie eine rostige Gießkanne und wir denken dann: Aha, so sieht sie also aus, die Welt. Der ausgeweidete Geländewagen des Nachbarn steht noch an Ort und Stelle, ebenso seine öligen Eingeweide und die beiden Motorschlitten ohne Ketten. Auf der Weide scharren die Pferde den Schnee von totenbleichen Gräsern. Wir hämmern ein paar Nägel in die Balken unserer Häuser, bessern dort ein Dach aus, wo der Wind hindurchpfeift, gehen auf ein Schwätzchen in die Tankstelle, grübeln vor uns hin und während eine Tasse Kaffee vor uns erkaltet, schwindet das Tageslicht. Und schon spähen wir wieder nach draußen in die Nacht, schweigsam und konzentriert, als stünde ein Ereignis bevor, ein Aufbruch, oder als müsste bald jemand kommen, der unsere Sprache nicht spräche, der unser Schweigen nicht schwiege.

Aber wie dem auch sei: Die Nacht beginnt, die Nacht endet und dazwischen sinken wir in den Schlaf. Schlaf ist kostbar. Er ist das Kostbarste, das wir besitzen, das Gold von Liseth, so könnte man ihn nennen, unseren Schlaf. Nirgends schläft man so tief wie hier. Die Ruhe! Die Touristen kommen hierher, weil sie die Ruhe in diesem abgelegenen Winkel der Welt schätzen. Sie kommen aus ihren Metropolen gekrochen, angeschlichen über die Hochebene in ihren glänzenden Mietwagen kommen sie und da ist sie, denken sie, die Ruhe! Machen Selfies von sich und der Ruhe in Liseth, schicken es den Daheimgebliebenen. Was für ein Abenteuer, denken sie. Und die Ruhe! Nur der Wind und das Meer. Das gefällt ihnen. Ich kann ihnen gerne etwas von meiner Ruhe erzählen, ich teile sie gerne, meine Ruhe, sollen sie mal hierherkommen, dann zeige ich sie ihnen. Die Ruhe! Die Ruhe!

Ich wachte gegen 4 Uhr morgens mit dem Wunsch auf, der Teufel möge Ingi holen. Es wäre viel damit getan, wenn es den Teufel gäbe und, gesetzt es gäbe ihn, wenn er Ingi zu sich nähme. Ingi spricht jetzt die dritte Nacht. Auch tagsüber spricht er, immerzu spricht er, ich kann es durch die Wand hören, wie es aus ihm herausfließt, flüsternde und zischende Laute, abgehackte und hitzig ausgestoßene Wortfetzen, ein endloses Gestammel, das einem Fiebertraum zu entsteigen scheint und zu keinem Ende kommt.

Es schwoll an und flaute ab, es gurgelte vor sich hin, wob sich hinein in das Pfeifen des Windes, der gelassen ums Haus strich, dann brach es plötzlich in abgehackte, hitzige Wortfetzen aus, die wie etwas Abgerissenes und Hingeschleudertes durch die Dunkelheit in den Zimmern zogen. Kaskaden von Lauten und flimmernden, kaum verständlichen Worten, die einen glühenden inneren Kern zu haben schienen, der sie unbezwingbar und unwiderlegbar machte und an eine Handvoll Münzen denken ließen, die durch den Raum geschleudert wurden.

Das war ein Zustand, der tagelang andauern konnte. Wie ein Sturmtief, das sich eine Zeitlang austobte, bis es an Kraft verlor, redete Ingi Tag und Nacht, drehte seinen Fernseher auf, rückte seine Möbel durchs Zimmer, als hätte er plötzlich

enorme Energiereserven, die er irgendwie verbrauchen musste, bis er nach mehreren Tagen und Nächten mit den Kräften
am Ende war und erschöpft zusammensank.

Woher, fragte ich mich, nahm er die Luft für all die Worte,
musste doch die Luft in seinen Zimmern längst leergeatmet
sein, alle Wörter aufgefädelt auf der unsichtbaren Schnur, die
sich, ich war mir sicher, durch das Zimmer meines Nachbarn
spannen muss. All die Wörter, die sinnlos und ohne Zusammenhang durch seine Zimmer schwebten wie der Geruch von
totem Fisch in der Kammer, in der ich mir meine Arbeitsklei-
dung vom Leib reiße, manchmal mit Kjartans Unterstützung.
Wie soll ich schlafen, wenn Ingi Nacht für Nacht seine Wohnung auseinandernimmt. Der Teufel könnte sich nützlich machen, ihn mitsamt seinem Wahn hinausschleifen in die stür-
mische Nacht und ihn mit ins *Stille Haus* nehmen. Da könnte
er sich dann nach Herzenslust austoben, bis er völlig auseinan-
derfällt, da könnte er toben und schreien, bis ihn seine Stimme
im Stich lässt, da könnte er die Möbel zertrümmern und sie aus
dem Fenster werfen, bis er zusammenbrach. Aber nicht hier,
neben mir. Ich brauchte meinen Schlaf.

Ich saß senkrecht im Bett und lauschte, was die Nacht außer
Ingis Stimme noch zu bieten hatte. Da war der Wind, der ums
Haus pfiff und der Regen, der in zitternden Striemen gegen
das Fenster gepeitscht wurde. Dann klang es, als würde Ingi
ein schweres Möbelstück durch die Wohnung schieben, gefolgt
von einem weiteren Krachen wie von zersplitterndem Holz,
lauter noch als das erste. Und in einem fort redete er sich in
Rage, schob von Neuem einen schweren Gegenstand über den
Boden und ließ es krachen. Wie ein Rockstar, der sein Hotel-
zimmer zerlegt, dachte ich.

Dann wieder schlug er mit aller Kraft gegen die Wände, kratzte an ihnen, als wollte er sich vor Tagesanbruch zu mir durcharbeiten. Nie waren mir die Wände so dünn vorgekommen. Er schrie und tobte wenige Zentimeter von meinem Ohr entfernt, das die Grammatik des unerklärlichen Wetters zu entziffern versuchte, das nebenan ausgebrochen war.

Als es losging mit Ingis Anfällen, hatte ich noch bei ihm geklopft, denn auch wenn es bedrohlich klang, was sich bei ihm abspielte, schien mir das der direkteste Weg zu sein, meinen Schlaf zu retten. Aber er schien sich in einer anderen Wirklichkeit zu befinden, zu der mein Klopfen gar nicht durchdrang. Also war ich dazu übergegangen, auf dem Polizeirevier anzurufen, damit sie jemand vorbeischickten, der sich um die Sache kümmerte. Aber das hatte nur neuen Ärger gegeben, weil sich Kjartan, der junge Hilfspolizist in mich verguckt hatte. Er schien mehr daran interessiert zu sein, sich behaglich an meinem Küchentisch vor einer Tasse Kaffee zu räkeln und mir aus seinen tiefen Augenhöhlen heraus glühende Blicke zuzuwerfen, als daran, seine Arbeit zu tun.

»Hallo Ida, alles in Ordnung?« Kjartans Stimme hatte einen vertraulichen Tonfall, als wäre er bereit, mir bis zum Morgengrauen zuzuhören, die Dinge des Herzens zu diskutieren und ab und zu verständnisvoll zu brummen.

»Glaubst du, ich würde anrufen, wenn alles in Ordnung wäre? Ingi dreht mal wieder durch. Es klingt, als würde er seine Einrichtung zertrümmern.«

Er seufzte. »Also alles wie immer. Ich schaue mal nach ihm. Bleib, wo du bist.«

»Wo soll ich denn hingehen, jetzt um die Uhrzeit?« Ich merkte, wie die Wut in mir aufstieg, Wut auf Ingi, der mich um meinen Schlaf gebracht hatte, und Wut darauf, dass ich auf jemanden wie Kjartan angewiesen war.

Kjartan war schnell. Schon Minuten nach meinem Anruf flackerte das Blaulicht des Streifenwagens lautlos über meine Zimmerwand. Einen Augenblick später hörte ich das Auto in der Einfahrt. Kjartan stellte den Motor ab und durch das Küchenfenster sah ich, wie er mit schweren Schritten über den Kies auf Ingis Haustür zuging. Das Blaulicht pulsierte gespenstisch in der Nacht und warf seinen Schein auf die schneeverkrustete Wiese vor dem Haus. Ich erkannte die Umrisse von Ingis Jeep und seinem maroden Boot, dass er im Herbst aus dem Wasser geholt und ohne es aufzubocken einfach auf der Wiese liegengelassen hatte, wo es jetzt wie ein vergessenes Kinderspielzeug vor sich hin moderte. Kjartan stellte das Blaulicht nie ab, wenn er nach Ingi schaute. Es war sein Auftritt und das Blaulicht setzte ihn stimmungsoll in Szene. Es war offensichtlich, dass er mir imponieren wollte. Hätte es in Liseth Blumen zu kaufen gegeben, hätte er vermutlich jedesmal, wenn er wegen Ingi ausrücken musste, mit einem Strauß vor der Tür gestanden. Das Blaulicht stand sozusagen stellvertretend für die Blumen. Man musste aus seinen Möglichkeiten das Beste machen. Ihm war vermutlich jedes Mittel recht, um für ein bisschen Dramatik zu sorgen. Fehlte nur noch, dass er das Autoradio mit irgendeiner spannungsgeladener Filmmusik laufen ließ, während er knirschend über den Kies ging, ein Polizist, der unerschütterlich seine Pflicht tat, *weil es sein Job war*, wie die amerikanischen Cops im Fernsehen nicht müde wurden zu wiederholen. Da ging ein Polizist, der tief in der Nacht nach dem Rechten sah, und ich vermutete, dass er sich in den Sekunden, die Kjartan von seinem Streifenwagen bis zu Ingis Tür brauchte, wie ein richtiger Polizist vorkam. Ich konnte es ihm nicht verübeln. Er musste sich hier oben zu Tode langweilen. Ab und zu eine Prügelei zwischen Betrunkenen, ein angefahrenes Schaf, das erschossen werden musste, und natürlich Andris Unfall. Trotzdem, viel zu tun hatte er hier nicht. Nicht gerade das aufregende Leben als Cop, das er aus dem Fernsehen kannte.

Ich hörte, wie Kjartan mit schweren Schritten über den Kies an meiner Tür vorbei zu Ingis Wohnung ging. Er schien direkt in die Wohnung zu gehen, denn ich hörte ihn nicht klopfen, und gleich darauf hörte ich Kjartans gedämpfte Schritte hinter der Wand und seine Stimme, die Ingis Namen rief. Dann hörte ich Kjartans Schritte wieder auf dem Kies und einen Augenblick später klopfte er an meiner Tür.

»Der Vogel ist ausgeflogen.«

»Ausgeflogen? Was meinst du?«

»Die Tür steht offen. Das Licht brennt. Er hat seinen Vogelkäfig und seinen Fernseher aus dem Fenster geworfen. Er ist nicht zu Hause. Ich habe überall nachgeschaut, aber er hat sich aus dem Staub gemacht.«

»Na großartig. Das heißt, der rennt jetzt in seinem Zustand da draußen rum.«

»Ich kann dir Gesellschaft leisten, bis du zur Arbeit musst.« Er sah mich erwartungsvoll an.

»Du solltest ihn besser suchen gehen, findest du nicht? Keine Ahnung, was er da draußen treibt.« Vermutlich war er geflohen, als er Kjartans Blaulicht gesehen hatte, war verschreckt umhergeirrt, bis ihn die Kälte in einen Schafstall getrieben hatte. Auch in seinem Zustand musste er den eisigen Wind spüren, der jetzt vom Meer herüberzog und stündlich stärker zu werden schien.

»Ich glaube, es ist besser, wenn ich hier warte. Er kommt bestimmt gleich zurück. Hast du was dagegen, wenn ich mich kurz ausruhe? Ich bin so müde. Es geht bestimmt gleich vorbei. Ich muss mich nur kurz hinlegen.« Jetzt erst fiel mir auf, wie müde sein Blick war. Auch seine Stimme hatte sich verändert, war ganz dünn geworden, wie etwas, das im Begriff war zu verschwinden. Alle Kraft schien aus seinem Körper gewichen zu sein und für einen Moment kam es mir vor, als ob sein großer Körper ins Schwanken geriete.

»Also gut. Du kannst dich auf die Couch im Wohnzimmer legen.«

Kjartan zog seine Schuhe aus, legte den schweren Gürtel ab, an dem sein Pistolenhalfter, eine Taschenlampe, ein paar Handschellen und eine Dose Pfefferspray befestigt waren. Die Handschellen klirrten, als er den Gürtel auf den Boden legte. Er rollte sich in seiner Uniform auf der cremefarbenen Couch zusammen, die im Wohnzimmer stand. Ich holte eine rote Tagesdecke und reichte sie ihm. Als er sich in die Decke wickelte, schien es undenkbar, dass der Mann auf meiner Couch jemals als Polizist gearbeitet hatte. Er schien zugleich um Jahre gealtert und wieder ein kleiner Junge zu sein. »Weck mich, wenn Ingi zurückkommt«, sagte er mit matter Stimme. Wenige Augenblicke später war er eingeschlafen. Ich stand eine Weile da und betrachtete Kjartan. Seine Züge hatten sich entspannt. Sein blondes Haar hing ihm in die Stirn, und er hatte den Mund leicht geöffnet.

Ich betrachtete den Gürtel, der vor ihm auf dem Boden lag. Niemand würde mich daran hindern, die Pistole aus dem Halfter zu ziehen. Ich könnte die Pistole mit in die Fischfabrik nehmen und um mich schießen, bis das Magazin leer war. Falls sie überhaupt geladen war. Oder ich könnte ins Auto steigen und in Akureyri eine Tankstelle oder eine Bank überfallen. Aber es war unwahrscheinlich, dass ich davonkam. Auf einer Insel waren die Fluchtmöglichkeiten begrenzt.

Ich überlegte kurz, ob ich mich selbst noch mal hinlegen sollte, aber seltsamerweise fühlte ich mich auf einmal hellwach, als wäre die ganze Müdigkeit einer durchwachten Nacht auf Kjartan übergegangen. Als würde er jetzt meine Müdigkeit austragen und meinen Schlaf schlafen. Außerdem waren es nur noch zwei Stunden, bis ich zur Arbeit musste. Ich ging in die Küche und spähte in die Dunkelheit hinaus. Noch immer pulsierte das Blaulicht in der Dunkelheit. Das Auto hielt Wache, während sein Polizist auf meiner Couch schlief. Ein endloser Notfall, der sich in aller Stille zutrug und an seinen Rändern zerfranste, Licht eines Alarms, das um seiner selbst willen durch die Nacht flackerte, erst die Blumen ersetzt hatte und jetzt das Morgengrauen, das jetzt im Januar erst zu sehen sein würde, wenn ich schon in der Fischfabrik war. Nichts und niemand war unersetzbar. Nicht die Blumen, nicht das Morgengrauen, nicht Kjartan, der so tief zu schlafen schien, dass ich mich fragte, ob er je wieder erwachen würde.

Im Schein des Blaulichts erkannte ich Ingis Vogelkäfig im Kies liegen. Falls seine beiden Kanarienvögel nicht in der Wohnung waren, mussten sie hier draußen umherflattern. Oder sie kauerten bereits unter einem Dachvorsprung und starben einen lautlosen Kältetod. Das war kein Klima für grüne Kanarienvögel, so viel stand fest.

Ich fragte mich jeden Tag aufs Neue, ob dieser Ort überhaupt bewohnbar war. Es gab auf diese Frage keine abschließende Antwort, nur Zwischenergebnisse mit unterschiedlich starken

Ausschlägen nach oben oder nach unten. Und eine Nacht, in der mein Nachbar nebenan durchdrehte und ein Polizist auf meiner Couch zusammenbrach, war eindeutig ein Auschlag nach unten.

Im Haus gegenüber wurde das Licht angezündet. Eine Gestalt erschien und verschwand. Ich stellte das Radio auf meinem Schreibtisch an, um den Wetterbericht zu hören. Kjartan schlief so tief, dass ich mir keine Sorgen machte, ihn zu wecken. Ich musste ohnehin bald los und es war Zeit für ihn zu gehen. Für den Abend wurde ein Schneesturm für den ganzen Nordosten des Landes vorhergesagt. Die Moderatorin sagte das in einem vergnügten Tonfall, als würde sie sich darauf freuen, und ich konnte sie verstehen. Ein Schneesturm war immer ein Grund zur Freude. Auch in Sólveigs Haus, das ganz am Ende der Straße lag, brannte jetzt Licht. Und am Fuß des Hügels konnte ich das Licht bei Tómas und Hildur sehen. Die Welt hatte sich während der tiefen Nacht nicht aus dem Staub gemacht. Das war schon mal was, damit konnten wir leben. Bald würden wir uns auf den Weg in die Gedärme der Fische machen. Mittlerweile war am Himmel ein roter Schimmer zu erkennen. Wir hatten noch eine Stunde. Die Aussicht darauf, einen ganzen Tag am Fließband zu stehen und Fischen den Bauch aufzuschlitzen, kam mir vor wie eine Ungeheuerlichkeit.

Als ich zur Hochebene hinaufblickte, sah ich die Scheinwerfer eines Autos, die sich fast behutsam durch eine Morgendämmerung tasteten, die so unentschlossen am Horizont herumvagabundierte, dass es schien, als könnte sie jeden Moment erlöschen wie eine Kerzenflamme im Windzug. Man sah die Scheinwerfer auf der Straße, die von der Hochebene nach Liseth hinunterführte, schon eine halbe Stunde, bevor sie den

Ort erreichten. Ich folge den Scheinwerfern auf ihrem Weg durch die verblassende Dunkelheit. Der Teufel hatte sich auf den Weg nach Liseth gemacht und der Tag war gerettet.

Der Teufel hieß eigentlich Matti und war vor über 20 Jahren aus Deutschland nach Island gekommen. Er war schweigsam und unnahbar, lebte abgeschieden in einem Haus in der Einöde an der Straße nach Bakkafjördur – ein gefundenes Fressen für eine Gemeinde, deren spekulative Vorstellungskraft insbesondere in den Wintermonaten ins Unermessliche wuchs. Was sonst sollten wir tun, als uns über seine Herkunft den Kopf zu zerbrechen und die Unermesslichkeit des Raums über uns mit den rätselhaften Phantomen seiner Vergangenheit zu bevölkern. Da gab es so einiges, was wir uns fragten und das liebten wir: die Fragen zu stellen, auf die wir keine Antwort bekamen. Das war der Riss, durch den ein wenig Licht in den Tag fiel, der sich jetzt im Januar von Dämmerung zu Dämmerung schleppte.

Wir mussten dankbar sein, dass er unter uns war – oder besser gesagt: sich aus dem äußersten Rand ab und zu in das Zentrum vorwagte, das wir zu verkörpern glaubten, ja, ein Zentrum, dicht und behaglich, triefend von Sinn, schillernd vor Fischschuppen, hier, am Rand der bewohnbaren Welt.

KASPAR PETERS

geboren 1982 in Überlingen am Bodensee, lebt in Hamburg und London. Nach einem Studium der Vergleichenden Literaturwissenschaft und Kunstgeschichte in Tübingen studierte er Film in Hamburg und Reykjavík. Literarische und filmische Prozesse befinden sich in seiner Arbeit in einem beständigen Dialog, reflektieren, durchkreuzen und widersprechen einander. In seiner Arbeit als Schriftsteller und Filmemacher beschäftigt er sich mit der Fragilität und Wandelbarkeit von Identität und den Möglichkeiten des Selbstentwurfs in der Fremde. Seine Filme *Nordic Grammar* und *Exterior* liefen erfolgreich auf internationalen Festivals. Kaspar Peters wurde 2015 und 2022 mit dem Literaturpreis der Stadt Hamburg ausgezeichnet und schreibt derzeit an seinem Debütroman. Bei dem vorliegenden Text handelt es sich um einen Auszug daraus.

Peter Frank

MIT DEN DINGEN GINGEN DIE WORTE

HELLENA

Sie kam aus einer
südlichen Sonne,
ohne Sprache, ohne Gepäck,
Kochrezepte im Kopf,
Hoffnung im Herzen.
Eine starke Frau.

Der Imbiss mit
Schaschlik, Currywurst,
Pommes rot-weiß, Flaschenbier.
Später dann das Restaurant.
Weiße, makellose Gardinen.
Griechische & deutsche Küche.
Wir gehen zu Hellena,
sagten bald alle im Dorf.

Sie zeigte ihrer Tochter,
wie man Teller trägt,
fuhr ihre Enkel zum Fußball,
stellte das Foto ihres Mannes
auf den blumenschweren Tresen.

Leer die Fenster, die Gläser,
die Stühle in die Leere gestapelt,
geschlossen die Tür, durch die wir gingen,
erloschen die trunkenen Laternen,
unter denen wir abschiedsvoll schwankten
im blauen Atem der Winternacht.

Nur für Gäste
mahnt noch ein zerbrochenes Schild.

WINTEREINBRUCH

Tot das Land,
erstarrt,
als läge es auf einem
Seziertisch.

Die Metamorphose
wie immer unbemerkt.

Monologe
der Bäume
in eine leere Kulisse
gesprochen.

Felder
wie weiße Hemden.

Ausgelegt
für einen Anfang
oder ein Ende.

DORF

Nur hier
gab es diese Apfelsorte.
Im Kino
hörten sie den Regen.
Es gab die Post,
die Bank,
die Tankstelle,
den Kolonialwarenladen.
Mit den Dingen
gingen die Worte.

Es gibt noch den Gasthof,
Astra verspricht ein Schild,
das ein letzter Nagel hält.
Es gibt die Kirche,
die Grabsteine,
grau, wuchtig,
für immer in die
Dämmerung gestellt.

Es gibt Häuser,
die Türen ausgehoben,
die Fenster blind.
Es gibt Dächer,
darin Wolken.

Viele zogen fort,
wollten, konnten

nicht mehr leben
mit neuen Gesetzen,
dem alten Wind,
der die Flut,
die Toten bringt.

Es gab Krieg,
Frieden, Franzosen.
Es gab die Sonntagsstunden
am alten Wasserturm.
Ein paar Seelen blieben
mit den Jahren,
den Namen,
den Hunden,
der Hoffnung.

ARCHÄOLOGIE

Schädel mit
Schnittspuren.
Verzierte Speere.
Elfenbeinfiguren.
Flöten aus Schwanenknochen.
Scherben der Agora.
Die Himmelsscheibe von Nebra.
Das Orakel von Delphi.

Inschriften
tintenfleckiger, abgeschabter
Schulbänke:
Franz furzt.
Susie stinkt.
Kill the teachers.
Hier vergammelt ein Genie.

Penisse.
Klograffiti.
Der Probenraum der Sex Pistols.
Die Höhle von Lascaux.

Eine Tonbandkassette.
Ein Mauerrest.
Eine kaputte Vase im
Römischen Museum.
Eine Budweiserdose im
Gebüsch.

Vergangenheit
beginnt mit der Sekunde,
die war.

Zukunft.
Abgespeichert als PDF.

PETER FRANK

geboren 1959 in Hamburg. Studium der Anglistik und Ge-
schichtswissenschaft. Lehrtätigkeit. Teilnehmer des 5. regi-
onalen Lyrikseminars für Hamburg und Schleswig-Holstein.
Mehrfacher Preisträger des Literaturpodiums. Zahlreiche Veröffentlichungen in Zeitschriften und Anthologien, u. a. im
ZIEGEL #13, *#14* und *#16*, in *Seltenes Spüren* (2014), in der Antho-
logie *Wenn wir den Atem anhalten* (2018) sowie in *Wenn dein Blick
Meer wird* (2019). Er erhielt 2019 den *Ulrich-Grasnick-Lyrikpreis*.

Wiebke Bolduan
WARNEBI

Andi arbeitet in einem Souvenirladen an der (fiktiven) pinken Lagune »Warnebi« und ist beunruhigt über seine Lebenssituation, die vor allem von Beschaulichkeit und Beständigkeit geprägt zu sein scheint. Im Gespräch mit der Coachin Nille ist er jedoch unfähig zu definieren, wo genau das Problem für ihn liegt. Nille versucht von da an, zielstrebig den ratlosen Andi dazu zu bewegen, seine berufliche Situation zu überdenken …

WIEBKE BOLDUAN

geboren 1994 in Thüringen, ist Comiczeichnerin und Illustratorin. Ihr Illustrationsstudium an der Hochschule für Angewandte Wissenschaften Hamburg schloss sie im Frühjahr 2022 ab. Comics veröffentlicht sie seit 2018. Für ihre im Eigenverlag veröffentlichte Abschlussarbeit, den Comic *Warnebi*, erhielt sie im Juni 2022 den *GINCO-Award* in der Kategorie *Bester Comic im Selbstverlag*. Ihr jüngstes Werk ist der im MamiVerlag erschienene Comicessay *Gedanken über Gedanken*. Außerdem ist sie Teil des Organisationsteams des Comicfestivals Hamburg.

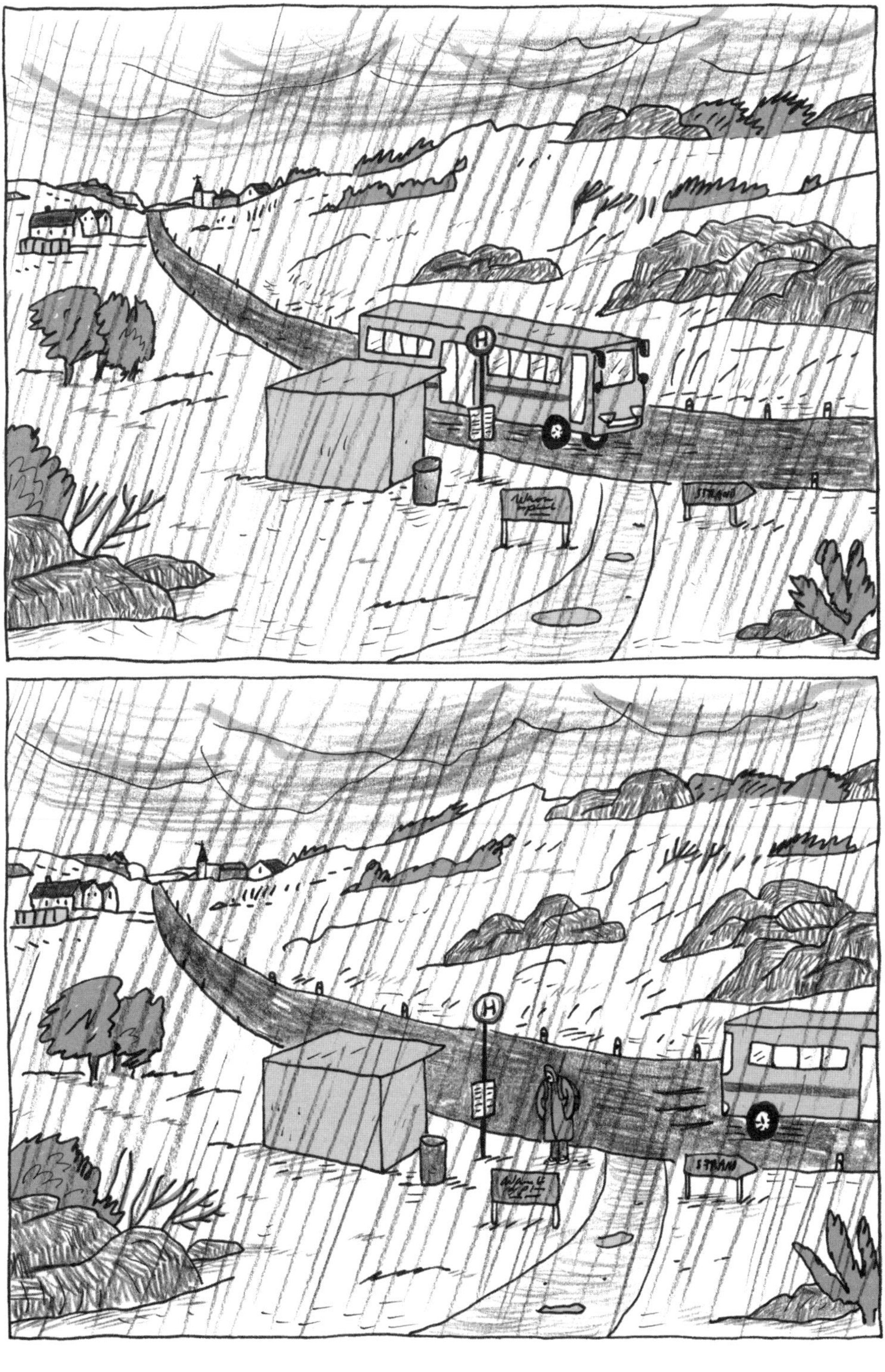

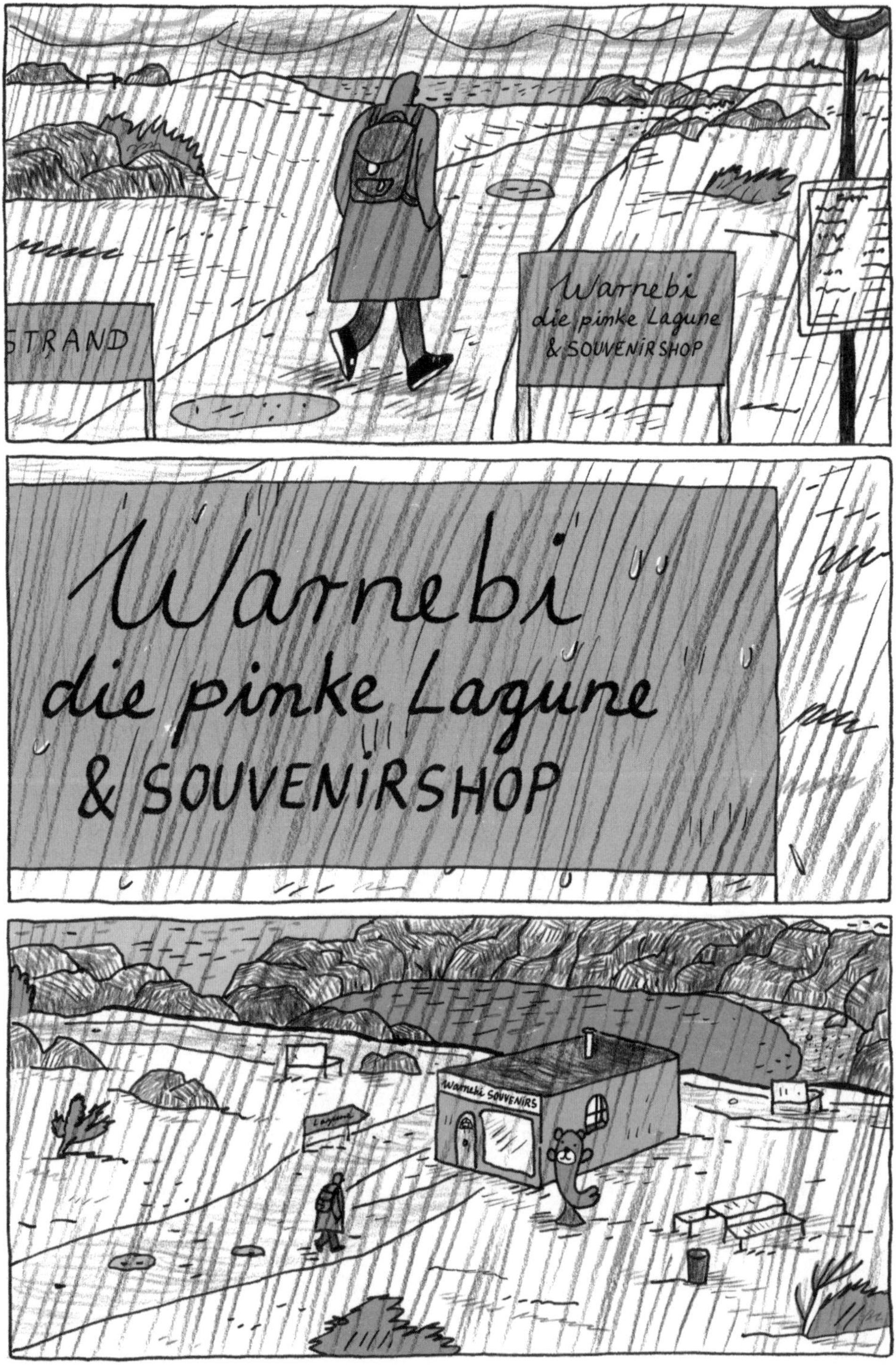

Kilian Winkelmann

PINTO NIRVANA

Kein glorreicher Tag. Keine Schöpfung, die beglückt wird. Die glorreichen Tage sind Vergangenheit, Schlieren auf dem Spiegel der Selbsterkenntnis. Ich komme aus einer gut situierten, hanseatischen Familie. Ich bin auf den Hund gekommen und habe Mitleid mit gefallenen Engeln, manchmal nähern sie sich, wie sie es in meiner Kindheit taten, sprechen mich direkt an. Was durch ihr Sündigen ungleich wurde, ist kaum noch merklich, weil Gott ihr Gericht verschiebt. Ich antworte ihnen nicht, ich füge mich nicht. Ich dulde. Manchmal spüre ich ihre Präsenz in meinem Zimmer, sie lachen über mich. Sie krümmen mir kein Haar, und ich spucke keine Nägel. Kein Grund, einen Exorzisten zu rufen. Auch von Selbstmordgedanken werde ich nicht geschüttelt, ich spüre keine Trauer, nur Leere und Zuneigung der Chöre der Engel im abendlichen Gebet. Einsamkeit in dieser Zuflucht, die mein Zimmer ist, gibt es nicht, obwohl ich mich nicht mehr in der Gesellschaft bewege, keine Lesungen mehr veranstalte, ab und zu Gesang vor Publikum, wie eine Eliza Dolittle, die bei der Arbeit singt, aber niemals auf ihren Retter trifft. Einige geben mir Bier aus, wenn ich singe, andere verharren in Erstaunen. Manchmal erreichen mich Botschaften aus der Musik, die eine Brücke zur Gegenwart zu schlagen scheinen, ich erinnere mich an Lieder, die fünfundzwanzig Jahre zurückliegen, die auf die Zukunft verweisen, und ich weiß nicht, wer für meine Inspiration verantwortlich zeichnet, denn ich bemitleide gefallene Engel um die Abwesenheit Gottes. Die Abgefallenen aus dem Buch des Lebens, ich habe noch nicht schweigen gelernt, möglicherweise werde ich das niemals. Neulich las ich in der Bibel über Männer, die nur Linsen aßen und in einem Brennofen unversehrt überlebten. Bei mir ist es ausschließlich ein Aschenbecher, der in der Rekonvaleszenz gebrannt wurde. In den letzten Jahren rauche ich Pfeife, denke an meinen verstorbenen Großvater, und wie er vor meinem inneren Auge auferstand, ich sah ihn in Gedanken durch Winterhude spazieren, auf der Suche nach mir, auf Wanderschaft durch alle Kreise der Hölle, das Fegefeuer, bis in den Himmel. Ich ging nicht mit ihm. Ich stand neben mir und sah auf mich herab.

Mein Refugium ist 20 Quadratmeter groß. Fünfzehn Jahre hause ich hier schon, am Anfang waren da nur Würstchen und Kartoffelsalat im Kühlschrank. Die Medikamente machen mich noch immer benommen, aber es sind nicht mehr die stark sedierenden Medikamente, die mich körperlich einschränken. Fünfzehn Stunden Schlaf am Stück waren keine Seltenheit. Die Psychiatrie hat mich in die eigenen vier Wände entlassen, ich werde ambulant weiterversorgt. Ich passe nicht in die Gesellschaft, ich werde keine Familie haben, keine Kinder bekommen, keine weiteren Jobs mehr annehmen, nur noch Poesie bleibt mir, John Donne wird mein bester Freund, Neruda ersetzt entgangene Sinnlichkeit, und ich lese sein Spanisch, als besinge er die Liebe für mich allein, doch ich bin mir bewusst, dass ich es ihm nicht gleichtun kann, ich bin ausschließlich Gast in meiner Sprache. Ich habe mein Land verloren, als ich in der Psychiatrie auf die Frage hin, ob ich Waffen mitbringen würde, nur meinen Reisepass vorzeigte und sie ihn mir abnahmen, ich bin ein Gefangener, ein Getriebener, ich habe mich einem weltlichen Gericht unterworfen. Wenn ich ausgehe, gerate ich oftmals in eine Art Wachschlaf, dann kann ich tagelang gehen, egal wohin, von meinen Stimmen begleitet, die mich anflehen, sie zu beschützen, ich finde ebenso den Weg zurück, mir ist, als sei ich ins Gebirg gegangen, von dunklen Tannen umgeben, Boten einer anderen Wirklichkeit, die die Stimmen wie Irrlichter säumen, und am nächsten Tag lese ich in der Zeitung, dass ein Wolf einen ähnlichen Weg nahm und qualvoll verhungerte, während ich mich aus meinen Wanderschuhen quäle, mit der Erschöpfung und dem Schmerz kommt der Schlaf.

Ich erinnere Spaziergänge im offenen Trakt der Psychiatrie auf Krankenhausgelände ohne Begleitung der Ärzte, nur ein Zusammenschluss von Patienten, das muss später gewesen sein, kurz vor der Entlassung. Stolz, als huldigten die aufgehenden Sterne uns, umschimmerten uns Orionenheere, ertönte Plejadengesang; wir gingen durch die Jugendstilhäuser zwischen zwei Bundesländern, eine Stadt in der Stadt, dann ein Park, ein Waldstück, auch hier Nadelbäume, vor uns im Abendlicht, als würde ich ein Nachtsichtgerät tragen und es herbeiführen, eine Gruppe Rehe mit phosphoriszierenden Augen uns erwartend, weidend, verloren in der Moderne, manche von ihnen gerieten ab und an auf die U-Bahnstrecke, sie staksten durch das Dickicht und schienen sich von uns nicht stören zu lassen, auch wenn sie sicher nicht gut auf Menschen zu sprechen waren, mit uns ist nicht immer gut Kirschen essen, aber wir jagten sie nicht, wir gingen zwischen ihnen hindurch, und sie machten Platz, ohne sich beim Äsen stören zu lassen. Wir glichen dem Wild fast.

Warum verstumme ich unter den Sterblichen?

Im Fernsehzimmer steht ein Aquarium mit Fischen, damit wir auch etwas Lebendiges zu beobachten haben wie die Wärter und Krankenhausschwestern. Einmal schaut zur Mittagsstunde ein ehemaliger Schulkamerad in der offenen Station vorbei, die Tür schließt sich erst in den Abendstunden, und setzt sich auf die Couch, er wartet auf seinen Termin. Ich sehe ihn vor mir, die Falten und Furchen, die in sein Gesicht geschlagen sind wie Flugzeuge in das World Trade Center. Vor zwanzig Jahren brachte er die Waffen aus dem Schrank seines Vaters mit in die Sportstunde und zeigte sie mir. Ich dachte mir, irgendjemand muss ihm dringend zuhören und sich ein wenig um ihn bemühen, sonst erleben wir eine Tragödie, einen Anschlag, und die Lehrer kümmerten sich nicht, oder bekamen es nicht mit. Dieser Schulkamerad sitzt hier also und spricht kein Wort, starrt wie im Fieber auf die Nachrichten, sieht der Queen zu, wie sie einen Stalker in der Psychiatrie besucht, dem deutschen Papst, wie er als erster Pontifex Auschwitz seine Aufwartung macht, und ich frage mich, welche Bedeutung er diesen Vorkommnissen gibt. Wir hatten zu Schulzeiten einmal ein Gespräch vor der Buchhandlung des Einkaufzentrums der Vorstadt. »Ich bin Nazi, ich bin Jude, ich bin Gott«, polterte der Schüler, ich wähnte Faustisches und erschrak. Ich wusste noch nichts von Persönlichkeitsstörung. Zwischendurch ging er zum Militär. Hier sitzt er nun, mit gehärmten Gesicht, auf seinen Termin wartend, dabei, sich einen Reim aus den Nachrichten zu machen. Ich überlasse ihn sich selbst und gehe auf mein Zimmer; am Abend ist er verschwunden.

Früher:

Wände der geschlossenen Anstalt öffnen sich, das Personal geht auf Sicherheit und zieht sich in seinen Guckkasten zurück, ich spüre Präsenzen in diesen Wänden und meditiere mit ihnen. Ich bleibe eine Weile neben dem Guckkasten sitzen und starre wieder auf die Wand, an der sich zuerst Präsenzen zeigten. Eine füllige Dame setzt sich zu mir und wartet darauf, aufgerufen zu werden. »Sieh mal, Alpaka«, sagt sie und streicht über ihre Jacke. »Ich habe sie hier im Secondhandladen gekauft.« Sie hat einen britischen Akzent. Ich berühre ihre Jacke, um mich des Materials zu versichern. Sie deutet auf meine Plastiktüte mit Zeitschriften. »Ich lese englische Zeitschriften«, sagt sie.

»Ich lese amerikanische«, erwidere ich und greife eine Ausgabe von Newsweek heraus. Informationen sind hier kostbar, man ist komplett von der Außenwelt abgeschnitten. »Darf ich die behalten?«, fragt sie, und ich nicke zustimmend, denn in meinem entrückten Zustand kann ich sie nur überfliegen. Für einen Moment ist sie verschwunden, unterhält sich mit einer anderen Seele, und ich blättere in der ungelesenen Zeitschrift. Als sie wiederkommt und das sieht, spüre ich einen Hauch Empörung, als hätte ich mein Angebot zurückgenommen. Erneut gebe ich ihr die Zeitschrift. Sie ist erleichtert, kein bisschen verwirrt, ihr Selbstbewusstsein kehrt zurück. Ich mustere sie.

»Machen Sie, dass Sie hier rauskommen«, sage ich bestimmt.

»Ihnen fehlt nichts. Sie sind gesund. Lassen Sie sich nichts anderes einreden!«

Bestürzung und Hoffnung treten in ihr Gesicht. Sie streckt die Hand nach mir aus.

»Bist du ein Christenmensch?«, fragt sie. Ich schüttele energisch den Kopf als Zeichen, dass es sie nicht das Geringste angeht, und finde, dass dies die gefährlichste Frage ist, die man mir je gestellt hat. In diesem Moment öffnet sich die Schleusentür, eine schlanke Dame mit Brille tritt ein, sieht mich an, die Frau ist wie gebannt, dann fügt sie sich der anderen, die sie mit nach draußen nimmt.

Ich schlafe mit einem gescheiterten Selbstmörder im Raum, er quält sich durch seine verkannte Berufung, bemitleidet sich um das Glück, das ihm abhanden kam, fällt in Depression, ich spreche ihm Mut zu und werde ihn außerhalb dieses Verlieses nie wiedersehen; später in der Frühe sehe ich ein Ballspiel im Flur, ein anderer Patient im Dialog mit der Betreuerin oder ist sie von der Diakonie? Ich sehe mir Kinderzeichnungen an der Wand im Flur an, die Kamera überwacht jeden meiner Schritte, ich paradiere in einer Ausstellung.

Danach werde ich auf die offene Station verlegt, schaue auf Bilder, die die Zerstörung Hamburgs der Operation »Gomorrha« zeigen, darunter ein verworfenes Bild Pintos aus der Vergangenheit im offenen Trakt an der Wand vor dem Büro der Sozialarbeiterin. Ich kenne es aus der Schulzeit. Flammen schlagen aus diesem Bild, ich erinnere, wie ich es im Kunstunterricht weglegte, vielleicht kam auch jemand hinzu und beanspruchte es für sich, ohne die Angabe von Gründen. Ich spürte Phosphor auf den Flüssen, sah Menschen zerbersten und unterzeichnete mit Pinto Nirvana. Man kann Gott nicht betrügen, Großvater. Ich war wohl fünf Jahre alt und glaubt, mein Großvater hörte diesen Dialog in Gedanken ebenfalls. Erkannte er etwas Diabolisches in dieser Versuchung? Malte ich dies Bild Pintos wirklich in der Schule, ist es wahrhaftig in der offenen Psychiatrie, und wer brachte es hierhin? Was sah man darin, dass es hierher kam? Wieso schätzt man die Eingebung, in den Stunden der Malerei unter Gleichen gelingt mir nichts neu, in der Ergotherapie will ich mich nicht zeigen, nicht gesehen werden, nur in dem Buch, das sie haben, über Techniken lesen und mich bessern, ohne dass es jemand sieht, nicht in den Käfig *Kunst in der Psychiatrie* gesperrt werden und beschäftigt sein, die Erfahrung überleben und wahre Eindrücke sammeln, wieder Kraft für die besseren Lügengeschichten haben, um das Leben zu erfahren, als Gleiches unter Gleichen. Kann man diesen Ort wirklich verlassen, wenn man alles mitnimmt? Wenn ich erinnere, wie die Tür in der Geschlossenen aufgeht, die ich für eine Wand hielt, die mich vermuten lässt, dass da ein Trakt hinter dem Trakt sein muss, Gottes vergessene Kinder, wie jemand aus diesem Dunkel auf mich zutritt, den Namen eines kinderlosen Nachbarn nennt, als stelle er sich vor, als sei er der Mann mit der eisernen Maske, die Augen blitzen leer, das Gesicht eine entstellte Fratze, froh, ein unlösbares Rätsel zu sein. Wenn der gescheiterte Selbstmörder nach dem Frühstück mich mit dem zweiten Namen meines Vaters anspricht, als ob er eine wahr gewordene Prophezeiung ausspreche, als gebe ihm das Sicherheit. Wenn die junge Frau, die mich an Natalie Portman denken lässt und der ich Tageszeitungen am ersten Tag hinlege, vor der Tür des mir zugewiesenen Zimmers stehenbleibt und wie ein böser Hund zu knurren anfängt. Wenn ich in der offenen Station auf eine junge Perserin treffe, die glaubt, den Schah vor sich gesehen zu haben und mich an eine Vision erinnert, die ich im Haus meiner Eltern hatte. Wenn eine Protestantin in der Offenen schimpft, der Papst sei zurückgetreten, weil er Luther nicht heiliggesprochen habe. Jemand bringt einen Rasierapparat aus meiner Wohnung, die Schaber, die man hier bekommt, taugen nur zum Entfernen von Haaren für eine Operation, nicht für eine Rasur, sie schneiden tief in die Haut, anders als die harten Einwegzahnbürsten, die sie einem geben und die mit der Zeit nicht nur gründlich den Zahnbelag, sondern auch den Zahnschmelz entfernen, eine Qual für alle, die Heroin zum Bekanntenkreis zählen. Auch ein Handy bringen die Besucher, damit man Radio hören und wenigstens angerufen werden kann, es ist ein Zeichen, dass es Leben außerhalb der Mauern gibt, das auf einen wartet. Ein weiterer Besucher ist ein Philosoph und Lebenskünstler, er sagt zu der Zeit, dass er es beängstigend findet, aber trotz des Wegbrechens der Sicherheit, kümmert er sich und besucht mich noch immer. Wir gehen ins Café ein Haus weiter, bloß raus aus diesen labyrinthartigen Gängen, diesen verschachtelten Wegen des Ungeistes. Er fragt, was sie mir geben, und ich sage es ihm und erkläre die Wirkung, es sind typische Neuroleptika aus den 70er-Jahren. Meine Sicht ist eingeschränkt, meine Bewegungen steif und linkisch, ich fühle meine Seele außerhalb meines Körpers. Der Besucher ist erschrocken, fürchtet um seine eigene Existenz, auch wenn es nicht ansteckend ist. Wahnsinn kann sich auf die Massen ausdehnen, aber das sind andere Voraussetzungen, wir haben die Hysterie des Ersten Weltkrieges hinter uns gelassen. Er träumt manchmal von den Schlachtfeldern und glaubt an Wiedergeburt, hier will er nicht einmal unter Zwang darüber sprechen. Er gibt sein Geheimnis nicht preis und geht innerlich auf Abwehr. Ich erinnere den Bombenangriff auf Hamburg, obwohl er nicht in meine Lebensspanne fällt. Die Architektur der Mondstation erschreckt meine Besucher, die Brücke der Pflegekräfte ist ein Glaskubus auf der offenen Station – die STAR TREK auf ihrem Fernseher laufen haben, sie brauchen Utopien in diesem Umfeld, um Tag für Tag zurückzukehren – und erinnert die Besucher an »Einer flog über das Kuckucksnest«. Oft schrillt der Feueralarm, weil eine Patientin glaubt, bei lebendigem Leib zu verbrennen, sie begehrt gegen ihre Unterbringung auf. Vor dem Gebäude ist ein Gedenkschild angebracht zur Erinnerung an den Massenmord der Nationalsozialisten auf diesem Gelände, ich fühle mich nicht sicher, jeder, der sich auskennt, kann ein oder ausspazieren, das Gewehr im Anschlag.

Als das Konklave ist, bin ich auf dem Weg zur geschlossenen Station. Ich werde isolierter sein als die eingemauerten Kardinäle, noch lange, nachdem weißer Rauch aufgestiegen ist. Meine Stimmen sagen: »In Hamburg ist er Protestant.« Was mich an die Gerichtsakten des ewigen Juden denken lässt, wenn in alten Zeiten der Senat beschloss, dieser beredte Mann, der so viel versteht und von der Welt gesehen hat, muss wohl Protestant sein. Ich werde über den Vorhof geführt. In den Bäumen sitzen Vögel und singen, als wählten sie den Papst persönlich. Ich füge mich in mein Schicksal. Meinen Reisepass bekomme ich nicht zurück. Auf der geschlossenen Station ist ein schmaler Mann mit blonden Haaren, der mich an die Suchtkranken meines ersten psychiatrischen Aufenthalts erinnert. Etwas Gehetztes und Fiebriges ist an seiner Aura. Er spürt meinen Blick auf sich ruhen. »Ich habe ein Wutproblem«, sagt er. Ich versuche ihm aus dem Weg zu gehen, um keinen Sturm in ihm zu entfachen. Vielleicht treibt ihn ein Dämon um, ich kann es nicht genau fassen. In der ersten Nacht habe ich einen beeindruckenden Traum. Ich bin wieder Schüler, und meine Mitschüler reden mir gut zu, dass es in Ordnung ist, wo ich jetzt bin, dass alles seinen Sinn hat, dass ich noch genug Lebenszeit habe, um Rom und Jerusalem zu besuchen. Am frühen Morgen läuft mir der Patient des Vorabends über den Weg und sieht mich glücklich an, als habe er nicht nur eine gute Nacht gehabt, sondern sogar denselben Traum erlebt. Vielleicht ist es einfach ein Ausdruck des Begehrens, ich forsche nicht nach. Später am Tag kommt die Ergotherapeutin für eine kreative Unterbrechung in den Aufenthaltsraum und hält uns zu Zeichnungen an. Für einen Moment verlässt sie den Raum, und als sie wiederkommt, sagt sie kurz: »Der neue Papst heißt Franziskus und kommt aus Argentinien.« Ich gehe meine Erfahrungen der letzten Tage durch und bin demütig. Ich male ein rot werdendes Versuchskaninchen, sonst verweigere ich mich der Ergotherapie, es ist eine Ausnahme. Ich gebe es ihr und sage zu dem Wutpatienten, der mich heimlich sondiert: »Das ist nicht für Sie.« Die Ergotherapeutin nimmt das Bild entgegen und betrachtet es. Der Wutpatient ringt mit sich und ruft enttäuscht aus: »Ich geh auch nach Geesthacht.« Wahrscheinlich sind dort die Umstände noch gravierender als hier. Ich verlasse den Raum. Ich kann mir keinen Stein in den Mund legen und mich für alle Tage bis zur Erfüllung meiner Berufung verbergen. Ihr kalten Heuchler! Ihr habt Verstand. Ihr glaubt nicht. Tot ist die Erde.

KILIAN WINKELMANN

geboren 1976 in Hamburg, war in einem Hochbegabtenkurs *Kreatives Schreiben* der Universität Hamburg und studierte Schauspiel an einer privaten Schauspielschule. 2009 war er Finalist des *MDR-Literaturwettbewerbs*. Er organisierte Lesungen und Konzerte für den *writers' room Hamburg*. Bei dem vorliegenden Text handelt es sich um einen Auszug aus der gleichnamigen Erzählung.

DER POSTEN

In den nächsten zwei Stunden sagten noch zwei weitere Rad-fahrer zu ihm, dass die Ampel grün sei. Und dass er jetzt fahren könne. Und wieder antwortete Nis: »Danke, ich will gar nicht fahren«. Denn das stimmte. Er wollte nicht fahren. Er wollte hier stehen, genau hier stehen.

Die Wolken jagten über den Kirchturm. Alle paar Minu-ten hupte jemand, noch konnte Nis nicht sagen, in welchem Rhythmus, aber das würde schon noch kommen.

Er sah Joggerinnen, eine trug keinen BH. Ein Mann rannte mit einem dreirädrigen Kinderwagen, der Wohlers Park war nicht weit, sicher wollten sie alle dorthin.

An der Ecke war früher ein griechisches Restaurant gewe-sen, jetzt war dort ein Döner-Imbiss, der auch Brötchen ver-kaufte, daneben ein Friseur.

Nis guckte sich um. Er drehte sich alle paar Minuten ein Stück weiter, wie eine Figur auf einer Spieluhr.

Anhalten. Einfach anhalten. Und gucken.

Sein Herz schlug zwischendurch lauter als vorher oder hinter-her. Wie das Hupen. Hatte das eine mit dem anderen zu tun?

»Wohin wollen Sie denn?«
Ein Mann mit dunklem Bart stand vor Nis.
»Ich möchte nirgendwohin.«
»Ich sehe Sie jetzt schon eine ganze Zeitlang hier stehen. Warten Sie auf jemanden?«

»Nein, eigentlich nicht.« Nis lächelte den Mann an, er war ein wenig kleiner als er.

»Aber Sie stehen hier so neben Ihrem Fahrrad, als ob Sie auf irgendetwas warten.« Der Mann lachte ein bisschen, seine weißen Zähne blitzten.

Nis lachte auch und zuckte noch einmal mit den Achseln. Nein, er stand einfach hier.

Angehalten, genau das hatte er gemacht. Und nun war er eben hier. Es hätte im Grunde auch an der Querstraße vorher gewesen sein können oder dahinten, an der Sternbrücke, da war immer etwas los. Da hätte er womöglich mehr zu gucken gehabt.

Aber nein, Nis sah sich um. Hier war es ganz gut.

Der Mann ging kopfschüttelnd weg. Nis sah ihm nach, bis er im Friseursalon verschwunden war.

Nis richtete seinen Kopf wieder in die andere Richtung. Warum sah er eigentlich hierhin? Er probierte es anders. Ein Schwenk nach links, die Sparkasse, die Drogenausgabestelle daneben. Dann, man konnte es jetzt wegen der vollen, grünen Bäume kaum sehen, das komische Restaurant, das ein paar Mal den Namen gewechselt hatte. Die Pizza hatte aber immer gleich geschmeckt, 20 Jahre lang. Er war oft mit Karen dort gewesen.

Oder sollte er in die entgegengesetzte Richtung blicken? Nis drehte sich um. Er fühlte eine leichte Müdigkeit in den Beinen. Wann hatte er zuletzt so lange gestanden?

Nein, das war auch keine Lösung, diese Richtung. Die Holstenstraße runter, sie führte zur Reeperbahn und letztlich zum Hafen. Zum Wasser. Eine Nähe, die er immer gemocht hatte. Man konnte es von dort nach Hause schaffen, auch wenn man ziemlich betrunken war. Lange hatte er das nicht gemacht.

Nicht einmal danach, als Karen weg gewesen war. Nun ja, wie hatte es ein Freund doch mal so treffend gesagt: eine Karriere als Trinker bleibt einem schließlich immer noch.

Aber nein, das war nicht gut.

»Geht es Ihnen gut?« Eine nicht mehr ganz junge Frau mit Fingernägeln wie Papageienschnäbel stand vor ihm. »Ich habe Sie von dort aus gesehen. Da ist meine Arbeit. Und Sie stehen hier schon ziemlich lange.«

»Das stimmt.« Sie sah nett aus.

»Kann ich Ihnen etwas zu trinken bringen? Sie sehen ganz blass aus!«

So sehe ich immer aus, wollte Nis noch sagen, ich arbeite in einem Büro, aber sie war schon gegangen.

Wenig später kam sie wieder mit zwei Bechern in der Hand. »Mögen Sie Kaffee? Das ist Kaffee.«

»Ja, gern.« Was war er für ein Glückspilz, dachte Nis. Eine vollkommen fremde Frau brachte ihm einen Becher Kaffee, nur weil er hier stand.

»Brauchen Sie Zucker?«

»Nein, danke, ist gut so.«

»Brauchen Sie Hilfe?«

Nis lächelte sie an. »Nein, danke.«

Die Frau hatte ihre schwarzgefärbten Haare irgendwie nach hinten gebändigt, sie trug einen hellrosa Lippenstift. »Sind Sie normal?«

Nis trank einen Schluck Kaffee. Das war mal eine gute Frage. »Keine Ahnung, aber ich bringe zumindest keine Leute um. Wenn Sie das meinen.«

»Meine ich. Meine ich fast immer. Ich sag Ihnen was: Die meisten Männer sind Arschlöcher. Und die anderen Feiglinge.

Und Muttersöhnchen.« Sie trank ebenfalls. »Und Sie? Stehen Sie hier einfach so herum?«

Nis lächelte wieder. »Sieht so aus.«

Sie lächelte ein bisschen schief. »Muss ich Sie eigentlich jetzt anzeigen oder so? In Deutschland ist das doch immer so, oder?« Sie lachte so sehr, dass sie den schon an die rosa Lippen gesetzten Becher wieder absetzen musste.

»Sind Sie nachher noch da? Ich muss wieder rein. Wenn Sie meinen Becher klauen, werde ich fies. Alles klar?«

Nis nickte und sah ihr nach. Wie konnte man nur so klein sein. Die Frau war ja gar nicht außergewöhnlich klein, aber sie war so anders als die Frauen, die er kannte. Oder als Ilsa.

In seinem Bauch drückte etwas. Der Kaffee war jetzt vielleicht nicht ideal. Nis trank ihn trotzdem, er war gut. Und wie konnte eine Sache, die ihn so glücklich machte wie dieser Kaffee schlecht sein für seinen schmerzenden Bauch. Vielleicht würde der Schmerz ja auch verschwinden. Es dauerte noch zwei Stunden, da bemerkte Nis, dass der Schmerz in seinem Bauch Hunger war. Wie spät war es eigentlich? Den Kirchturm dahinten konnte er sehen, aber nicht die Uhr. Da war doch eine, oder?

Rechts vor der Bushaltestelle stand eine rote Uhr mit Werbeaufdrucken. Halb drei.

Nis nahm sich vor, nicht allzu oft zu gucken. Die Uhr war nicht wichtig, auch wenn sie da war.

»Du bist immer noch da?«

Es war der Mann mit dem Bart. »Du bleibst jetzt hier stehen, oder was?« Er biss in eine Teigtasche. »Die macht mein Cousin.« Er wies mit der Teigtasche in Richtung des Ecklokals. Ein angebissener, dicker Zeigestock, der sehr gut roch. Nis schloss einen Moment die Augen. »Ja. Ich bin noch da.«

»Mein Cousin macht verdammt noch mal den verdammt besten Börek in ganz Altona. Verstehst du?« Er biss ab. Der Zeigestock war noch kleiner geworden.

»Willst du nicht mal fragen, ob du störst? Ich mein', hast du einen an der Waffel, Alter?«

Nis zuckte mit den Achseln. »Bestimmt. Aber ich mach ja nichts. Ich hab hier nur angehalten. Das ist alles.«

»Kommst du von den Kirchenspinnern? Willst du, dass ich an Gott glaube, oder so?« Er biss noch einmal ab. Es sah aus, als wolle er wem auch immer, vielleicht seinem Gott, den Kopf abbeißen, dachte Nis.

»Nein, das ist es nicht, ich will gar nichts.« Aber Nis musste zugeben, dass er doch etwas wollte. Etwas zu essen nämlich. Der Mann mit dem aufgemalten Bart bemerkte seinen gierigen Blick. »Willst du auch einen? Mein Cousin und seine Frau machen die alle selber. Sonst verstehen die sich nicht so gut, aber die sind geil.«

»Ja, das wäre schön.« Nis holte sein Portemonnaie aus seiner Tasche. Komisch, er trug sie immer noch, er hatte es gar nicht bemerkt. Er nahm Geld heraus und setzte die Tasche neben das Fahrrad.

»Du bist kein Penner, oder? Du kannst bezahlen? Gut.« Der Mann hob kurz die Hände, »ich hole uns zwei Böreks. Du kannst stehenbleiben.«

Nis lachte. »Danke, das wäre toll. Reicht das?« Er gab dem Mann mit dem Bart einen Zehneuroschein. Wenig später standen sie nebeneinander und kauten. Auf dem Boden vor ihnen standen zwei Flaschen Wasser. »Mein Cousin hat etwas mit einer anderen. Die ist süß, aber das macht man nicht, wenn man verheiratet ist. Bist du verheiratet, Mann?«

Nis hob eine Hand und drehte die Handfläche nach außen.

»Dann bist du wohl meiner Meinung, oder? Die Böreks sind geil, oder? Auch wenn sie nicht mehr miteinander schlafen, zusammen backen können sie.«

Nis musste lachen und der Mann mit dem aufgemalten Bart neben ihm stimmte ein. Er riss einen Teil der Teigtasche ab und gab ihn Nis. »Kein Hunger mehr. Muss wieder rein. Bleibst du noch da? Ach, scheißegal.«

Nis winkte noch mit den Börek in der Hand. Er ging einen Schritt näher an sein Fahrrad. Es war gut, dass es immer noch hier stand und er es nicht etwa an die Seite gestellt hatte, an eine Laterne geschlossen oder die Stange eines Verkehrsschildes, wie er das sonst oft machte.

Nein, es musste geradezu hier stehen, stehenbleiben. Denn nur so war dieser Ort ein bisschen mehr auch sein Ort, besser noch: der Ort für ihn und sein Fahrrad.

Nis kaute und musste an alte Western denken, die er als Junge mit seinem Bruder und ihrem Vater gern zusammen gesehen hatte. Ein Cowboy und sein Gefährte. Nur dass es eben kein Pferd war, sondern nur ein normales Fahrrad.

Er hatte einmal einen Freund gehabt, der hatte seinem Fahrrad einen Namen gegeben. »Der schwarze Blitz«, auch das war doch ein Pferdename gewesen in einer Geschichte, konnte er sich erinnern.

OCKE BANDIXEN

geboren 1970 in Nordfriesland, ist in einer vielköpfigen Familie aufgewachsen. Nach dem Zivildienst hat er in Hamburg Slawistik und Germanistik studiert, ein Volontariat brachte ihn zum *NDR*, wo er inzwischen seit über 15 Jahren als Redakteur, Hörfunkautor und Moderator in den Hamburger Kulturredaktionen arbeitet. Er hat mehrere Romane und Kinderbücher geschrieben, z. B. *Fast kein Land*, erschienen beim Osburg Verlag, oder *Löwenjagd* für den Carlsen Verlag, für den Loewe Verlag hat er unter anderem zwei Kinderbuchreihen geschrieben, *Der Wunderstürmer* und *Die Küstencrew*. Bei dem vorliegenden Text handelt es sich um einen Auszug aus der gleichnamigen Erzählung.

Claudia Schumacher
VERLOBUNGSTOURISMUS

I.

Als er endlich kniete, machte sich auf ihrem Gesicht ein Grinsen breit. Die Erleichterung einer verkannten Kronprinzessin, die es nach fruchtlosen Intrigen in einer letzten, überraschenden Wendung des Schicksals doch noch unter die Krone schafft: Triumph! Selbst ihre Eltern hatten nicht mehr geglaubt, dass sie noch unter die Haube käme, doch da saß sie: Frauke Gertgens, 37 Jahre, Versicherungsberaterin, die Füße im Sand von Ko Yao Yai und vor ihr ein Mann auf Knien.

Die überraschende Wendung in Fraukes Schicksal hieß Torben Brögeldomscheidt. Obwohl man fairerweise sagen muss, dass an ihm nichts Überraschendes oder Wendiges war. Seine Begegnung mit Frauke hatte streng genommen auch nicht viel mit Schicksal zu tun, eher mit dem Internet, seinen Paarungsmöglichkeiten und akribischer Katalogrecherche. Er hatte eine Frau zum Heiraten gesucht und nach drei Tagen gefunden. Sie war zwar, fand er, nicht mehr ganz frisch im Gesicht und auch nicht unbedingt nett, wie sich bald herausstellte. Aber sie hatte einen guten Job, wirkte zumindest auf andere gefällig, auch auf seine Eltern, und sah nackt noch gut genug aus, dass er ihr zwei Kinder machen könnte, wenn auch eher von hinten.

Als Torben mit verstochenen Beinen in weißen Leinenhosen vor Frauke im thailändischen Inselsand kniete, blickte diese auf sein glänzend rotes Haupt mit dem zurückweichenden Haar herab. Auch Frauke hatte in einem Jahr Beziehung das

Ihre getan, um diesem Moment die Überraschung zu nehmen. Bei einem Krach im Dezember hatte sie gesagt:

»Wenn du es nicht bald auf die Reihe kriegst, mir einen Antrag zu machen, geh ich. Du unsäglicher Feigling ... glaubst du etwa, was Besseres zu finden?« Gellend gelacht hatte sie und gleichzeitig gehofft, dass der Druck wirkt. Kurz durchgerechnet hatte sie auch: Wenn sie sich demnächst trennen würde, wäre sie immer noch 37. Sie könnte wenige Monate später einen anderen kennenlernen, und wenn der vorwärts machte, könnte sie mit 39 verheiratet und schwanger sein. Nicht optimal – was würde sie Torben rückblickend hassen für die vergeudete Zeit. Doch zum Glück hatte er sich noch aufgerafft.

Wie es sich für alternde Yuppies gehört, hatte er Frauke brav einen Diamantring von Tiffany gekauft. Und nun sagte sie »Ja« in Thailand, wo er Geld für Romantik hatte springen lassen: Dinner am Strand, Fackeln, Blumenschmuck, weißer Pavillon. Schon vorher hatten Fraukes Freundinnen prophezeit, dass er ihr einen Antrag machen werde. Klar, aus Thailand kommen viele verlobt zurück, da ist Romantik im »Bachelorette«-Format erschwinglich und wirft Bilder zum Angeben ab. Am Tag danach postete Frauke ein Antragsfoto, Szenerie: perfekt. »Was für eine Überraschung!«, schrieb sie. »Verlobt!«

II.

Zwei Wochen nachdem Torben ihr auf Ko Yao Yai einen Antrag gemacht hatte, saß Frauke frisch verlobt am Flughafen von Bangkok. Während sie auf ihren Rückflug nach Düsseldorf warteten, hatte sie sich am Kiosk die Zeitschrift Traumhochzeit gekauft. Endlich. Wie lange sie das schon hatte tun wollen: ihre Hochzeit planen.

Sie hatte so lange warten müssen, dass sie sich bei den letzten Hochzeiten im Bekanntenkreis gar nicht mehr für die Paare hatte freuen können. Sie giftete über den Kaffee, der in Kannen auf dem Tisch stand – wie beim Vereinsfest! Oder sie lästerte über die Bräute, die ihrer Meinung nach immer zu dick oder zu dünn waren. Und es fehlte ihnen an Geschmack. Etwa Melanie, die nicht mal darauf geachtet hatte, dass ihre eigene Familie und die ihres Bräutigams farblich abgestimmte Kleidung trugen. Und so saß die Brautmutter dann neben der Schwiegermutter: die eine im orangefarbenen Hosenanzug, die andere im altrosa Kleid. Die Farben bissen sich, und man musste hinsehen wie bei einem Verkehrsunfall mit Toten. Grauenvoll!

All das waren natürlich Fehler, die Frauke bei ihrer eigenen Hochzeit nicht unterlaufen würden. Auch wenn es eine Herausforderung war: Idealerweise musste bereits im Spätsommer geheiratet werden, damit sie auf jeden Fall bis 2024 schwanger sein konnte. Aber finde mal in so kurzer Zeit eine gute Location! Es gab viel zu tun.

Doch wenn eine Frau auf der Welt in nur acht Monaten eine Traumhochzeit aus dem Boden stampfen konnte, dann war das Frauke Gertgens. Seit Jahren war sie innerlich vorbereitet. Und so war das meiste auch längst entschieden. Eine Hochzeit in Weiß und Apricot, weil Apricot ihr Gesicht frischer wirken ließ. Acht Brautjungfern in Pastelltönen, ein Live-Cooking-Hochzeitsbuffet ... – sie hatte Torben auf Ausgaben über 25 000 Euro vorbereitet. Dass sie am Ende wohl eher bei 40 000 Euro enden würden, musste sie ihm nach und nach vermitteln.

Mit frischem Sonnenbrand saß Torben am Flughafen neben der künftigen Frauke Gertgens-Brögeldomscheidt. Verstohlen beobachtete er das junge Paar, das ihnen gegenübersaß. Die Frau wirkte mädchenhaft, an ihren Armen klirrten kleine Reifen, und sie flüsterte ihrem Freund etwas ins Ohr, woraufhin er lachte und sie an sich zog. Dann knutschten sie. Nur mit Mühe und Not konnte Torben beim Zusehen eine Erektion verhindern – als er schlagartig sehr traurig wurde. Er schloß die Augen und dachte nach: Er hatte alles richtig gemacht. Sich einen Ruck gegeben, einen Ring gekauft, war endgültig erwachsen geworden. Torben öffnete wieder die Augen und zwang sich zu einem Lächeln. Er zog Frauke an sich, wollte ihr einen Kuss geben. Doch die schaute nicht auf, drückte ihn weg. Sie wollte lieber in der Traumhochzeit blättern.

CLAUDIA SCHUMACHER

geboren 1986 in Tübingen. Sie studierte in Berlin und arbeitete als Journalistin in Zürich. Seit 2018 lebt sie in Hamburg. Ihr Debütroman *Liebe ist gewaltig* (DTV 2022) wurde als *Buch des Jahres* bei den Hamburger Literaturpreisen und mit dem *Literaturstipendium 2023 des Landes Baden-Württemberg* ausgezeichnet; er war nominiert für den *Aspekte-Literaturpreis* und den *Debütpreis des Harbour Front Literaturfestivals*. Sie arbeitet an ihrem zweiten Roman und ist 2023 Stipendiatin am Literarischen Colloquium Berlin.

Jan-Dirk Krohn
NO MEDS IN MAY

Drei

12 Uhr mittags. Als er aus der Haustür seines Wohnhauses trat, traf er Jansen, den Hausmeister. Jansen hatte bis jetzt jeden Versuch anderer Mieter, gegen ihn anzugehen, so abgeschwächt, dass der Vermieter noch keine Maßnahmen eingeleitet hatte. Ganz einfach: Jansen war ein anständiger Mensch. Jetzt allerdings sah er seinen Mieter mit sorgenvoller Miene an. Der Mieter drückte ihm ein Verlobungs-Flugblatt in die Hand. Der Hausmeister las aufmerksam. Willst du mein Trauzeuge sein? Eine Frage und eine lange Pause. Du bist mein Trauzeuge! Überwältigt von seiner Idee, vollführte er einen Tanz auf dem Bürgersteig. Er musste weiter. Die Botschaft verkünden. Rief er und ging freudig beschwingt los. Jansen winkte ihm nachdenklich nach. Im Herzen des alten Eimsbüttel verteilte er jetzt das Flugblatt. Sogar sein ehemaliger Tabakhändler kam aus seinem Laden und schenkte ihm zur Feier des Tages eine Schachtel Prince. Er kam nicht mehr dazu, sie ihm zurückzugeben. *I loved you before I knew you.* Jemand hatte einmal gesagt, er könne nicht inszenieren. Aber an diesem Freitag im Mai schon. Und zwar wahrhaftig. Menschen aller Kulturen auf dem Fanny-Mendelssohn-Platz erhielten die frohe Botschaft auf DIN A4. Als er die ersten Blätter verteilt hatte, kamen die Menschen plötzlich zusammen. Sie schienen intuitiv zu spüren, dass dieser Moment ein besonderer war. Die Menschen machten ihm kleine Geschenke. Geschenkliste. Auszug. Frische Eier aus

Holstein, eine Forelle, ein selbstgemaltes Bild, eine falsche Rolex und eine Pfingstrose. An die 100 Kopien gingen langsam aus. Er war versucht, im Copyshop noch Exemplare nachdrukken zu lassen, nur um diesen Moment noch ein bisschen zu verlängern. Begegnungsstätte für Minuten. Altar für Sekunden. Der Ort – die Menschen – das Licht – alles stimmte. Ein kostbares Stück Zeit. Sarah K. Superstar.

Ein kleines Mädchen erhielt das letzte Blatt Papier von ihm. Und aus. Sagte sie und wiegte ihren Kopf mit einem Ausdruck des Bedauerns. Da stand er nun mit seinen Gaben. Schließlich machte er sich auf zum Plus an der Fruchtallee. Frische Eier abzugeben und die falsche Rolex für einen Handwerker. Geschenkt. Die soziale Wirklichkeit nur 500 Meter weiter. Innerhalb von zwei Minuten war er alles wieder los. Er setzte sich für einen Moment auf eine Bank. Sein Zustand. Unrettbar fröhlich. Sarah. Als er ihre Nummer wählte, fiel ihm ein, dass man ihn zwar noch erreichen, er sie aber nicht mehr anrufen konnte. Vielleicht eine SMS. Sarah, ich liebe dich. Unendlich mal ewig. Nachricht gesendet. *And girl, it looks so pretty to me | Like it always did | Oh, like the Spanish city to me | when we were kids.* Der Film aus der Kindheit. Eine Fahrt mit der Schwebebahn. Die Stelle, wo der Elefant in die Tiefe stürzte. Dort sah er das schönste Mädchen Wuppertals. Ganz kurz – für immer.

Endlich war er auf der Straße. Er hatte den geschützten Raum der Wohnung verlassen, um die Botschaft nun im öffentlichen Leben zu verbreiten. *I stumble into town just like a sacred cow | Visions of swastikas in my head | Plans for everyone.* Auf seinem T-Shirt prangte Colin Powell – im Kampfanzug. Thank God. Er hatte es vor ein paar Minuten im Copyshop machen lassen. Und mit einer CD bezahlt. Colin, I'm on your side – against all enemies. Die eigentlichen Massenvernichtungswaffen laufen auf zwei Beinen und töten langsam und lustvoll. Hier auf der Straße war er umringt von ihnen. Hier konnte er nicht wie in der Wohnung alle Fäden in der Hand behalten. Er war im Feindesland. Nur nicht in Gefangenschaft geraten, sonst droht russisches Roulette. Intuitiv griff er in seine Umhängetasche, um den Flammenwerfer zu ziehen. *I was a PFC on a search patrol huntin' charlie down | It was in the jungle wars of '65.* Er musste den nächsten Kontrollpunkt erreichen. Der Plattenladen. Der nächste Tauschhandel. Seine Tonträger – seine Musik – seine Existenz. Gegen Geld. Der Händler war ein verkommener Wucherer. Er war ein Dealer. Er würde mutieren müssen. Vom Deer Hunter zu Vic Mackey. Davon hatten die Menschen natürlich keine Ahnung. Was hier auf dem Spiel stand. Hier ging es schlicht um alles. Und er spürte diese Last jede Sekunde. Eine Vision von Liebe – ohne die alles nichts ist. Er wollte dahin, wo es laut und unbeschützt war. Wollte sich auf die Probe stellen. Wollte dort sein, wo er polarisierte. Der Gefechtsplan. Plattenladen – seine Existenz gegen Geld. Arbeitsagentur – ein Höflichkeitsbesuch. Premierenfeier – kein Höflichkeitsbesuch. Die Straße bescherte ihm eine grüne Ampel. Massenvernichtungswaffen auf zwei Beinen überall. Das Versprechen scheinbar greifbar. Hinter Sonnenbrillen versteckt, aber dennoch irgendwie immer da. Ich liebe meine Arbeit. Sagte er und kämpfte sich weiter durch den Dschungel. Er beschloss, noch einen Abstecher zum Park am Weiher zu machen. Der Park hatte ihn in seiner Jugend gesehen. Damals lebte seine Großmutter noch. Immer freitags besuchte er sie. Und dann gingen sie in den Park. Wie er jetzt. Wandelte auf den Spuren einer anderen Zeit. So glücklich wie in seiner Kindheit war er nie wieder gewesen. Und er würde es nie wieder werden. Aber das Werk würde er noch zu Ende bringen. Daten kreuzten sich in seinem Kopf. Es kam ihm in den Sinn. Eine verpasste Chance. Er lief im Kreis. Der Park war so angelegt. 50 Euro hatte er für alle Tonträger erhalten. 50 Euro für Fragmente seines Lebens. 50 Euro – damit ließ sich erst einmal wirtschaften. Es war ein schmieriger Tauschhandel gewesen. Eine widerwärtige Gestalt, dieser Plattendealer. Als er das Geld erhalten hatte, hatte er diesem Wucherer eine ins Gesicht geknallt. Und selbst das war noch zu wenig. Kontroll-punkt passiert. Auftrag erledigt. *I want my, I want my, I want my MTV.* Die Tonspur seines Stadtrundganges kam direkt aus sei-nem Hirn. Humane Jukebox in Endlosschlaufe. Ich höre alles. Was immer ihr auch hören mögt, denken mögt, fühlen mögt, ich weiß es. Da stand eine Kleinfamilie vor dem Eingang eines Altbaus. Vater und Mutter mit kleiner Tochter. Sie machten ei-nen angespannten Eindruck. Er erfasste die Situation sofort. Sie kriegen die Wohnung. Erstaunt sahen sie sich an. Wirklich? Das Mädchen sah ihn erwartungsvoll an. Natürlich! Warum? Heute ist *ihr* Tag. Sagte er und ging fröhlich beschwingt weiter. Nach einigen Metern drehte er sich um und sah die Kleinfami-lie sich in den Armen liegen. *I'm a soldier of freedom in the army of the man.* Die Gefechtslage änderte sich ständig. Die Menschen seiner Stadt waren Freund oder Feind und manchmal beides gleichzeitig. Seine Wege durch die Stadt waren noch weit. Und plötzlich stand er vor dem Kino. Es lief der Film seines Lebens. »Am Rande der Nacht«. »Tchao pantin« war der französische Originaltitel. Was soviel hieß wie: Tschüss Hampelmann. Mit Coluche und Agnès Soral. Ein Film von Claude Berri aus dem Jahre 1983. Er hatte den Streifen im Alter von 12 Jahren mit seinem Vater gesehen. Danach hatte er Szenen aus dem Film nachgespielt. Er war in Personalunion Regisseur und Hauptdarsteller. Jahre später hatte er ein Drehbuch für eine Art Fortsetzung des Filmes geschrieben. Und Agnès Soral in der Rolle der Lola hatte sein jugendliches Frauenbild determiniert. Die Liebe zu dieser fiktionalen Figur ging so weit, dass er ihr im Laufe seines Lebens über 50 Heldengedichte widmete. Außerdem war er mit 16 Jahren nach Paris getrampt, um die Schauplätze des Films in Belleville zu besuchen. Er hatte diesen Film gelebt. Schnell ging er jetzt die Stufen zur Kasse hoch. Niemand war anzutreffen. Etwas beklommen ging er die Stufen wieder herunter, um dann vor dem aktuellen Spielplan stehen zu bleiben. Dort stand es schwarz auf weiß. Der Film war am Abend zuvor das letzte Mal gelaufen. Sie hatten die Beschriftung am Eingang noch nicht geändert. Er hatte den Eindruck, dass die Aufführung des Filmes am heutigen Tag etwas hätte ändern können. Es hätte seiner Existenz an diesem Tag einen Impuls geben können. Bei diesem Film wusste er wenigstens das Ende.

Er stand vor dem Kundenzentrum des städtischen Stromversorgers und hielt seine Abschlagsrechnung hoch: So hinterhältig und gemein betrügen die Hamburgischen Electricitäts-Werke ihre Kunden. Aus einem Plus wird hinterhältig ein Minus gemacht. Alle Kunden müssten im letzten Monat eine Rückzahlung bekommen haben. Er erfand frei: Ich zitiere aus dem Brief des Vorstandsvorsitzenden. Alle Hamburger haben im zurückliegenden Jahr große Anstrengungen beim rationellen Umgang mit den Ressourcen geleistet. Allen Aktionären werden wir dies in Form einer großzügigen Dividende zurückgegeben. Und allen Kunden werden wir eine Gutschrift mit der durchschnittlichen Abschlagszahlung von 50 Euro zukommen lassen. Er blickte sich um, und das Wunder geschah. Leute, die auf dem Weg ins Kundenzentrum waren, stoppten, griffen in ihre Behältnisse und holten Abschlagzahlungen hervor. Ungläubig blickten sie ihn an. Er nickte ihnen zustimmend zu. Jawohl, aus einem Plus ein Minus gemacht. Treten Sie ein und lassen Sie sich das nicht länger gefallen. Es überraschte ihn doch, wie schnell die Leute die Glaubwürdigkeit einer Institution in Zweifel zogen. Heute war alles möglich. Sarah. Wenn nicht der Zweck, so sollte ihr doch die Energieleistung gefallen. Ganz wertfrei. Die Energie-Leistung. Vor den Electricitäts-Werken. Er sah durch die Scheibe. Dort war Schluss mit ruhiger Kugel. Die Mitarbeiter bekamen Arbeit. Wenn er schon nicht vermittelt wurde, so hatte er jetzt vermittelt.

Je länger die Wanderschaft dauerte, desto friedlicher wurde er. *And all of it is yours and mine / So let's ride and ride and ride.* Er war wieder in der Spur. Und dabei offen für Überraschungen. Spannend musste es sein. Und was zum Spielen. Und Schokolade. Das war die Vorgabe. Der kleine Junge aus Holstein träumte vom Hauptgewinn. Vor ihm lag ein 50 Euro Schein auf dem Gehsteig. Er bückte sich kurz und hob das Geld auf. Noch Fragen, Welt? Hier wurde gerade Zeitgeschichte geschrieben, und ihr wart nicht dabei. Sucht euch ein Sprichwort aus. Eins von den vielen. Das Glück ist mit den Tüchtigen. Etwas subtiler könnte es schon sein. Anyway, ihr wisst ja, was ich meine. Sagte er im Gehen. Der Weg war noch weit, aber er hatte genug Kraft ihn fortzusetzen. Sie schauten auf ihn, sein Weg wurde nicht ohne Anteilnahme begleitet. Er wusste: Sie sind da und verfolgen seinen Weg. Und sie werden immer mehr. Die Sonne strahlte heller als je zuvor über seiner Stadt. Er liebte die Menschen seiner Stadt bei diesem Wetter. Den Vietnamkämpfer konnte er hinter sich lassen. Zumindest für den Augenblick. Er registrierte jeden seiner Mitmenschen. Er nickte ihnen zu und sie nickten zurück. Schönen Tag. Sagte eine Frau im Vorbeigehen. Er begann immer mehr zu erfühlen, dass er der Mittelpunkt von etwas sehr Bedeutenden war. Er warf einem barocken Obdachlosen zwei Euro in den Klingelbeutel. Mach nur so weiter! Rief der ihm hinterher. Mach nur so weiter. Das klang wie die goldene Regel der Mechanik, eingerahmt an der Tafel. Er hatte seine Agenda für den Tag noch im Kopf, aber er ließ sich auch treiben. Er machte eben *so* weiter. Er machte kurz Rast auf einer Bank. Dabei erdachte er sich eine Szene mit Dialog, in der Sarah und er die Protagonisten waren:

Sie: Du siehst gar nicht gut aus.

Er: Was soll das denn heißen? Ich habe noch nie gut ausgesehen.

Sie: Du weißt ganz genau, was ich meine. Du schläfst nicht mehr. Du belagerst stundenlang das Telefon. Und du verletzt die Menschen, die dir am wichtigsten sind.

Er: Ich sage nur die Wahrheit – ein für alle Mal.

Pause.

Sie: Bitte tu etwas für dich. (Pause) Ich komme auch mit, wenn du willst.

Er: Das würdest du tun?

Sie: Natürlich.

Sie ging zu ihm und nahm ihn ganz fest in die Arme. So fest hatte ihn noch nie ein Mensch umarmt. Ende.

Das Maß der Ambition bestimmt die Fallhöhe. Und die Fallhöhe der Protagonisten erhöht das dramatische Potenzial einer

Geschichte. Das hatte er irgendwo einmal gelernt. Zum Glück nur eine Geschichte.

Er hatte in der vergangenen Zeit ein Sammelsurium an kleinen Szenen und Geschichten entwickelt. Diese Geschichten hatten sein Bild von Sarah nicht unwesentlich determiniert. Aber dann musste er immer wieder an diesen Blick denken, den sie ihm schenkte, als sie in der Postfiliale die Treppe herunterkam. Dieser Blick, der einfach eine Zehntelsekunde zu lange dauerte. Alles ist dieser Blick und nichts ist alles andere. Seine Geschichten und Szenen konnten ihre wahre Erhabenheit nur oberflächlich streifen. Spuren einer Träne in seinem Gesicht. Die Wirklichkeit musste noch viel einzigartiger sein. Eine Hochzeitsreise mit Sarah auf Colin Powells Ranch. Dann würde er schon lange um seine Verdienste für die Menschheit im Allgemeinen und für die Stadt im Speziellen mit Auszeichnungen überhäuft worden sein. Dann hörte er aus seiner Umhängetasche das Klingeln seines Mobiltelefons. Es war Jana. Ihr Anruf holte ihn wieder zurück auf diese Parkbank. Wir sehen uns heute Abend. Ich sitze ab 17 Uhr im Saal 2, da kannst du mich dann abholen. Er stockte. Jana machte klare Ansagen. Wenn es etwas gab, was ihn an ihr anzog, dann die Tatsache, dass sie klare Ansagen machte. Er hörte wie sie an einer Zigarette zog. Die haben hier um die Ecke eine Premierenparty. Sie machte eine kurze Pause. Und ich habe Karten für die Party. Also, wir essen gemeinsam etwas und reden. Und dann gehen wir vielleicht auf diese Party. Kapiert? Ja. Und guck bitte von Zeit zu Zeit auf die Uhr. Bis später. Er hörte ein Klicken. Jana hatte Schluss gemacht.

Er war wieder in den fließenden Verkehr eingetaucht. Das Verweilen auf der Parkbank hatte ihn etwas müde gemacht. Und

Janas Anruf hatte sein Übriges getan. Er hatte den Zauber dieser Zeit und dieses Tages kurz angekratzt. Aber das würde er ihr heimzahlen. Er würde sie zurückredigieren auf den Platz, der ihr zukam. *You're looking for the one who fucked your mom / It's not me , It's not me / You're looking for the one who made you cry / It's not me, it's not me.* Mach nur so weiter. Und zwar: nur so. Sein Gang war ein Weg ohne Rückkehr. Altes und Überschüssiges wurde abgelegt. Und Neues würde entstehen. Das war seine Arbeit. Und der war er verhaftet. Mehr wollte er gar nicht wissen. Die Dinge nie zu tief zu denken. Nie in allerletzter Konsequenz das Leben zu Ende zu denken. Mach nur so weiter. Er war dazu auserkoren, den Menschen ein Beispiel zu geben. Ihre ganze Last nahm er heute auf sich. Und in dem Moment, wo er die Bürde auf sich nahm, war sie keine mehr. Denn am Ende stand Sarah. Jetzt war er wieder fokussiert. Wusste, warum er diesen Weg ging. *If you wanna spank your demons and make them pay, well baby / I'm the man of the hour.*

Die Agentur. Er stand im Warteraum und zog eine Nummer. Die 23 trug seinen Namen. Im Prinzip egal, es war ja nur ein Höflichkeitsbesuch. Er wollte zu Becker. Denn Becker betreute den Buchstaben K. Er ging zu einem dunkelhäutigen Wartenden und drückte ihm den Zettel in die Hand. Er ging dann seelenruhig in den Sachbearbeiterbereich. Zielstrebig öffnete er die Tür und spazierte in Beckers Büro. Ich bin angekommen. Er hob die Hände zu einer grüßenden Pose. Becker sah ihn einen Moment wie versteinert an und hob dann den Telefonhörer ab. Verlassen Sie sofort das Büro, ansonsten lasse ich den Sicherheitsdienst kommen. Warten Sie, Herr Becker. Ich möchte Zeugnis ablegen. Sie haben mir meinen -Euro-Job bei der

Deutschen Post weggenommen und mir danach das Arbeitslosengeld um 30% gekürzt. Warum haben Sie das getan? Becker legte den Hörer auf und atmete tief durch. Zum Beispiel. Ich stehe jeden Morgen um 4 Uhr auf. Dann beginne ich mein Tagwerk. Und das ist nichts weiter, als die Welt Schritt für Schritt ein bisschen besser zu machen. Er zeigte mit dem Finger auf Becker. Schrittweise ein bisschen besser zu machen. Auch für Sie. Zum Beispiel. Mein Nachbar bekommt auch Arbeitslosengeld II. Der sitzt den ganzen Tag in der Wohnung und stört mit gelegentlichen Besuchen meine Arbeit. Wissen Sie, wovon ich lebe? Ich versetze meine Plattensammlung. Tag für Tag wird sie weniger. Damit ich verdammt noch mal was zu essen habe. Becker hatte den Telefonhörer in der Hand und drückte einen Knopf. Davon völlig unbeeindruckt ging er nun durch das Büro. Wissen Sie, ich hätte es wie mein Nachbar machen sollen. Ich hätte mich nicht selbstständig um einen Ein-Euro-Job kümmern, sondern in Ruhe abwarten sollen. Zum Beispiel. Es gibt in dieser Stadt immer mehr arme und benachteiligte Menschen. Was konnte ich in meinem bescheidenen Rahmen da tun? Als Postzusteller habe ich einfach einige Briefe zurückgeschickt, die ihre Empfänger sowohl in finanzieller als auch in menschlicher Hinsicht schwer beschädigt hätten. Sie und die Post nennen das Postunterdrückung. Ich nenne das: Dienst am Menschen in meinem bescheidenen Wirkungskreis. Sie kürzen mir die Leistungen. Ich verramsche meinen Hausrat. Sie sitzen hier in diesem Büro und erledigen mit einer Unterschrift ganze Existenzen. Ich arbeite manchmal bis zu 20 Stunden. Sie sehen meine Arbeit nicht als Arbeit an. Wissen Sie, dass meine Arbeit viel mehr ist. Es ist ein Kosmos mit einem metaphysischen Erlösungsversprechen. Aber in nicht allzu ferner Zukunft werden

Sie ein neues Bild von mir bekommen. Sie haben doch keine Ahnung um welchen Einsatz hier gespielt wird. Er schüttelte den Kopf. Vor nichts habt Ihr mehr Angst als vor der Wahrheit. Er blickte hoch. Zwei Uniformierte kamen auf ihn zu und hakten ihn unter. Nichts als die Wahrheit. Und dafür brauchen Sie den Sicherheitsdienst? Sie zogen ihn aus dem Büro. Herr Becker, nicht vergessen: eine alte Geschichte, nur neu erzählt. Er lachte bitter, als sie ihn die Treppe runterzogen. *I'm never gonna work another day in my life | The gods told me to relax | They said I'm gonna be fixed up right | I'm never gonna work another day in my life*

Picknick am Wegesrand. Auf einer Grünfläche vor den Grindelhochhäusern machte er Rast. In einem Feinkostladen hatte er Brötchen und als Belag frischen Mozzarella geholt. Keine Zeit. Gierig schlang er die Speise herunter. Die Mahlzeit war so gehaltvoll, dass sie das aufgekommene Hungergefühl sicher für die nächsten Stunden ausschalten konnte. Dieser Sicherheitsdienst war nicht zimperlich gewesen. Nazis raus! Hatte er eben im Foyer laut gerufen, als sie ihn aus dem Gebäude zogen. ARGE-Spaß-Polizei. Nun gut, den Höflichkeitsbesuch hatte er absolviert. Im Grunde war es wie immer gelaufen. Er hatte Fragen an die Welt gestellt, konkret an Sachbearbeiter Becker, und letztlich keine Antworten erhalten. Nicht eine einzige. Seine freiwillige Arbeit für die Menschheit interessierte seinen Sachbearbeiter nicht die Spur. Warum musste gerade Becker den Buchstaben K betreuen? Fragen, auf die es in diesem Leben wohl keine Antwort mehr geben sollte. In diesem Leben. Er aß das letzte Stück Brötchen und erhob sich von der Grünfläche. Der Waffenstillstand, den er mit der Welt geschlossen hatte, war nun einseitig von der Welt wieder aufgekündigt worden.

Somebody up there likes me. Das wollte er der Welt zurückgeben. Und zwar auf der Stelle. Sein Tritt wurde fester und er ging jetzt stur geradeaus. Das kleine Mädchen mit dem Fahrrad hatte Pech, sie lag genau auf seiner Ideallinie. *Cause it's a bittersweet symphony, that's life / Tryin' to make ends meet. You're slave to the money then you die*. Er blickte sich kurz um. Das Leben ist die härteste Schule.

JAN-DIRK KROHN

geboren 1972, stammt aus Rellingen in Holstein, studierte Amerikanistik an der Universität Hamburg und Drehbuch an der Filmakademie Baden-Württemberg. 2021 wurde er für einen Auszug aus dem Romanprojekt *No Meds in May* mit dem Hamburger Literaturpreis ausgezeichnet.

Nail Doğan

ZERLYRIKT.

HANNELORE AUF DEM KAMEL IN BAYERN ODER KARMA FOREVER.

der ist gekommen
der gegangen
der abgelaufen
der gar nicht erst los
der aus dem Krieg der aus
der Ritze
der geflohen
der war schon
der nur so halb
der andere da ja der
der ist doch viel zu gut
gebaut ist der doch
der da ist jung
der ist muskatnuss
braun der goldgelbgrün
der ist deshalb hier
der aber aus einem
ganz anderen
der wegen Traum
der wegen Lakritze
der wegen Angst
der weil er einmal im
Leben wenigstens gekochtes

tomatenrotes Haar sehen wollte
der hat gute Zähne
der hat keine Läuse
der hat, Holla die Waldfee,
hat der aber starke Knochen
hat der und der der
hat ein Markengürtel
der hat Schusswunden
der hat Telefon
der andere noch vier
Schwestern in Aleppo
kuck mal Hannelore
hat der Araber da drüben
blaue Augen
da hauts mi glatt
aus den Socken der
Araber dort drüben
tatsächlich blaue Augen.

HERKUNFTS.

Wenn ich geh und geh und
ich geh so und geh zähl ich
Hunde bis siebzehn auf deutsch
danach türkisch.

ZWISCHENDING.

Vater ist ein Rockstar
Mutter Zeilen-
sprünge

springt Kinder
spring *Ali*
spring *Ayşe*

und wie schön aus
Zucker Karamell

und wir freilich
verdorben

Erde brennt
oh Baby

maybe maybe.

SESAMWELT.

Nicht/s mit in neue
Welten aufbrechen
am Pferdekuss von
madre Farben
Schönheit ziehen
sich zeigen
wo nicht/s zu sehen

wir sind von hier
regional
unten
ziegel
himmel

lever les sourcils.

ZUM STREIT MIT SERKAN ODER MIS-TER KRITIK.

Yavrum, mein Goldlöckchen

bin ich einunddreißig Jahre schon
kein Führerschein kein intelligentes
Telefon kein Gott kein Haustier
keine Kinder kein Auto kein Draht kein Ruf
kein Drang keine Szene keine Ziele
kein Schnitt keine Stelle keine Weltreise in
die Spuren hinterlassen

Yavrum, mein Zimtstern

wie ein falsch gelegtes Wort, wie ein vergessen
gekipptes Fenster, wie –
Tennisbälle sollten das Recht haben
auf Bäumen leben zu dürfen
Kombination der Farben wie
gefangene Sterne wie gehetzte
Taugenichtse wie Klartext :

keine Zeit für seelenlose Dinge
kein Verständnis keine Angst
Menschen zu verlieren keine Angst
Talent wegzusaufen keine Sorge
my blue bird died
komm mir nicht mit Freiheit.

NAIL DOĞAN

geboren 1988 in Augsburg. Sohn eines Gasttaxifahrers und einer Gastputzfrau. Lebt in Hamburg. Kaut Fingernägel. Hält sich über Wasser. Schreibt. 2021 erhielt er für seine Gedichte den Hamburger Literaturpreis.

Jutta Vogt-Tegen

DIE PFLANZE

Dieser Satz setzt sich bei ihr fest: *Einsamkeit – Die schmerzhaf-teste Nebenwirkung des Alters*. Steht groß geschrieben auf Plaka-ten mit von Lebenszeit gezeichneten Gesichtern. Evelina weiß, dass Einsamkeit eine Ratte ist, die in die Keller schleicht und sich durch die Wände nagend bis ins Haus vorarbeitet. Außer Frido gibt es niemanden in Evelinas Leben. Frido ist fast sech-zehn Jahre alt, ein stolzes und erschreckend endliches Alter für einen Hund. Bisher störte es Evelina nie, keine Freunde oder Verwandten zu haben. Im Gegenteil, sie war der Meinung, dass man Freunde nur dann braucht, wenn es einem gut geht. Mittlerweile alt und mit Gebrechen im Gepäck würde deren Mitleid Evelinas Befindlichkeiten nur verschlimmern. Doch seitdem der Satz in Evelinas Kopf kreist, seitdem hat sie Angst.

Evelinas Nächte ziehen sich mit einem Mal wie Schnecken-schleim dahin. Sie liegt wach und starrt an die Decke, ver-schiebt die Wörter des rotierenden Satzes, tauscht sie aus und bildet neue Silbengefüge, doch es hilft nichts. Irgendwann flüchtet sie immer ins Wohnzimmer vor den Fernseher, schaut bis in den frühen Morgen »Die schönsten Bahnstrecken Eu-ropas«, rattert mit im Führerstand entlang der Schienen von Frankfurt nach Hannover, durch Wälder und vorbei an endlo-sen Feldern, bis ihr die Augen zufallen und sie frühmorgens im Sessel erwacht und sich älter fühlt, als sie je werden wird.

Dann reicht es Evelina und sie beschließt, aktiv vorzusor-gen. Ein neuer Hund käme nach Fridos Ableben nicht infrage, dafür sei sie zu alt. Aber eine Pflanze, denkt sich Evelina, das sei doch ein treuer Freund bis über ihren eigenen Tod hinweg.

Evelina lässt sich beim »Palmenmann« beraten und kommt mit einer Chilenischen Araukarie zurück. Die würde sie garantiert überleben und sei nicht sehr pflegeintensiv. Doch der Hauptgrund, weswegen Evelina diesen Andenexoten gewählt hat, ist seine Schönheit. Er hat glänzend grüne Affenarme, ein dichtes und gleichmäßiges Nadelkostüm und im Gewächshaus schien er mit seinen Ästen nach ihr zu winken.

Nun wartet der Pflanzenfreund bei ihr im Vorgarten und Evelina gräbt nicht weit vom Gartenzaun entfernt ein Loch in die Erde. Dahinein setzt sie den gut einen Meter hohen Zierbaum, schaufelt alles wieder zu, glättet die Erde mit dem Spaten und begutachtet erschöpft, aber zufrieden ihren neuen Weggefährten. Als sie sich zu ihm beugt, um seinen Duft einzuatmen, meint sie, er würde seine geschwungenen Armen zu ihr strecken, um sie zu berühren. Es kitzelt an ihrer Wange und sie lacht. »Na, so was.«

Dann geht sie die Gießkanne holen. Doch als sie damit zurückkommt, stutzt Evelina. Frido steht mit aufgestellten Rückenhaaren vor der Araukalie, fletscht die Lefzen und knurrt.

»Was ist denn mit dir?« Kaum ausgesprochen, springt der Kurzhaardackel zu Evelina und schiebt sich zwischen ihre Beine.

»Nun lass das mal, du bringst mich noch zu Fall.«

Doch der Hund bleibt an Evelina kleben, so lange, bis sie endlich mit ihm ins Haus geht. Statt sich wie gewohnt in sein Körbchen zu kuscheln, bleibt Frido auf der Fußmatte, vor der

Eingangstür liegen und fiept vor sich hin. Evelina kümmert das nicht weiter, das Graben hat sie angestrengt und sie braucht jetzt Ruhe.

Am nächsten Morgen geht Evelina gleich als erstes in den Vorgarten. Sie staunt, wie die Araukalie sich bereits wohlig in ihrer Umgebung eingerichtet hat. Ihre Äste streckt sie ausladend in alle Richtungen und ist es nicht so, dass diese in die Länge geschossen sind? Ebenso ist der Stamm gewachsen. Evelina muss den Kopf heben, um zur Spitze zu sehen.

»Das ist ja was. Die Erde in meinem Garten scheint dir ja gut zu bekommen.«

Sie streicht über die Nadeln und bewundert das satte Grün, wie frisch vom Regen gewaschen und poliert, nur dass es seit Tagen staubtrocken ist. Dann spürt Evelina etwas an ihrer rechten Fessel. Sie schaut herab und sieht einen Pflanzenarm, der wie eine Schlange an ihrem Bein hinaufkriecht. Evelina springt zurück und im nächsten Augenblick ist die Pflanzenbewegung schon vorbei. Nichts rührt sich mehr und Evelina schüttelt den Kopf. Das muss sie sich eingebildet haben. Sie geht zur Haustür und lässt Frido heraus, der sofort zur Pflanze rennt, sie laut anbellt und mit vibrierendem Schwanz vor ihr auf- und abrennt. Er kann sich gar nicht beruhigen und Evelina packt den zornigen Kläffer im Nacken und zieht ihn wieder ins Haus.

»Verrückter Köter, was ist bloß mit dir los«, schimpft sie.

Auch am nächsten und übernächsten Morgen scheint die Andentanne gewachsen zu sein. Weniger in die Höhe, dafür entfaltet sie sich in der Breite. Evelina steht davor und findet das ungeheuerlich. Der nette Herr vom Haus »Palmenmann« hatte gesagt, dass Araukarien enorm wachsen, sogar bis zu 18 Meter hoch werden können, jedoch betrage das jährliche Wachstum um die 30 Zentimeter. Von einer horizontalen Ausbreitung war gar nicht die Rede gewesen. Und auch nicht von dem, was jeden Morgen geschieht, sobald Evelina vor die Pflanze tritt. Die beginnt zu schimmern, als würde, trotz des diesigen Himmels, ihr gelacktes Nadelkleid in Perlmutttönen irisieren. Die vielen Tannennadeln, alle von akkurat gleicher Länge und dicht hintereinander aufgereiht, winden sich spiralförmig um die Äste. Es scheint, sie seien am Rotieren. Geradezu ehrfürchtig streicht Evelina über dieses pflanzliche Schmuckwerk, um die Ordnung nicht zu zerstören. Die Schönheit des südamerikanischen Exoten hat etwas Hypnotisches. Zaghaft legt Evelina ihre Wange an die Äste und sofort werden die kräftigen Nadeln watteweich und beginnen, Evelina sanft zu streicheln. Die lässt es geschehen, birgt ihr Gesicht tief in das Grün hinein, um den würzig-warmen Duft zu inhalieren. Sie seufzt. Wie selbstverständlich beginnt sie mit ihrem Pflanzenfreund zu sprechen. Er versteht sie. Das wusste Evelina auf Anhieb, als sie ihn sah. Schließlich gehört er zu den ältesten Familien auf dem Planeten, die haben alles miterlebt, was man erleben kann, und ihr Verständnis und Mitgefühl muss grenzenlos sein.

Nur Frido bereitet Evelina Sorgen. Seit dem Einzug der Araukarie ist er wie durchgedreht. Täglich steht er mit den Pfoten scharrend vor der Tanne, knurrt und winselt. Einmal beobachtet Evelina, wie er sich bis zu ihrem Stamm vorwagt, das Beinchen hebt, um sein Revier zu markieren, um zu demonstrieren, wer hier trotz fehlender Größe das Sagen hat. Doch plötzlich jault er auf und rast mit eingezogenem Schwanz zurück ins

Haus. Seine Nase ist blutig und wimmernd rollt er sich auf Evelinas Bettvorleger zusammen. Evelina schimpft mit ihm, er soll die Araukarie doch endlich in Ruhe lassen.

Am fünften Morgen nach dem Pflanzenkauf öffnet Evelina die Haustür und erschrickt. Wie Pinocchios Nase haben die Pflanzenarme über Nacht einen gewaltigen Schub gemacht. Sie ragen jetzt über den schmalen Kiesweg hinweg bis an den Fenstersims ihres Schlafzimmers. Vielleicht sollte ich sie hochbinden, überlegt Evelina, und holt Blumendraht aus dem Schuppen. Vorsichtig tritt sie an die Pflanze heran, die ihre Arme öffnet, als wolle sie Evelina mit einer Umarmung begrüßen. Wie weich wieder deren Nadeln sind, die sich ausrollen und zu schlanken Blättern formen, um sich über Evelinas Arme hinauf zum Hals zu tasten. Evelina schließt einen Moment die Augen und spürt die Berührung der grünen Finger wie eine seichte Sommerbrise auf ihrer Haut. Doch dann – »Huch«, öffnet sie abrupt die Augen, als sich die Ranken in ihren Haaren zu verweben beginnen. »Das geht nun wirklich zu weit.« Mit einer längst vergessenen Zärtlichkeit löst sie die Krakenarme von ihrem Körper, streicht noch einmal entlang der vielen Nadeln, weicher als die Borsten ihrer Rosshaarbürste.

»Ich muss dich trotzdem ein wenig bändigen.«, flüstert sie, wickelt den Draht von der Rolle und greift nach einem Ast. »Autsch!«

Blitzschnell haben sich die Nadeln aufgestellt und in Evelinas Finger gestochen. Ungläubig betrachtet sie die Araukarie, deren Nadelpelz wie Kohlen glüht. Unsicher geht Evelina ein paar Schritte zurück, lässt die Pflanze nicht aus den Augen, doch die verharrt in ihrer Abwehrhaltung, regungslos und unnahbar.

Evelina rollt den Draht wieder auf und geht ins Haus. Dort drängt bereits Frido, der nach draußen schießt, sobald die Haustür nur einen Spalt offen ist. »Frido!«, ruft Evelina noch, doch der Dackel ist nicht zu halten, stürzt sich auf einen der Pflanzenarme und beißt sich fest. Ein Gejaule und Gerangel, nur einen kurzen Moment, Evelina verliert die Übersicht, Frido umwickelt von den Pflanzenarmen, alles geht viel zu schnell, bis ein jämmerlicher Klagelaut ertönt und Frido sich humpelnd ins Haus schleppt. Das Maul blutig zerfetzt und lange Nadeln stecken in dem kleinen Hundekörper, die tief in seine Haut dringen. Evelina hat Mühe, ihren Liebling zu beruhigen. Sie verarztet ihn hingebungsvoll, zieht eine Tannennadel nach der anderen aus seinem Fell und wundert sich, dass dieses weiche Tannengrün ihrem Vierbeiner derart zusetzen konnte. In ihrer Hand lassen sich die Nadeln wie Gummi biegen.

Seit diesem Vorfall schläft Frido nicht mehr auf ihrem Bettvorleger, sondern verkriecht sich unter Evelinas Bett.

Am nächsten Morgen geht Evelina nicht zu der Araukarie. Sie schiebt Frido nach draußen vor die Tür, schließlich muss er ja mal Pippi machen, und beobachtet, wie der Dackel die Pflanze meidet. Die scheint ihn ebenfalls zu ignorieren. Frido schnuppert hier und da, offensichtlich hat er akzeptiert, dass er sein Revier ab jetzt teilen muss. Evelina setzt sich zufrieden an den Küchentisch und frühstückt. Nur eine Stunde später, sie will gerade nach Frido schauen, hört sie das laute Quietschen von Autobremsen, ein Moment Stille und dann das Zuknallen einer Autotür. Sie weiß sofort, da muss etwas passiert sein, und eilt nach draußen, stolpert über die Pflanzenäste hinaus durch die Gartenpforte auf die Straße. Dort steht ein weißer Lieferwagen und davor kniet ein Mann mit schwarzen Locken, gebeugt über einen leblosen Hundekörper, der zerquetscht unter dem Reifen hängt. Evelina stößt einen Schrei aus und hält sich die Hand vor den Mund. Sie ist nicht in der Lage, etwas zu sagen, steht da und starrt auf ihren toten Frido. Der Mann erzählt etwas von »plötzlich auf die Straße gelaufen«, zeigt auf das große Loch im Zaun, und wie leid ihm das alles täte. Evelina wird ganz weiß im Gesicht, als sie den Durchlass im Maschendraht sieht, genau auf der Seite, wo die Araukarie steht. Ein ausreichend großer Spalt für einen Dackel, wie hineingerissen, als hätte jemand wütend an dem Zaun gezerrt. Als Evelina das Bewusstsein entweicht, ist es der Paketfahrer, der sie stützt, ihr hilft, Frido in eine Decke zu wickeln und ins Haus zu tragen. »Frau. Wird alles gut. Frau«, tröstet er sie, doch jetzt hat sich eine Ahnung in Evelinas Magen genistet, hat sich wie eine Zecke festgesetzt und wird nun unermüdlich ihr Blut abzapfen.

Evelina stellt fest, dass mit Fridos Tod erst einmal Ruhe eingekehrt ist. Das selbstgefällige Ausarten des Affenschwanzbaumes ist zum Stillstand gekommen. Als hätte ihr Pflanzenfreund die Waffen gestreckt, liegen seine Äste über dem Kiesweg und zeigen Reue in demütiger Haltung. Evelina ignoriert ihn ein paar Tage, doch immer, wenn sie an ihm vorbeigeht, reckt er seine Äste nach ihr, wie auf der Suche nach Vergebung. Evelina steht Stunden vor der Pflanze. Steht und betrachtet sie eingehend. Irgendwann kann sie nicht widerstehen, legt doch wieder ihre Wange an das grüne Nadelkleid, sucht Trost, wo sie Anklage erheben sollte. Sie redet sich ein, sie hätte sich eine Menge eingebildet, das Loch im Zaun sei bestimmt schon da gewesen und wie ungeheuerlich im Alter die Fantasie Purzelbäume schlagen würde. Doch jedes Mal, wenn sie zurück in ihr Haus geht und Fridos Halsband und Leine erblickt, spürt sie die Zecke in ihrem Bauch, die sich festgebissen hat und saugt und saugt.

JUTTA VOGT-TEGEN

geboren 1966, lebt mit Mann, Hund und zwei Kindern in Hamburg. Sie arbeitete viele Jahre als Textilbetriebswirtin bei Jil Sander, bevor sie in den Journalismus wechselte. Nach Stationen bei der *Gala* und *Maxi* schreibt sie als freie Autorin Sachbücher zum Thema Achtsamkeit für den Lingen Verlag. Im Autorendock übt sie sich in literarischen Texten, schreibt gerade an einem Erzählband. Bei dem vorliegenden Text handelt es sich um einen Auszug aus der gleichnamigen Erzählung.

Alexander Posch
AN DER BEKASSINENAU

Vom Berner Gutshaus ziehen sich die unbewirtschafteten Wiesen, Fischteiche und Obstgärten bis zum südlich gelegenen Alten Zollweg. Hier in den Feuchtwiesen und im Moor brütet die Bekassine hundertfach. Ein einziges prachtvolles Haus mit wohl noch schönerem Garten steht dort am Feldweg. Hier lebt Konstantin Horns mit seiner Mutter. Der Vater war Amtsvorsteher in Ahrensburg, ist aber früh verstorben. Sein Sohn hat ein kleines Theaterstück geschrieben – zum Missfallen seiner Mutter will er Schriftsteller werden.

»Liebe Gäste, folgen Sie mir nun bitte in den Garten«, bittet Horns die Gesellschaft aus Oldenfelder, Meiendorfer und Berner Honoratioren. Herrlich grün liegt der Garten inmitten der Teiche. Unter den Bäumen stehen Stühle. Aber noch bevor Horns sich auf eine Kartoffelkiste stellt und seinen Vortrag beginnen kann, vernimmt man aus der Zuhörerschaft: »Entsetzlich, wie du wieder aussiehst, Junge!« Horns Mutter tritt vor und richtet dem Sohn das Seidentuch am Hals. Wie leidet er unter der dauernden Nörgelei dieser Mutter, die sein schriftstellerisches Talent, ja, sein ganzes Leben infrage stellt. Zudem hat sie einen Freund, der ebenfalls und bereits sehr erfolgreich Schriftsteller ist: Boris Walk. Herr Walk schreibt Amüsantes für Zeitschriften. Mutter führt Walk immer an, wenn sie versucht, Horns Vertrauen in sich selbst und in seine Arbeit zu schwächen.

An einen Apfelbaum gelehnt, steht Horns Liebe da: Linda Stromissen. Linda hat gerade begonnen Zoologie zu studieren.

Im Grundkurs bekamen sie die Aufgabe ein Ei auszubrüten. Jeder bekam ein anderes Ei. Lindas Ei war auffallend groß. »Ich habe zu viel Respekt vor diesem Ei. Kannst du es für mich ausbrüten?!«, hatte sie Horns vor zwei Wochen gebeten. Fälschlicherweise interpretierte der das Ei als eine gute Chance:

Im Ei würde etwas Neues entstehen. Etwas, das die Bindung zu Linda verstärken würde. Sie werden zusammenleben, in einer gemeinsamen Wohnung, an einem Tisch sitzen, aus einer Schüssel essen. Mehr wagt Horns nicht zu denken. Doch Linda fühlt sich schon seit Längerem zu Walk hingezogen. Ganz besonders zu dessen Charme und noch mehr zu dessen Erfolg.

»Mutter!«, sagt Horns und schiebt sie weg, dann beginnt er: Am Ufer eines Sees, vielleicht gleich hier, da lebte von Kindheit an ein junges Mädchen. Es ist weiß und rein wie ein Schwan. Das Mädchen liebt den See, die Luft, den Wind, der über ihre Haut streicht. Jedenfalls ist es glücklich und frei. Frei wie ein Vogel. Sie blickt in den Himmel. Und dort – tatsächlich: ein Vogel!

Zufällig aber kommt ein Mensch daher, ein Jäger oder was. Ein Tourist. Der sieht den Vogel, und weil er nichts Besseres zu tun hat, vernichtet er sein Leben; also erst das des Vogels, indem er ihn mit Schrot vom Himmel schießt. Und dann auch noch das Leben des Mädchens, weil er es heiratet und danach schlecht behandelt. Wirklich schlecht behandelt. Ein Schwein ist dieser Jäger, eine fiese Sau! Sau und Schwan, das kann nix werden!

Nimmt 'ne Sau 'nen Schwan zur Frau / geht die Sau in den Bau. Denn der wunderschöne Schwan / stirbt durch dessen Mordplan. Walk formt die Hände zu einem Trichter. »Bravo!«, ruft er, und dieses »Bravo« ist voller Hohn. Daraufhin erheben auch einige der Versammelten ihre Stimmen – sie rufen und singen. Der Garten atmet Bosheit. Die Luft ist explosiv vor Hass. Man ist sich einig: Der Text ist Mist. Am Ende verteilt sich das Publikum im Garten. Es widmet sich dem Alkohol und unterhält sich über alles, nur nicht über Horns Vortrag.

Dieser sucht Linda, aber die ist verschwunden. Zorn fährt in ihn. Horns überlegt, entweder Linda umzubringen oder sogar Linda und Walk, den er nie mochte. Vielleicht sollte ich alle drei töten, überlegt er: Linda, Walk und meine Mutter?!

Schließlich bringt Horns niemanden um. Er zieht sich stattdessen ins Haus zurück, verdunkelt sein Zimmer und legt sich zum angebrüteten Ei ins Bett. Mit der Schriftstellerei war's das!, denkt er. Endgültig!

Am Ende der Woche erfährt Horns von seiner aufgebrachten Mutter, dass Linda und Walk sich verlobt haben. Kurz darauf schlüpft ein Küken aus dem Ei. Horns nennt das Tier Eva.

Wenig später erkrankt die Mutter. Atemnot, die immer schlimmer wird. Sie erholt sich nicht mehr davon und stirbt.

Es gibt eine einfache Beerdigung, denn Horns ist mit dem Vögelchen beschäftigt. Das weicht ihm nicht von der Seite. Es wächst und wächst. Horns füttert es mit Fischinnereien und bringt ihm behutsam das Sprechen bei. Der Vogel ist eine Möwe. Sie ist das einzige lebendige Wesen, dessen Gesellschaft Horns erträgt. Bald spricht sie einige Worte, begrüßt Horns mit »Guten Morgen« und pfeift sonntags die ersten Takte des populären Marsches Preußens Gloria.

»Das Schwierigste im Umgang zwischen uns Individuen ist wohl, zu akzeptieren, dass man den anderen nicht versteht«, sagt sie eines Tages.

»Wie bitte? Was hast du gesagt?«, fragt Horns. Aber die Möwe schweigt.

Als die Möwe 24 Jahre später stirbt, lässt Horns sie ausstopfen und stellt sie ins Fenster seines Hauses. Er überlebt Eva um 35 Jahre. Die Schulkinder verhöhnen den seltsamen Alten, der tagtäglich hinter der Gardine sitzt, von wo er scheu auf die Straße lugt. Sie rufen ihn »Vogler« oder »Geiler Vögler«.

Zum Frühlingsbeginn stirbt Horns. Er rutscht vom Stuhl, liegt unter dem Fenster und mumifiziert wie eine Backpflaume, begünstigt durch die stetig gleichbleibende trockene Luft aufgrund der durch die Scheibe scheinenden Sonne.

Über ihm steht Eva. Sie fixiert mit ihren Glasaugen die Straße.

ALEXANDER POSCH

geboren 1968, Hamburger, viele verschiedene Veranstaltungen, drei Kinder, zwei Bücher, zwei Stipendien, ein Fanzine. 2023 tritt er monatlich mit Sascha Preiß, Claudia Schumacher und Johanna Sebauer bei der Lesebühne *Zinnober* in der Zinnschmelze auf.

Bettina von Bülow

DIE DISTELN

Im Juni die Erdbeeren faulig, im August die Äpfel wurmstichig. Anfang September stand Wasser auf den Wiesen und die Deiche waren durchweicht nach einem Regensommer, wie die Menschen hinterm Deich nie einen gesehen hatten.

Am Morgen des Tages, der die Flut brachte, fiel Martin Reuther, während im Radio von steigenden Pegelständen der Elbe und einem Tief über der Nordsee die Rede war, ein Zitat ein: Welch ein Sommer hätte sein können, wenn einer gewesen wäre. Er mochte die melancholische Vergeblichkeit daran, auch wenn er das Buch nicht gelesen hatte. Ein letzter Sommer, wie ich ihn mir nicht gewünscht hätte, wenn das Wünschen geholfen hätte, würde seine Frau Frauke vielleicht darauf entgegnen, die romantische Neigung ihres Mannes aufwiegend mit der eisernen Ironie der Juristin. Wie das Ehepaar Nowacki in seinem Bungalow nebenan den Sommer sah, fragten sie sich nicht. Malte Nowacki, hätte ihn jemand gefragt, würde wahrscheinlich lieber nach vorn blicken und seine Frau Claudia nicht zurück. Und das Ehepaar Stegner, die Nachbarn zur anderen Seite, mochte solche Fragen nicht. Jeder Anrainer habe im Sommer seinen Deichabschnitt von Disteln und ihren Pfahlwurzeln freizuhalten, das sei Tradition und Pflicht am Fluss und Regen kein Grund, könnte Henri Stegner darauf sagen. Nur nicht, der Grund wofür. Und seine Frau Bianca? Ungeduld hilft dem Kreuz nicht ab, fiele ihr vielleicht ein, überrascht, dass jemand sie fragte.

Frauke saß an ihrem Schreibtisch und sah auf das Farbfeld aus Grün und Grau in ihrem Fenster. Zu müde, um in die Kanzlei zu fahren. Regenschlieren fransten die Konturen aus. Der weiße Brückenturm eines Containerschiffes schob sich ins Bild, glitt waagerecht auf der Deichlinie entlang. Das Haus antwortete zitternd auf das Stampfen der Schiffsmotoren. Hoheitsvoll, das Wort fiel ihr ein, schob sich der Stahlkoloss nach links aus dem Bild. Ihr Fenster war wieder ein Rothko. Zu müde, um Akten zu lesen, war ihr das Bild genug. Sie dachte an ihre Reise nach Frankfurt, wo Martin ihr die Museen und seine alten Kneipen gezeigt hatte. Es waren gute Jahre, die sie zusammen gehabt hatten. Sie ließ ihre Gedanken sich mit Grün und Grau und der Ehe an sich beschäftigen. Als Anwältin für Familienrecht kannte sie alle Spielarten des Scheiterns. Irgendwie hatten sie beide einfach Glück gehabt. Ob es so war, obwohl sie keine Kinder bekommen hatten oder gerade deshalb, war nicht zu entscheiden. Er hätte gern welche gehabt. Sie gestattete sich, einen Moment lang von einer Zukunft zu träumen, bis der alte Stegner in den Rahmen trat und das Bild verdarb. Stand am Zaun und inspizierte sein Reich.

Gummistiefel, Weste, die alte Kappe. Es war acht, wenn Henri Stegner die Tür hinter sich zuzog, auf den Asphalt trat und losging. Er schlug den Bogen über die Blom'sche Wildnis bis zu Janssens Silo. Die Wetterungen so voll Wasser, dass der Mais schwamm. Hinter dem Leuchtturm nahm er den Deichaufgang und wendete sich auf dem Verteidigungsweg nach links um. Die drei Häuser dunkle Flecken im Regenvorhang. Jeden Morgen ging er die Runde, jeden Morgen seit über sieben Jahren, seit er hatte aufhören müssen mit der Arbeit. Ein Beest wohnte in seinem Rücken. Ein wildes Tier, das seine Zähne in ihn schlug und Stücke aus ihm riss. Aber er schritt fest aus gegen den Wind. Vor Maltes Grundstück stellte er einen Fuß auf den Findling. Atmete. So ging es. Wiese wie ein Waschlappen. Giersch, Löwenzahn, Moos, die wuchsen nur bei Martin, diesem Schwulen, drüben. Bei Malte war es schier, da gab es nichts zu sagen. Aber den Deich hat er verdorben. Eine Schweinerei, das Zeuch. Vergiftet sahen die Distelstummel aus und trieben doch wieder aus. Das Gras verätzt. Malte konnte schütten, soviel er wollte, mit Chemie kam er dem Wurzelwerk nicht bei. Malte konnte auch kaufen, so viel er wollte, der wurde den Vater nicht los und am Ende war er schon wie der. Der Apfel fällt nicht weit vom Stamm, sagte Bianca. Äpfel jedenfalls würde dieser Martin nebenan in seinem Garten niemals ernten. Lebte von dem Geld seiner Frau. Eine Wildnis, der Garten, und der Deich voller Disteln.

***

Die Feuchtigkeit war im Haus. Ein Wassergeist, die mit tausend Fingern in Schränke und Bücher fuhr, ins Bett und ins Mehl langte. Auch die Gartenschuhe, in die Martin stieg, waren klamm. Die durchtränkte Erde gab unter seinem Tritt weich nach. Fast hundert Kilo wog er, aber dieser Wind warf ihn aus der Hocke ins Beet. Was ein Elend. Ein historisches Tief. Landleben war für Idioten. Wenn es so weiterging, schwammen bald Aale um die Silberkerzen. Zander würden die Herbstanemonen und die quittengelben Löwenmäulchen umkurven. Der Goldmohn würde Flossen bekommen und die postgelbe Pantoffelblume glänzende Schuppen. Noch blüht ihr violett, wilde Möhren und Staudenwicken, aber wenn es weiter schifft, sind eure Farben bald ausgewaschen. Die rote Lampionblume wird eine Boje, der Ziersalbei zur Koralle. Ihr Sonnenblumen in Campari-Orange dürft der Sonnenuntergang über der gefluteten Welt sein. Und ihr, wilde Clematis werdet Schwäne. Die hellgelbe Sonnenbraut ist sitzen gelassen worden im Regen. Und aus dem süßen, blassen Antlitz, groß und gewaltig, strahlt ein Auge wie eine schwarze Sonne. Ging doch. Die wichtigen Sachen hatte er noch drauf. Wenn er Unkraut jätete und dabei die Namen der Blumen sagte, würde alles gut. Er musste es nur in der immer gleichen Reihenfolge tun, dann wurde sie wieder gesund.

Henri kam rüber an den Zaun, stützte beide Hände schwer auf die stakeligen Latten.

Hört nich auf, der Regen.

Nö, hört nicht auf.

Deine Disteln wachsen.

Henri, was willst du?

Dass du die Disteln ordentlich ausstichst. Hab dir gezeigt, wie es ordentlich geht.

Nimm deine Hände von meinem Zaun. Ich sag es nicht noch mal.

Is ja wohl der Zaun von deiner Frau.

Ich weiß, was ich tu. Du bohrst nur Löcher in den Deich.

Deine Pflanzenbrühe hilft nich. Deine Disteln wachsen.

Die verdammten Disteln wucherten auf dem Deich wie Gespenster. Dabei hatte er alles richtig gemacht: Essig- und Salzlösung aufkochen, die Disteln abknipsen und die Wurzelgänge begießen. Ökologisch. Dranbleiben, hartnäckig bleiben. Hatte er gemacht. Dreimal die Woche. Genauso gut hätte er die Gespenster düngen können. Vor dem Dunkelwerden ist er gestern noch mal hoch und da hat er es gesehen. Aus den Wurzelöffnungen quoll Wasser. Als pumpte ein Herz Flussblut durch den Deich. Es rann in der Grasnarbe die Flanke hinunter. Der verdammte Deich war auf seinem Stück eine nasse Häkelweste. Dabei hat er es gegoogelt. Malte, dieser Drecksack, ging mitten in der Nacht mit dem Kanister auf den Deich. Glyphosat kippte der drauf.

Worüber ärgerst du dich, Martin? Im Haus trug Frauke die Perücke nicht, ihre wimpernlosen Augen im nackten Schädel erinnerten ihn an eine Porzellanpuppe.

Über Malte, den Drecksack. Und über unseren Blockwart.

Du sollst dich nicht ärgern über Versicherungsvertreter und einsame Rentner, das elfte Gebot, vergessen?

Malte verseucht alles mit Chemie.

Dann sind wir schon zwei am Deich.

Hör auf damit.

Hast du eben Radio gehört? Es kam eine Flutwarnung. Hörte sich nicht nach einer Probe an.

Was, wenn ich schuld bin mit meinem Essig, wenn der Deich bricht?

Nimm dich nicht so schrecklich wichtig, Schatz. Wegen ein paar Disteln dräut keine Katastrophe. Aber wir bleiben doch, oder? Ich will nirgendwo mehr hin.

Ja, wir bleiben zu Hause.

***

Claudia stand im Esszimmer am Fenster zum Deich. Sie war allein, nur die alte Spülmaschine und das Radio tönten in der Küche miteinander. *… für die Nordsee eine Springflut …* rrrrrrrrrrr, das Sieb stieß gegen den Wasserarm *… Scheitelpunkt der Flutwelle …* sssiiiirr, die Düsen waren verstopft *… auflandigen Wind …* rrrrrrrrrrr. Eigentlich müsste sie anfangen zu kochen. Bald kamen die Jungs nach Hause und Malte wollte pünktlich Mittagessen. Kühl spürte sie die Fliesen unter ihren Fußsohlen. Sie trat einen Schritt näher an die Scheibe heran und lehnte die Stirn dagegen. Angenehm kalt. Als ob die Regenschnüre sich geschmeidig über ihre Lider legten, den Hals hinabliefen, die Stellen an ihrem Bauch kühlten und die Beine erfrischten. Die Füße im Wasser, das hatte sie als Kind geliebt. In den kabbeligen Wellen der Elbe stehen und den Schiffen nachschauen. Der Regen wurde stärker, fiel in schweren Stricken, die in Böen gegen das Glas schlugen.

malte_finanzen.xls. Damit begann er den Tag. Provisionen, Kosten, Steuer, Kredite, Auto. Alles da. Du übernimmst dich mit dem Haus, du nimmst das Maul immer zu voll, hatte er gesagt. Diesmal lag er daneben, der Vater. Er bekam es hin. Solange nichts querkam, hatte er es im Griff. Mit den Elementar- und den Lebensversicherungen machte er Reibach. Sogar die kahle Anwältin nebenan hatte ihre Kate versichert. Nur nicht bei ihm. Die traute sich was. Dabei starb die doch als Erste. Angst vor dem Wasser hatten aber alle. Der Tsunami letztes Weihnachten war gut fürs Geschäft. 40 Prozent mehr Elementare seitdem. Aber die Kohle sparte er, an der Elbe hielten die Deiche.

Was sagten die? Übers Handy regelte er das Internetradio lauter. *… Scheitelpunkt der Flutwelle erreicht den mittleren Elblauf um ein Uhr früh. Ein Tief bringt Sturmböen –* mute. Nicht das erste

Hochwasser. Er hatte seinen Job auf dem Deich ordentlich gemacht. Nicht wie dieses Weichei Martin. Der alte Stegner konnte ihm nichts.

Zwei Monate Rückstand bei der Kreditzahlung, das Heizöl hatte er bei Lieferung bezahlen müssen. Okay, aber solange nichts querkam, hatte er es im Griff. Die Zahlen parat. Auf dem großen Bildschirm sah er alle Spalten. Bingo. Haushalt/Kinder: Da trug er ein, was er Claudia gab. 700 monatlich. Dabei kochte sie nicht mal gut. Und ihr Rehblick ging ihm auf die Nerven. Das ganze Thema. 500 mussten reichen.

Piep, piep, piep. Wir haben uns alle lieb.

Claudia hatte die Arme ausgestreckt und hielt über den Tisch hinweg die Hände der Jungs fest. Die drei wippten die Armkette im Rhythmus der Silben auf und ab. Doch da Malte die erste Gabel schon zum Mund führte, sprach niemand, sagte keiner: guten Appetit. Die großen Augen der Kinder. Kartoffelauflauf mit Möhren war nicht das Essen, das er mochte. Und eine halbe Stunde zu spät auf dem Tisch.

Was soll das sein?

Du weißt doch, was das ist.

Komm mir nicht so, Claudia. Komm mir nicht so.

Es ist Monatsende.

An ihren Oberarmen wackelten Lappen wie bei einer alten Frau. Ihr Anblick und der Matsch in seinem Mund. Wie ein Dämon fuhr der maßlose Zorn in ihn, seine Kiefermuskeln krampften.

Kinder, geht nach oben. Mama kommt gleich.

***

… Sturmböen und auflandigen Wind. Feuerwehr und Hilfsorganisationen sind in Alarmbereitschaft.

Samtig, rau, gespannt, Stachelbeeren mochte sie. Bianca stand am Holztisch, dessen Oberfläche über die Jahrzehnte blass geworden war von ungezählten Strichen mit Scheuerbürsten und Heitmann-Soda. Verblasst wie die gemalten Kirschenzwillinge auf ihrer Schürze. Eine alberne Schürze für eine Frau in ihrem Alter. Siebzig wurde sie im November. Wozu eine andere kaufen. Das letzte Hemd hat keine Taschen. Mit einem Zahnstocher stach sie die Beeren an, so platzten sie beim Kochen nicht auf. Wenige dieses Jahr. Die Weckgläser standen aufgereiht auf dem Spülstein, das Radio oben auf dem Brett war noch von den Kindern. Bundesliga hatten sie damit samstags gehört. Henri kam nie in die Sommerküche, dies war ihr Reich, aber nun stand er auf einmal da, mit dem Rücken zu ihr, die Schultern rund und starrte in den Regen.

Dat Water löppt op.

Die Gurken hatten das Einlegen kaum gelohnt. Schrumpelige kleine Dinger. Dabei hat sie sie hochgebunden. Henri schaffte das nicht mehr mit dem Bücken. Aber wenn er nicht drüber redete, würde sie den Teufel tun. Auf dem Deich rammte er den Distelstecher immer tief rein. Den ganzen Sommer über. Aber nur sie hat gesehen, wie schwer es ihm war und wie groß die Löcher wurden. Wenn er jetzt abends in der Tagesschau zusehen musste, wie eine Frau ins Kanzleramt ging, nahm sie einen Eimer mit Sand und füllte die Trichter auf. Aber es stand längst Wasser drin. Kein Regenwasser. Elbe.

Wir bleiben. Das ist unser Haus.

Un der Stroom is der Stroom. Ich mok mi Sörge.

Der Herr straft nur die, die er nicht liebt.

Bohnen musste sie holen. In den Keller ging Henri nicht. Unten standen die tiefen Holzregale randvoll beladen, links Obst und Marmelade, rechts Gemüse. Paprika 1987. Grüne Bohnen 1990. Silberzwiebeln 1995. Da waren zu ihrem Sechzigsten ihre beiden Jungs das letzte Mal da gewesen mit ihren Familien. Beim Hinaufgehen bemerkte sie den weiß blühenden Schimmelflaum auf der Wand. Von den Erdbeeren bis zu den Quitten breitete er sich aus.

***

Die Kassette mit den Papieren und den Katzenkorb hatte Martin nach oben gebracht und die Pumpe im Keller geprüft. Mehr konnte er nicht tun. Frauke war nur ihm zuliebe noch einmal aufgestanden, in die Gummistiefel gestiegen und an seinem Arm auf den Deich gegangen. Gut einen Meter zwanzig stand die Elbe da unter der Krone, schäumend flutete Wasser die Schafgatter, riss Pfosten aus wie Härchen. Der Fluss fraß am Deich und die Erde unter ihnen war eine geprügelte Mähre: zitternd, geduckt unter den Schlägen, nass geschwitzt und zu erschöpft, um sich zu wehren. Vor ihnen strömte breit ein schlammgraues Meer, gurgelnd, ohne Ufer. Himmel und Wasser waren eins geworden im letzten Licht, zerrissenes Grau blakte in Schwarz, der Raum hatte sich ineinander gefaltet, sie standen am Rand der Erde.

Mehr kann ein Mensch in einem Leben nicht sehen, oder.

Vielleicht.

Es ist gut jetzt.

Als er den Arm um ihre Schulter legte und es geschehen ließ, dass der Strom ihm das Herz aus dem Leib riss, kam

Claudia Nowacki auf den Deich. Barfuß blieb sie neben Frauke im nassen Gras stehen. Zwei ungleiche Frauen unter blonden Pagenköpfen. Die Male krochen wie dunkelblaue Tintenflecke unter den Ärmeln ihres Poloshirts hervor.

Du kannst gehen, das weißt du, sagte Frauke. Ich unterstütze dich.

Die große Frau nickte den beiden zu und tat ein paar Schritte hinunter, bis das Wasser ihre Füße umströmte und sie beinahe aus dem Gleichgewicht brachte. Aber sie hielt sich aufrecht und ging allein los, auf der schaukelnden Wasserlinie mit der Strömung in Richtung Hafen.

***

Kurz nach Mitternacht kam die Elbe auf einer Breite von dreihundert Metern über. Rollte den Deich hinunter, als sei der nur ein Wellenrücken, den sie, vom Meer angeschoben, überholte, lief in Schuhe und Blumentöpfe, kreiselte um Biancas Hochbeete, lief um die Häuser, als suchte sie nach dem Eingang, machte sich schmal unter Türritzen, drängte in Abflussrohre und traf in den Kellern auf die Vorhut, die sie schon durch das Grundwasser und die Kanalisation vorausgeschickt hatte. In Malte Nowackis Keller brach die Tankzuleitung. Die Heizung lief noch und das ausgelaufene Öl entzündete sich, als er den Lichtschalter betätigte, so hieß es. Da hatte Bianca die Jungs aber schon rübergeholt. Die Anwältin hatte geklingelt und Bescheid gesagt. Die beiden Kinder lagen oben im alten Kinderzimmer und hörten Radio mit Batterie.

Mama kommt bald zu euch, das versprach sie ihnen und brachte mehr Apfelkompott. Henri Stegner stand zwei

Stunden lang neben der Pumpe im finsteren Keller bis zum Bauch im Wasser, regungslos, bis die Feuerwehrmänner ihn bargen. Einmachgläser trudelten in der schwarzen Brühe um seine Beine, kollerten dumpf gegeneinander, zersplitterten an den Wänden. Ein blutjunger Mann war er gewesen, als er ins U-Boot musste. Die namenlose Angst vor dem Ertrinken in der niedrigen Dunkelheit hatte geduldig all die Jahrzehnte auf ihn gewartet, bis heute Nacht, und ihn nun mitgenommen. Martin pumpte die ganze Nacht. Ein Riese am Schlegel. Er rettete damit das Haus, verkaufte es im darauffolgenden Mai und gab als Nachsendeadresse einen Hof im Vogelsberg an.

BETTINA VON BÜLOW
lebt seit 1998 in Hamburg.
Lektorin, Texterin und Bloggerin.

Mirko Bonné

ZU DEN HAMBURGENSIEN

Good old Hamburch, du
verjuxte alte Zitronenjette
gehst unter, dein Backstein-
gebirge ist bald der Elbgrund,
feine Nieselregenmetropole,
du freie und Airbusstadt.

Ich schlag dir den Gong.
Mein Hamburg, so long!
Du störst nur den Fluss
der Containergier, Rotlicht-
simulantin, Albvielharmonie,
Klabauterdock bist du und

Hamburger Spottverein,
tot gehandelt, ein Hulk.
Hamburg mein, so long!
Ich schlag dir deinen Gong.
Du hattest mal drei Herzen,
und zwei pochen nicht mehr.

Die See holt sich erst Bremen,
dann dich, und ich schwimm,
mit Heringen und Hechten,
ja durch Harvestehude.
Gong! Gong und Gong!
Mein Hamburg, so long!

MIRKO BONNÉ

geboren 1965 in Tegernsee, lebt als freier Schriftsteller und Übersetzer in Hamburg. Sein vielfältiges Oeuvre umfasst neben viel beachteten Romanen auch Gedichtbände, Erzählungen, Aufsätze und Reisejournale. Für sein Werk wurde er unter anderem mit dem Prix Relay (2008), dem Marie-Luise-Kaschnitz-Preis (2010) sowie dem Rainer-Malkowski-Preis (2014) ausgezeichnet. Bonné übersetzte zahlreiche moderne Klassiker, darunter Emily Dickinson, John Keats, Grace Paley, Henry James, Georges Simenon, Antoine de Saint-Exupéry und William Butler Yeats. Zuletzt erschienen bei Schöffling & Co. sein Roman *Seeland Schneeland* (2021) und *Elis in Venedig. Die frühen Gedichte* (2022).

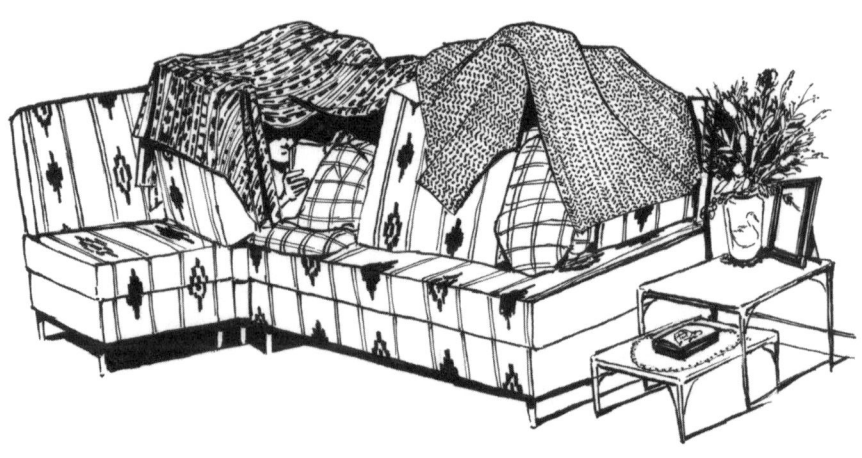